赵崇汉 / 著　　李立宏 / 译　　王学辉 / 审校　　赵　亮 / 策划

法国行政法中公务员的定义及法律地位

Etude sur la définition
et la situation juridique du fonctionnaire
dans le droit administratif français

社会科学文献出版社
SOCIAL SCIENCES ACADEMIC PRESS (CHINA)

序

西南政法大学前辈赵崇汉教授当年在法国里昂大学的博士论文《法国行政法中公务员的定义及法律地位》最早于1942年以法语形式在法国出版。时隔70多年，中译本由社会科学文献出版社推出。赵崇汉先生之子、我的大学外语老师赵亮教授邀我为本书作序，我在这里谈一些作为后学晚辈的感想。

赵崇汉先生是我国中法大学毕业生，后赴里昂大学攻读博士学位。法国公法研究传统深厚，赵崇汉先生负笈欧陆，走入了公法研究的大本营。我们知道狄骥是法国著名公法学家，赵崇汉先生在本书中与狄骥多有对话，对狄骥观点多有辨析，显示出一位中国青年学者的底气和学术创新精神。本书包含两大部分：第一部分分析公务员身份的构成要件，排除不适用定义公务员的构成要件；第二部分专门研究公务员的法律地位。作者评析法国主要学者关于公务员法律地位的代表性观点——“折中理论”和“行政契约论”，并鲜明地提出了自己的观点——“法定论”。本书最后探讨了公务员法律地位的特殊情况。作者提出公务员的法律地位只能由法律来创设，同时也讨论了公务员法律地位的例外情形。这些研究立足于法国，但其启发意义不限于法国；这些观点形成于近80年前，在当时具有独创性，在今天也极具参考性。赵崇汉先生的研究对当下中国行政法学界对公务员的研究以及如何认识公务员及其法律地位、如何建构中国公务员制度体系有相当的参考价值。

赵崇汉先生所运用的规范分析的方法、所结晶的精细化的研究成果、所展现的严谨的学术态度，值得后辈学人学习，他不愧是我国公法研究的先驱，我国行政法学科的开创者。赵崇汉先生对法国公务员的研究和龚祥瑞先生对英国文官制度的研究，问题意识近似，异曲同工，对我国行政法研究范式的创立和拓展各具启发。

学成归国之后，赵崇汉先生为我国的行政法学科做出了杰出的贡献。1945 年，他赴云南大学任教授，开设了行政法、宪法等课程，发表了《越权之诉》等论著。当时的昆明是我国学术中心之一，西南联大、云南大学等学府风云际会。云南解放后，他任云南大学法律系主任，引领云南大学法律学科继续奋进。1953 年，赵崇汉先生随院系调整来到西南政法大学，开设资本主义行政法、苏联行政法、国家与法等课程。他从 1954 年至 1958 年先后任国家与法教研组/教研室主任，创建了我校的行政法学科、国家与法学科，使得西南政法大学成为宪法与行政法研究的重镇，大将当关，成就不凡。他为培养法律人才倾注了大量的心血。作为助教和他一起从云南大学来到西南政法大学的黎国智、董鑫成为法理学和刑法学的大师，他的学生王连昌成为我国行政法学科的著名学者。

赵崇汉先生作为老一辈知识分子，其崇高的人格为我们树立了榜样。他在中法大学时期就积极参加慰问抗战将士的慰劳会，在留学法国时期担任多个抗日爱国组织的委员和负责人。在云南大学时期，他不畏“白色恐怖”，与费孝通、闻一多、吴晗等人共同发表了《昆明二十教授致马歇尔将军书》，呼吁和平、反对内战。在闻一多、李公朴被暗杀之后，他继续用各种方法庇护被压迫学生、帮助民主同事。解放后，赵崇汉先生在云南大学和西南政法大学为法学事业忘我工作，他对西南政法大学的汉语学科和外语学科也有开创贡献。

借此专著中译版出版之际，我们缅怀赵崇汉先生崇高的人格、攀峰的学术精神和忘我的学术责任感，我们期待他开创的西南政法大学行政法和宪法学科有更光明的未来。

谨向学术前辈赵崇汉教授致敬！

付子堂

2019 年 2 月 7 日

总 目 录

赵崇汉在法国里昂大学

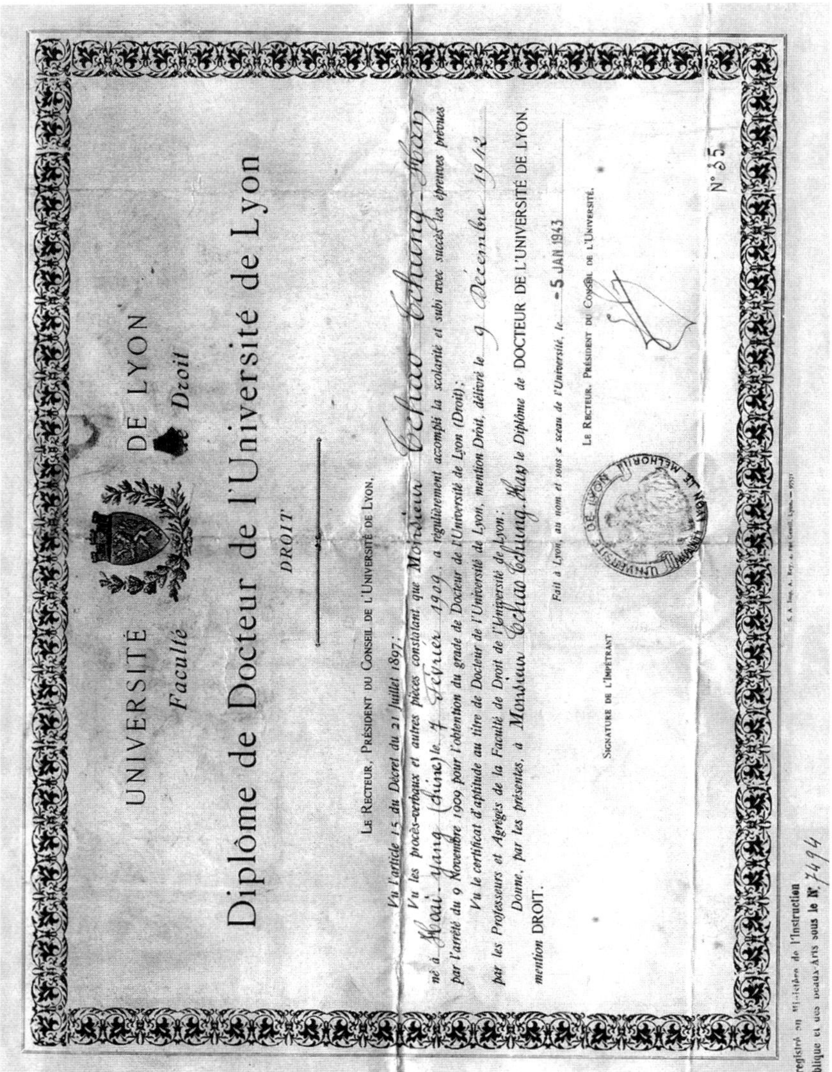

UNIVERSITÉ DE LYON

Faculté de Droit

Diplôme de Docteur de l'Université de Lyon

DROIT

LE RECTEUR, PRÉSIDENT DU CONSEIL DE L'UNIVERSITÉ DE LYON,

Vu l'article 15 du Décret du 21 Juillet 1897;

Vu les procès-verbaux et autres pièces constatant que Monsieur Tchao Tchung-Han *né à* Hoai-yang (chine) *le* 7 Février 1909, *a régulièrement accompli la scolarité et subi avec succès les épreuves prévues par l'arrêté du 9 Novembre 1909 pour l'obtention du grade de Docteur de l'Université de Lyon (Droit);*

Vu le certificat d'aptitude au titre de Docteur de l'Université de Lyon, mention Droit, délivré le 9 Décembre 1942 *par les Professeurs et Agrégés de la Faculté de Droit de l'Université de Lyon;*

Donne, par les présentes, à Monsieur Tchao Tchung-Han *le Diplôme de* DOCTEUR DE L'UNIVERSITÉ DE LYON, *mention* DROIT.

Fait à Lyon, au nom et sous le sceau de l'Université, le -5 JAN 1943

LE RECTEUR, PRÉSIDENT DU CONSEIL DE L'UNIVERSITÉ.

SIGNATURE DE L'IMPÉTRANT

N° 35

Enregistré au Ministère de l'Instruction Publique et des Beaux-Arts sous le N° 7494

赵崇汉法国里昂大学法学博士学位证书

法国行政法中
公务员的定义及法律地位

赵崇汉

里昂大学法学博士
北平中法大学法学学士
里昂大学中法学院公费生

里昂 BOSC Frères M. & L. RIOU 出版社
42, Quai Gailleton, 42

1942 出版

李立宏 译
王学辉 审校

前　言

在本研究即将告一段落之际，我谨向我的论文指导老师 S. 巴斯蒂德女士致以最诚挚的敬意和感激！在论文写作过程中，老师给了我最珍贵的建议，她不懈的关爱给了我莫大的激励。

同时，我还要向 M. 尼古拉教授致以深深的谢意，他为我的论文选题提出建议，并且在写作过程中提供了有用的文献。

最后，我要向各位论文评阅教授、博士论文评审委员会的各位委员以及给我授课的各位老师致谢。

目　　录

引　言

何谓公务员？它具有怎样的法律地位？这是我们要逐一研究的两个问题。我们研究这两个问题不是为了单纯地闲谈娱乐，而是因为若不首先明确这两个问题，所有有关公务员的其他问题都无法解决。

为了从法律上明晰公务员的定义及其法律地位，应当首先查阅相关的立法规定。鉴于此项研究始于 1939 年，当时我们没有在相应的法规中找到关于这两个问题的详细定义。当我们的研究工作接近尾声时，1941 年 9 月 14 日颁布的两部法律（一部是公务员法，另一部涉及公共服务体系架构）着重解决了我所提出的这两个问题。

行政法领域内的相关判例不胜枚举，但判例提供的这些相关资料是远远不够的，因为判例给出的判决理由总是简短的，而且常常带有一些模棱两可的表述。

在立法条文缺失且判例又晦涩难懂的情形下，行政法的学者们只能根据他们对公共事业机构（services publics）这一概念的理解，对上述两个问题提出不同的见解。

关于公务员的定义，一些学者认为公务员应当涵盖士兵①和享有特权的专职官员。② 相反，另一部分学者认为那些只从事体力劳动的人③，

① 狄骥：《宪法论》，第三册，第 16 页：“所有的士兵，哪怕最底层的士兵，都是公务员”。杰兹：《行政法一般原则》，第二册，1930 年，第 239 页：“我认为，从狭义的范围来讲，士兵也算公职人员”。

② 狄骥：《宪法论》，第三册，第 20 页：“因此应当十分清楚地确认从事公用事业的一般工作人员和专职工作人员甚至包括享有特权的专职官员都是公务员。”

③ 见下文，第 9 页。

不行使公共权力的人[④]，不由行政机关任命[⑤]或支付报酬的人[⑥]都应当被排除在公务员队伍之外。

关于公务员的法律地位问题，学者们的分歧就更大了。部分学者认为公务员的法律地位只是一种“批准申请”[⑦]（réquisition consentie）；另一部分学者认为这种法律地位具有合同性质，他们甚至认为公务员的法律地位应取决于公务行为的性质。

以上的这些理论，每种理论都有完整的理论架构和坚实的思想基础。虽然我们不可能找到最初的理论渊源，但可在某些思想理论中找出认为很有争议的问题，并将值得借鉴的理论进一步细化并予以验证。

为便于研究，我们将该论文分为两个部分。在第一部分探讨公务员的定义，在第二部分探讨公务员的法律地位。

---

④ 见下文，第 7 页。

⑤ 见下文，第 6 页。

⑥ 见下文，第 5 页。

⑦ 奥里乌:《行政法纲要》，1938 年，第 72 页。

第一部分　公务员的定义

“首先，我们必须要弄清楚如何区分公务员和不具备公务员资格的其他人员，因为公务员这一职业是规定在特殊的法律体制内。”① 但是，事实上，迄今为止都尚无一个完全符合判例和立法规定的关于公务员的一般定义。

确实，在最近颁布的新公务员章程中，我们找到了下述公务员的定义：

“第二条——公务员包括：

1. 受雇于国家管理的非工商业性质的公共事业单位或国家公共机构，并在根据 1941 年 9 月 14 日法案第 2 条确立的公职人员体制内从事专职工作的人。

2. 在工业或商业性质的公共事业机构中担任领导职务的人。

3. 上述机构中适用《公共会计基本条例》规定的会计人员。

4. 在特殊情形下，受雇于非工商性质公共事业单位，并通过与行政机关签订公法合同与其所属的公法人联系在一起的人员。”

但这种定义仍需仔细斟酌，因为不仅是诸如“专职”“非工业公共事业”中包含的概念需要细化，并且该定义也需要在该法第 1 条上对公共事业框架的组成②问题进行补充。该条削弱了其第一款中关于公务员

---

① 洛朗德：《行政法精义》，第六版，第 63 页。

② “第一条：——除了对陆军、海军和空军的相关法律规定外，国家和国家事业单位承担的非工商性质的公共事业的组织管理由行政人员负责，其中包括了设置符合行政机关需要的工作岗位。”“根据各行政部门的内部规章及服务性质，从事这些工作的人要么是公务员，要么是在公法条件下雇佣的人员。”“那些不符合公共事业目的以及那些与私人工作性质相似的工作都由雇员担任。”“其他的工作则由公务员担任。”

定义的作用。

同理，我们会轻而易举地在法理中找到关于公务员的定义，只是这些定义各不相同。一方面，一部分学者主张用两个条件定义公务员，比如狄骥、杰兹、洛朗德、奥里乌，另一部分学者却主张用三种，甚至是四种条件来定义这一概念，比如博纳尔、瓦利纳、贝特勒米、内扎尔德；另一方面，每个学者会根据他们自己的想法来理解或解释公务员这一概念的构成要件。

在明确公务员定义的重要性以及随之可能产生的争议后，接下来的首要任务就是做出一个普遍的定义。为实现这一目标，应先做好两方面的工作：首先，必须排除那部分我们认为必要但某些学者认为非必要的公务员构成要件；其次，逐个论证每个学者对同一构成要件做出的不同解释。只要弄清楚哪些条件是公务员的必要构成条件，我们就可以抓住这个条件的真实意思。

因此，本论文的第一部分主要包括以下两个章节：

第一章：排除不适用定义公务员的构成要件

第二章：简析公务员身份的必要构成条件

第一章　排除不适用定义公务员的构成要件

一个好的定义总是包括所需定义事物的必要条件并且只包括这样的条件，也就是说其他的非必要条件都可以忽略不计。这是一项放之四海而皆准的原则，公务员的定义也不例外。

为定义公务员这一概念，某些学者主张采用一些看起来似乎不可或缺的标准。一派学者主张实施公共权力的必要性，另一派学者认为公务员的特点是由特定机构支付津贴的身份特征，还有一派学者认为公务员是由行政机关任命并支付其报酬的人员。

我们认为，这些条件适合大多数公务员，只是我们还不能够把这些条件总结成定义公务员的必要条件。因为这些条件完全不适用于某些特殊公务员，然而这部分不适用上述条件的人却被立法条文和判例视为公务员。

因此我们接下来在这章将对以下的条件进行分析：

（1）公共当局对公务员的任命；

（2）公权力的行使；

（3）公务的智力特征：

（4）行政待遇。

第一节　公共当局对公务员的任命

虽然部分行政法学者并不把公权机关的任命当作公务员身份的必要

构成条件，但有些法学家仍墨守成规。

贝特勒米曾说："公务员在特定职位上接受行政任命并通过持续与他人合作的方式对公共事业进行管理。"① 贝鲁和奥里乌两人也同意此观点。前者认为："公务员就是被公权任命从事专职工作的公民。"② 后者认为："公务员就是在公权的任命下，以公务员、雇员、代理、副代理的身份在国家或行政部门所管理的公共事业体制内工作的个人。"③

正如前面所说，该条件已被部分的行政法学者所否认。他们提出的主要论据是，事实上并非所有的公务员都是由公权机关任命。内扎尔德认为："有些选任的公务员不具备执行权力的身份。比如，市长、商事法院的院长。此外，法国1790年8月14日法案也规定所有公务员都可通过选举产生的原则；这项原则在瑞士和美国得到更广泛的应用。"④ 杰兹同时补充说："即使商事法院的法官和劳资调解委员会的委员是选举产生的，人们也会毫无疑问地将他们视为公务员。"⑤

公权任命的这个条件不仅与事实相悖，同时也背离公务员招聘的原则。众所周知，公务员招募主要有三种不同的渠道：委任、选任和抽签。杰兹认为："公务员首先应视为被推荐给公共事业机构的人。选任公职人员最好的途径就是将那部分最能够保证公共事业运行的人员安排到相应的事业机构中。我们因此可以认为选任方式应取决于以下几个方面：(1) 公共事业；(2) 公务员应在公共事业中扮演的角色：政治领导、技术人员、对特殊群体服务的人员；(3) 公共事业机构对独立工作能力、团结协作精神以及个人精力的需求。"⑥

选任形式的转变明显不会改变公务员的身份，正如没人可以否认选举产生的商事法院法官的公务员身份一样。

况且从判例上来看，最高行政法院承认这部分未得到行政任命的官

① 贝特勒米：《行政法基本条约》，1933年，第51页。
② 弗朗索瓦·贝鲁：《法国公务员的待遇》，第8页。
③ 奥里乌：《行政法纲要》，第四版，第64页。
④ 内扎尔德：《公务员法律理论》，第30页。
⑤ 杰兹：《行政法一般原则》，第二册，1930年，第240页。
⑥ 杰兹：《行政法一般原则》，第二册，1930年，第414页。

员的公务员身份并随之赋予他们相应的特权。[7]

如果说公权任命曾被认为是公务员的必要构成条件，立法者就应当在法律中有关公务员定义的部分加以明确规定。然而1941年9月14日法案第2条在定义公务员这一概念时并没有谈到该必要条件。

第二节　公权力的行使

部分学者认为有权行使公权力的人才应该被视为公务员。

博南就主张："只有行政人员才应被视为公务员，因为他们既在行使公共权力又直接践行法律——两个让公职人员身份公众化的关键条件。"[8] 布兰兹西里同样认为："除了公共权力的特殊使命外，不存在任何公职。"[9]

在卡多事件中，内务部长在观察到这一现象时就已经采用该要件，并说明"一般的雇员不是公务员，因为他们无权行使任何公共权力"。[10] 同样在基德事件中，政府专员卡扎朗斯先生就明确指出，"应区别雇员和公务员。比如接待公共当局代表团的猎场守卫就属于市镇公务员"。[11]

因此，不管是在理论上还是实践中，多数人都支持行使公共权力这一条件。然而在我们看来，行使公共权力并非构成公务员的必要条件。

首先，执行公务是公务员身份特征的必要构成条件这一观点并不被今天的法学学者所接受。博纳尔在其所著的《行政法精义》前言中谈道："用执行公务来阐释行政法的做法已不合时宜，且不被广大学者们认可，我们应将这项法律的渊源建立在另外一种更切合实际的观点上。"[12] 狄骥在其所著的《宪法论》中曾多次坚决地否认公权的存在。

---

⑦ 《行政法院判例汇编》，1916年6月2日，奥鲁文件汇编，第214页。

⑧ 博南：《公共行政的原则》，第二版，第一册，第150页。

⑨ 布兰兹西里：《国家的一般理论》（雷德·马黛尔译），第451页，被内扎尔德引用于《公务员法律理论》（1901年）一书当中，第30页。

⑩ 《判例汇编》，勒邦出版社，1883年，第29页。

⑪ 《政府特派员对纪戴案的裁决》，争议法院，12月27日，1-79. S. 1881，第37页。

⑫ 博纳尔：《行政法精义》，第3页。

他在谈到直接执政的官员时就说道："人们有时会这样做，但这并不能得出公务员可以得到特殊公权的下放，这种公权的思想应当从公法领域中完全摒弃……公权并非一项权利，而执政者也不应当享有一项并不存在的权利。"⑬

在"国家问题"一章中，狄骥坚决地否认了所谓的公共权力学说。他在书中写道："我欲通过否认公共权力等主观臆造的权力的方式来构建公法体系。虽然这种做法遭到许多人的反对，我坚持认为我已经完成我的这一想法。我正是想通过我撰写的这本书来向众人重新展示唯一符合事实的概念，唯一解决一系列难以解决的问题的概念，同时也是唯一能为国家法律限制提供坚实基础的概念。"⑭

即使我们承认所谓公共权力的存在，把它作为公务员身份的必要构成条件也非常令人震惊。因为这样会直接排除那部分只用技术或知识服务公用事业而不享有公共权力的公务员，比如工程师、教授等。他们的公务员身份根本毋庸置疑。

为分析这一矛盾的事实，有人认为官员在严苛的法律下对他的下属和实习生仍享有一小部分权力。然而，事实上，这些权力并非公共权力。这些权力并不等同于大规模行政管理中的职权。因此在这种情形下，并不存在所谓的公共权力。

即使存在，我们都不应将该权力的行使视为公务员身份的必要构成条件。

因此，不管公共权力是否存在，我们都不能将行使公共权力作为公务员身份的必要构成条件。

此外，近期颁布的 1940 年 10 月 15 日关于公职人员行业协会的法案规定，并非所有的公务员都能行使公共权力。法案的第 3 条规定，"从职务性质和重要性上涉及公权力的公务员就不能参加该协会"。也就是说，其他有资格加入行业协会的公务员都是无职权的公务员，而这个职权不是别的，正是我们上面反复提到的公共权力。

---

⑬ 狄骥：《宪法论》，第三版，第三册，第 67 页。
⑭ 狄骥：《宪法论》，第三版，第三册，第 542 页。

同样，1942 年 4 月 17 日法案第 1 条规定：“根据其重要性或职权的性质直接参与权力行使的公务员必须宣誓忠诚于国家元首。”因此，其他无须宣誓忠诚的公务员就不能行使公共权力。

第三节　公务的智力特征

这一条件早在 19 世纪末就被瑞士的学者布兰兹西里所推崇。他认为：“如果公务员的工作没有脑力劳动特征，他们的工作就容易变得完全机械化，那称他们为国家的仆人就更合适，比如接待员、宪兵。”⑮

现在法国的奥里乌似乎非常拥护这一观点。他在拉科特一案中区别出“行政公职人员”和“行政性工人”，他认为“后者的工作具有纯粹的事务性特征，意味着临时工可以完全取代这部分人”。⑯

奥里乌在其《行政法纲要》一书中也坚持这一理论，只是作者表达的方式较为委婉。“在公权的委任下以公务员、雇员、官员、随从的身份在国家或者是其他公共行政机关所管理的体制内担任职务的所有人都应该被当作公务员。”⑰ 为什么这一关于公务员的列举中没有包括行政性工人？根据作者的思路，这也许是因为“他们的工作是非常具体的”。

我们可以通过其他方法证实这一假设：奥里乌写到“公务员和公共事业中临时工的区别是脑力劳动和体力劳动的差异”。⑱

因此，布兰兹西里和奥里乌这两位学者都认为，脑力劳动的特点可能是公务员职位特征中的必要构成条件。然而我们认为这种观点也并非无懈可击。因为从“公共事业产生公共职务”⑲ 的角度来看，我们无法区分脑力劳动和体力劳动。这两种劳动形式都缺一不可。一个擅长实践

---

⑮ 布兰兹西里：《国家的一般理论》（雷德·马黛尔译），第 452 页。

⑯ 最高行政法院，1907 年 2 月 15 日，S. 1907 3 – 49。

⑰ 奥里乌：《行政法纲要》，第四版，第 64 页。

⑱ 奥里乌：《行政法纲要》，第四版，第 67 页。

⑲ 狄骥：《宪法论》，第三版，第三册，第 21 页。

的公务员和一个擅长谋略的公务员其实都是公共事业“机器”运作中的重要组成零件。在这一点上，我们的想法与狄骥和杰兹的想法不谋而合。

狄骥认为：“公务员身份的特征并不是由他们实施的行为所决定的，而是由他们所从事的公共服务行为的性质所决定的，因此公共事业中只从事体力劳动的职工与其他公职人员一样都属于公务员的范畴。那种强调政府机关的工人与私营企业的工人地位完全相同的论断是完全错误的。因为工人们一旦以正常程序进入公用事业中，就会即刻具有公务员身份的特征。”⑳

杰兹先生认为：“不仅行使法律行为的人是公务员，从事资料管理的人也是公务员；不仅从事高智力工作的人是公务员，只从事体力劳动的人也是公务员。省长、市长、法官、小学教师都是公务员，具备相同特征的市镇官员、邮政局职员、电报发报员、电话接线员、法庭执达员、公共行政办公室的服务人员等以及军官、宪兵也都是公务员。”㉑

由此可见，法国的两大行政法学者并不承认智力特征是公务员身份的必要条件。但是立法者对此持有怎样的观点呢？从表面上看，立法者还是赞同脑力劳动的概念。但是事实上，立法者经常分开谈论公务员和工人，仿佛这两者之间确实存在某种程度的差异。

但不要被这种表象所迷惑，确实，“工人”这一词在法国法中有两种不同的意思：它可以表示“准公职人员”，也就是说这部分公务员只从事手工体力方面的工作；它同时也可以表示“非公职人员的工人”，这部分人在公共服务部门中做体力工作且不在体制中享有编制。比如，1905 年 4 月 22 日法案中的第 65 条，狄骥认为“这是唯一规定公务员身份并普遍适用于所有公务员的法律条款”。㉒ 该条明确规定：“所有从事文职或有军衔的公务员，所有公共行政机构中的工人和雇员都有权查阅所有记载他们个人数据和私密信息的档案。”因为该条文只适用于公务

⑳ 狄骥：《宪法论》，第三版，第三册，第 12 页。

㉑ 杰兹：《行政法一般原则》，第二册，1930 年，第 236 页。

㉒ 狄骥：《宪法论》，第三版，第三册，第 163 页。

员，所以条文中的“工人”一词绝对指的是具有公职人员性质的工人。

基于这一点，狄骥写道：“第65条只适用于公务员，更确切地说是仅适用于公务员体制内的公职人员。我们不能被该条文中所列举的‘工人’和‘雇员’误导。”他们指定的公职人员是公务员，只是这些公务员只从事通常由雇员或工人进行的工作而已。此外，该条只能适用于那些真正具有公务员身份的机关工作人员。其实也就只有公务员有档案资料，因为法律不可能要求保存根本不存在的档案。

“因此，1905年法案第65条不能适用于按日计算报酬的工作人员或者是没有进入体制内的机关工作人员，也不能适用于供职于没有公务性质的公益机构中的工作人员。”[23]

不可否认，政府机关中除了有公务员身份的工人外，还存在没有公务员身份的工人。如果他们没有公务员的性质，并不是因为他们从事的工作是体力型劳动，而是因为他们没在行政机关内从事专职工作，而该条件正是公务员的必要构成条件。

因此，公用事业中的工人就自然而然地被划分成两个群体：一边是带编制的工人，另一边是不带编制的工人。而两个群体的区别在于他们是否从事专职工作，而不在于他们是否从事脑力劳动。因此，我们不能认为智力特征是公务员身份的必要构成条件。

判例也否认了这一条件。一方面，行政法院（Conseil d'Etat）在1925年12月18日的案例[24]中承认巴黎市政厅工人的公务员身份。另一方面，我们在“默克诉波尔多养老院”一案中找到以下理由：默克先生受雇于波尔多养老院做电工，他从未被纳入该养老院的人事编制中，因此自被雇用以来，在该养老院的行政管理中，默克先生始终都没有享受到公务员待遇。[25] 行政法学者狄骥说：“如果原告最开始就被纳入养老院的人事编制中，不管他是否做的是电工的工作，他也应当被视作公务员。最后的结论是：公务员的职务身份并非取决于其从事的工作性质。”[26]

㉓ 狄骥：《宪法论》，第三版，第三册，第164页。

㉔ D. H. 1926年，第72页。

㉕ 最高行政法院判例，1921年5月6日。

㉖ 狄骥：《宪法论》，第三版，第三册，第22页。

此外，在近来的立法中，我们在公务员的相关法规中完全找不到该构成要件，也就是说 1941 年 9 月 14 日法案第 2 条中也没有关于公务员一般地位的规定，而该法条是专门规定公务员性质的大法条。在同日颁布的另一法案的第 1 条也没有该条件的相关规定，该法案主要规定了公用事业单位的组建以及将公务员从“国家雇员”这一概念中独立出来的标准。

第四节　行政待遇

我们经常把行政待遇视为行政机关工作人员身份的必要构成条件。费尔南·福尔认为：“公务员是社会秩序的管理人，所有由国家、省或大区以永久方式雇用且支付全部或部分报酬的人员都是公务员。”㉗ 弗朗索瓦·贝鲁也赞同这一观点：“公务员是由公权当局任命，分配给他们的一份服务于大众的专职工作，并且其酬劳被明确编入公共财政预算。”㉘ 卡麦雷先生也指出：“从通常及流行的对公务员一词的概念可以看出，一个人一旦自由地接受了国家的任命并供职于公用事业岗位，那么他将获得国库支付的年薪。”㉙

众所周知，如今大部分的公务员都是由政府支付报酬。但我们认为不应就此简单地将行政待遇作为公务员身份的必要构成条件，因为事实上也存在并不享受行政待遇的公务员。比如，商事法庭的法官就是在无报酬地履行他们的职务。

相反，判例并不承认部分由行政机关支付报酬的人的公务员身份。艾哈案㉚和玛多案就是例证。在后一案件中，行政法院给出的解释是：“所涉协议的中心问题就是酬劳，而解决这一问题的唯一办法就是动用本应用于研究和修建交通网的省级预算贷款向原告支付工资。只是这一

㉗ 《议会与政治杂志》，1901 年 5 月。

㉘ 弗朗索瓦·贝鲁：《法国公务员的待遇》，第 8 页。

㉙ 喀麦雷：《德国公务员立法》，第 64 页。

㉚ 《最高行政法院判例汇编》，1931 年 11 月 9 日，勒邦出版社，第 967 页。

情况也不足以证明原告享有公务员身份。”[31]

在我们看来，公务员从其定义上讲，就是在公共事业中的工作人员。但假如说行政机关不给予行政工作人员相应的待遇，那公务员又应该怎样做？完全无私的奉献难道就不会影响公务员的劳动积极性吗？至少对某些市民来讲答案是否定的。因为在他们看来，除了工资待遇之外，公务员工作中的荣誉感与金钱一样有价值。应该考虑到公务员的精神待遇，如在工作中获得的荣誉感和受尊重感，如人们用隆重的仪式欢迎公职人员的到来。为什么国家不从纳税人的角度考虑，多给予公务员名誉形式的回馈以节省财政支出？

此外，在政府机关中义务工作的人，通常也可以兼职从事其他有薪酬的工作。

因此，无论是在理论上还是在实践中，行政待遇都不是公务员身份的必要构成条件。

㉛ 《最高行政法院判例汇编》，1928 年 1 月 20 日，勒邦出版社，第 99 页。

第二章　简析公务员身份的必要构成条件

在排除我们认为成为公务员所应具备的非必要条件后，我们在这一章主要研究成为公务员所应具备的必要条件。这些条件包括：非工业公共事业、永久职责、自愿接受以服务大众为目的的工作、区别于私人部门的工作。

然而这些条件为什么对于一个公务员来说是必要的？每个条件的真正意思是什么？本章的研究对象可以分为四节：非工业公共事业、工作的永久性特征、自愿接受以服务大众为目的的工作以及区别于私人部门的工作。在每小节，我们会验证每一种条件的必要性并且解释每种条件背后的真正含义。

第一节　非工业公共事业

一　非工业公共事业是不是公务员身份的必要构成条件？

在20世纪，所有人都承认从事公共事业是公务员身份的必要构成条件。这一观点不仅被法理承认，同时也被立法和在法国行政法中占主导地位的判例所采用。

当代的行政法学者总是将公共事业视为公务员概念中至关重要的条件。狄骥认为："公务员与非公务员行政人员的主要区别在于他们从事的活动是否服务于公共事业这一特征。"①

---

① 狄骥：《宪法论》，第三版，第三册，第7页。

杰兹认为："公共事业中公职人员的个人活动是定义公务员身份的关键因素。"因此，"非公共事业的行政服务机构中的工作人员并不是公务员"。[②]

此外，也可以在博纳尔、奥里乌、瓦利纳、洛朗德等行政法学者关于公务员的定义中找到该条件。

至于判例，近乎所有的案例都将公共事业作为公务员身份的必要构成条件。在卡约案件中，"为了明确大革命时期的农业选民会的主席是否被认为是公务员，最高行政法院从其组织形式和纳税形式进行判定，表明该组织不具有私营联合的特征，而具有公共行政机构的特征"。[③]

法国最高法院的判例对此持相同意见。对坎贝尔商会在 1939 年 3 月 13 日仲裁的案件，最高法院作出以下判决："商会也是公共机构，由商会任命的行政人员以持续性的方式协助商会执行其职能或服务，这部分行政人员也具有公务员的性质。"[④] 这就表明服务公众是成为公务员的必要条件。

行政法院和最高法院的观点都被权限裁定法院所证实。在 1938 年 1 月 15 日的案例中，该法院根据塞内加尔农产品监管办"具有行政服务机构特征"[⑤] 这一事实承认了埃里克德马斯的公务员身份。

如果说所有人都曾认为公共事业是公务员定义的必要条件之一，那么在 1923 年最高行政法院判决的拉菲热尔案件后，大家又对这一观点产生了分歧。

狄骥、博纳尔、洛朗德和卡瓦隆等部分学者认为，工业公共事业机构中的职工与普通公共事业机构的职工都应该被纳入公务员的范畴。他们认为在公共事业机构中，所有满足公务员身份的其他必要条件（如专职工作）的职员，无论其工作性质如何，都应该被视为公务员。因此，他们认为应将服务公众作为定义公务员身份的必要条件，并不需要再加上"非工业"的条件限制。

---

② 杰兹：《行政法一般原则》，第三版，第二册，1930 年。
③ 杰兹：《行政法一般原则》，第三版，第三册，1930 年，第 426 页。
④ 《法国及外国公法与政治学杂志》，1939 年，第 543 ~544 页。
⑤ 《法律与判决汇总》，1938 年 3 月 28 日，西雷出版社。

狄骥说，“公务员的工作就是持续永久地参与到公共事业的日常经营管理中”，“公共事业机构采取哪种运营模式并不重要”。[⑥] 因此，产业类公共事业的正式专职人员就是公务员，[⑦] 并且认为“这种定义方式在他看来不应有任何争议”。[⑧]

行政法学者卡瓦隆在其所著的《论工商公共事业的法律制度与概念》一书中写道：“在谈到公共事业中的职员时，根本没有必要区别官办公共企业和其他性质的公共事业机构，因为不管是工业还是商业的公共事业中的职员基本上都可纳入公务员范畴，属于公法管辖的领域。”[⑨]

博纳尔同样也把公共企业中的职员视为公务员。因为一方面，在公务员的定义中，在不排除公共企业条件前提下，他将公共事业看作公务员概念的必要构成条件。另一方面，他把公共企业中的职员合同身份看作公务员合法身份的例外。如果行政机关以前不承认这些职员的公务员身份，他们就可能不需要在法定公务员之外另设合同制。[⑩]

与前面谈到的学者观点相反，部分学者只承认行政管理公共事业中的职员享有公务员身份。从那时起，对这部分学者来讲，公共企业机构中除了那部分享有领导职权的职员可以被视为公务员外，其他的一般职员都是非公务员。

在有关公务员身份定义的评论中，学者瓦利纳写道：“当公共事业具有商业或工业特征，最高行政法院认定这些事业单位里除领导层外的那些一般职员不享有公务员身份。”[⑪]

学者奥里乌也同样认为在采用私企模式运营的工业机构中，除领导层外的一般职员不应享有公务员身份。[⑫]

洛朗德和杰兹也委婉地表达了对工业公共事业中的职员享有公务员身份这一观点的不认同。因为他们认为，一方面，公共事业确实是公务

---

⑥ 狄骥：《宪法论》，第三版，第三册，第 18 ~ 19、234 ~ 235 页。
⑦ 狄骥：《宪法论》，第三版，第三册，第 20 页。
⑧ 狄骥：《宪法论》，第三版，第三册，第 20 页。
⑨ 卡瓦隆：《论工商公共事业的法律制度与概念》，第 224、225 页。
⑩ 博纳尔：《行政法精义》，1941 年，第 448 页；洛朗德：《行政法精义》，第 68 页。
⑪ 瓦利纳：《行政法基础教程》，第二版，第 360 页。
⑫ 奥里乌：《行政法纲要》，第四版，第 68 页。

员概念中的必要构成条件，[13] 另一方面，管理公共事业的是一套特殊的法律体系。[14] 然而，工业公共事业的特征只在特殊法律体制缺失的情况下才存在。

在否认工业公共事业中职员的公务员身份的学者当中，我们学院德高望重的尼古拉（Nicolas）教授就明确地在定义公务员这一概念时表达了这一观点。他在1940年至1941年的行政法课程中，在谈到公务员的定义时指出："那些定期参与非工业公共事业运营的职员都是公务员。"

在这两种截然不同的观点中，我认同那些否认工业公共事业机构中职员的公务员身份的观点。因为我认为这种观点与今天的立法和判例背景相符。

自1923年以来，法国最高行政法院的判例都拒绝承认工业公共事业机构中除领导职务外的雇员的公务员身份。[15] 这就意味着，法国行政法院并不会受理官办企业单位和其非领导雇员间的纠纷。因为"根据这些判例，行政机关和其公务员的纠纷只能归行政法院管辖"，[16] 这方面的案件数不胜数。例如近期的马尔尚案[17]、古桑案[18]、埃里克·德·马尔案[19]以及坎贝尔商会受理的有关商人间的纠纷案。[20] 在这些判例中，最高行政法院不仅声明各行政法院可以管辖行政机关和其所辖公务员间的诉讼纠纷，同时声明"公务员和公共事业机关间的纠纷也属于行政法院的管辖范围"，[21] 甚至"与行政机关签订雇佣劳动合同的公务员也属于这种情况"。[22]

---

⑬ 杰兹：《行政法一般原则》，第三版，第二册，第235页；洛朗德：《行政法精义》，第六版，第64页。

⑭ 杰兹：《行政法一般原则》，第三版，第二册，1930年，第15页；洛朗德：《行政法精义》，第六版，第17页。

⑮ 瓦利纳：《行政法基础教程》，第二版，第360页。

⑯ 狄骥：《宪法论》，第三版，第三册，第5页。

⑰ 马尔尚：《行政法院判例汇编》，1928年1月20日，勒邦出版社，第99页。

⑱《行政法院判例汇编》，1934年7月25日，勒邦出版社，第894页。

⑲《争议法院判例汇编》，1938年1月15日，西雷出版社，1938-3-28。

⑳ 法国最高法院，1939年3月13日，《法国及外国公法与政治学杂志》，第543页。

㉑ 法国最高法院，1939年3月13日，西雷出版社，1939-1-211。

㉒《法律与判决汇总》，埃里克·德·马尔，1938年1月15日，西雷出版社，1938-3-28。

如果工业公共事业机构中的所有职员都是公务员，那他们与行政机构间的诉讼纠纷应从此时起被纳入行政法院的管辖范围。然而法院始终拒绝承认非领导层雇员的公务员身份。这方面的案例不计其数。我先援引魏先河案和杜米女士案来进一步说明。

魏先河案的判决中这样写道："在公法条件下，行政法院无权受理工业公共事业机构中非领导层雇员提起的诉讼纠纷。"㉓

杜米女士一案中法院的判决书中写道："上述政府机构应完成法律赋予的使命，并达到授予其权力的目的，基于这些考虑，法院认为上述政府机关就不应该被划入官办公共企业中，而应被归入行政公共事业机构中，因此最高行政法院对上述政府机关与其职员之间的诉讼纠纷享有管辖权并对该案进行判决。"㉔

因为最高行政法院并不承认工业公共事业机构中职员的公务员身份，所以拒绝受理他们与行政机构之间的诉讼纠纷。然而公务员和行政机关间的诉讼纠纷一直都属于行政法院的管辖范围。㉕

权限争议法庭的判例也用模糊的方式将官办公共企业中的职员排除在公务员队伍之外。在埃里克·德·马尔一案中，法院通过两个事实确定起诉人的公务员身份。其中一个事实就是"该起诉人供职的公共事业单位具有行政事业单位的特征"。㉖ 因此，判决很好地表明了并非所有的公共事业单位的职员都是公务员，只有与工业公共事业性质不同的行政事业单位的职员才具有公务员身份。㉗

在近年来的立法中，我们能找到总结出工业公共事业机构中非领导层职员并非公务员的关键性论据。1941 年 4 月 3 日关于公共机构准入法案的第一条规定："国家、省、大区、公共机构中具有行政职能的机关禁止雇佣他人，并且禁止一般雇员在官办公共企业中担任领导职务。"㉘ 这条也很好地证明，在官办公共企业中的职员除非身居要职否则不能被

㉓ 《行政法院判例汇编》，1938 年 7 月 22 日，勒邦出版社，第 709 页。
㉔ 《行政法院判例汇编》，1931 年 12 月 4 日，西雷出版社，1932 - 3 - 101。
㉕ 狄骥：《宪法论》，第三版，第三册，第 5 页。
㉖ 《争议法院判例汇编》，1938 年 1 月 15 日，西雷出版社，1938 - 3 - 28。
㉗ 《争议法院判例汇编》，杜米小姐案的判决，西雷出版社，1932 - 3 - 101。
㉘ 《立法公报》，1941 年，达洛兹出版社，第 610 页。

视为公务员。

1941 年 9 月 14 日法案规定了公务员的一般地位，其中第 2 条第 1 款明确将公务员定义为："依照 1941 年 9 月 14 日法案第二条在国有或国家公共机构中设立的非工商业的公共事业编制中从事永久专职工作的人员。"工业公共事业机构中的领导和会计，在该条第 2 款和第 3 款中被认为是公务员。但他们只属于公务员广义概念上的例外，因为工业公共事业机构中的所有职员，正如立法者在该法条第 1 款中所规定的那样，原则上并没有公务员的身份特征。

二 何谓非工业性质的公共事业机构?

在前文我们提到非工业性质的公共事业是公务员身份的必要构成条件。我们现在必须将这一条件的概念阐释清楚，否则，公务员概念的理论基础就会显得很薄弱。

为更好地理解非工业性质的公共事业的概念，我们先要依次明确公共事业和工业公共事业这两个概念。

(一) 什么是公共事业?

1. 狄骥和杰兹对"公共事业"概念的阐述和评论

狄骥认为，公共事业就是"统治者所承担、支配和控制的活动，只有完成这些活动，社会才能发展，只有依靠政府力量的介入才可以完全实现这些活动"。㉙

乍一看，这一定义似乎非常合理，立法者应当在法律中体现这一原则。然而，在实际中，正如狄骥自己所说："公共事业这一概念非常模糊以至于没人能够指出究竟什么能被视作公共事业。"㉚

执政者有义务完成哪些工作? 关于这个问题，狄骥认为："我们给不出一个固定的答案，因为讨论的对象本身并不稳定，而且还取决于统治者的行政级别。甚至确定该演变的一般含义都极其困难，我们可以说随着文明的进步，有可能支持公共事业的工作数量会不断增加，并且有

㉙ 狄骥:《宪法论》，第三版，第二册，第 61 页。

㉚ 狄骥:《宪法论》，第三版，第二册，第 61 页。

关公共事业的工作量也同样在增加，这很正常。事实上，我们可以说在文明发展进程中，文明其实是由能够短时间满足对秩序需求的数量构成。接下来，随着文明的不断进步，统治者的干预变得愈发频繁，因为这种干预可以促成文明的进化。”㉛

这种发展是无可争辩的事实。以社会学的观点来看，这种文明发展趋势可以向我们解释公共事业扩展的现代趋势并指出其发展的原因。但是他并没有在发展原因中给“公共事业”一个具体定义，而我们认为研究该定义非常有必要。

行政法学者杰兹给公共事业的定义比狄骥的定义更具体。他在主张特殊法律体系是公共事业的重要特征时，就提出公共事业的标准就是立法者意志的体现。我们接下来就来解释和验证这两个概念。

杰兹大力提倡和支持特殊法律体系的理论，这一观点在他所著的《行政法一般原则》一书中随处可见。

“在这种假设下，我们可以说公共事业就是持久地满足公众一般利益的需要，公务员可以采用公法的程序，也就是我们前面提及的特殊法律体系。”㉜

“理想的‘公共事业’一词主要是用以满足公众一般利益的需要，公务员可以寻求私法领域外的规则，比如公法程序。”㉝

“‘公共事业’一词的拉丁文意思就是满足特定国家、特定时代、特定人民等特定背景下公众的一般需求的相关法律程序。”㉞

我们能很明显地看到，用特殊法律程序来作为公务的特征，比狄骥给出的关于“公共事业”的概念更加具体且更易理解，但同时也更受争议。

首先，我们认为杰兹混淆了公共事业的定义和目的。㉟ 特殊法律程序的应用只是公共事业存在的可能性结果。在这一点上，杰兹也同意我

㉛ 狄骥：《宪法论》，第三版，第二册，第 62 ~ 63 页。

㉜ 杰兹：《行政法一般原则》，第三版，第二册，第 2 页。

㉝ 杰兹：《行政法一般原则》，第三版，第二册，第 7 页。

㉞ 杰兹：《行政法一般原则》，第三版，第二册，第 206 页。

㉟ 克里斯蒂昂 · 卡瓦隆：《论工商公共事业的法律制度与概念》，1939 年，第 107 页。

们的观点。他指出："我们要弄清楚公务除了指行政管理行为之外，是否还有别的含义，因为这可能导致应用私法外公法中的特殊规则。"㊱

"在法律条文缺失的情形下，法学家们研究：如果行政管理的任务就是构建公共事业，那这些法学家就会在公共事业上应用特殊的理论；如果没有公共事业，这些学者就不会在这一概念上适用特别理论而会用到普通法中的理论和规则。"

"以下就是我援引的实例：1910 年铁路工人罢工时，政府亟待解决的问题就是弄明白铁路开发是否属于公务行为，只有得到肯定的答案后，政府才可以使用特别理论解决相关的资金问题。"㊲

正如杰兹假设的那样，特殊法律体系就是公共事业存在的结果，我们不应该同时将这种体系看作公共事业定义中的关键性因素。我们不能逻辑混乱地说："一方面，是否应用该特别法律程序，应先弄清楚行为是否具有公务性质，另一方面在回答行为是否具有服务大众性质的同时，又说这完全取决于服务大众行为所属的法律体制是否具有特殊性。这完全就是一个恶性循环，这并不是一个令人满意的答案。"

此外，这种以特殊法律体系为特征的定义不符合事实。要么这种定义太宽泛。比如征税和市政工程都是特殊法律体制，然而，我们可以在完全不涉及公共事业的前提下进行征税（比如铁路），维修教堂也属于市政工程的范畴，然而宗教信仰并非公共事业。㊳

要么这种定义太过狭隘以至于我们完全无法理解。比如，战后的判例将商务和工商管理这类公务独立出来。这部分公务的特点就是被部分属人关系、使用权人关系、税收关系的私法体系所管理。㊴

为避免相反事实引起的争议，我引用杰兹关于公共事业定义中的可能性特征来进行验证。事实上，杰兹一直用诸如"可以"和"可能"等词来谈论特殊法律机制。他在书中这样写道，"公务员可以采用公法

㊱ 杰兹：《行政法一般原则》，第三版，第二册，第 9 页。
㊲ 杰兹：《行政法一般原则》，第三版，第二册，第 10 页。
㊳ 瓦利纳：《行政法基础教程》，第二版，第 353 页。
㊴ 瓦利纳：《行政法基础教程》，第二版，第 352 页。

程序”,[40]“公务员有可能采用公法程序”。[41] 然后他阐述道：“为保证公务的执行，公务员可以或应该采用公法中的程序。但他们并非一定要采用这样的程序。如果他们愿意，他们有时也可以选择适用私法程序。”[42]

该论证虽然非常巧妙，但也会引起另一争论：构筑在可能性上的定义并不是真正的定义，因为它非常不准确。

在杰兹所撰写的《寻觅公共事业》一文中，他提出公务具有另一种特征：“体现统治者意志”。“我认为只需要研究统治者深思熟虑后实施行政管理的主观目的。” “公共事业仅是特定国家、特定时代背景下的统治者采用公共事业的程序满足大众的一般的利益需求。统治者的主观意图是唯一需要考虑的因素，学者的观点以及着力解决现实问题的法学家的个人观点并不重要。”[43]

然而为什么我们会认为统治者的主观目的就是用公共事业程序满足我们所说的公众一般利益需求？为回答这一问题，杰兹认为：“不可能给出唯一的标准，因为公务是由整体环境所决定，而单独的一个条件或情况并不充分，只有当它们形成一个整体后，才能使组织公务的目的显现出来。法院在这方面享有很大的裁量权。”[44]因此，杰兹认为公务的存在主要取决于统治者的主观意愿，而后者又取决于法官的理解和解释。我们认为这种关于公务的定义很不稳定，并且主观性太强。

即使执政者清晰地表达出他的想法，我们也不认为该标准具有绝对的排他性。若从这个标准出发，我们可能会认为“公共事业是立法者创造出的概念，立法者可以独自完成这项工作，并把公共事业的特征随便设定在某个工作上”。[45]

我们刚才根据定义的渊源和提出该定义学者的权威程度，对狄骥和杰兹定义的公共事业理论进行阐述和验证，除此之外，还有几种关于公共事业的不同定义。但是我们不能对这些定义进行一一的验证，只是指

---

[40] 杰兹：《行政法一般原则》，第三版，第二册，第 2 页。
[41] 杰兹：《行政法一般原则》，第三版，第二册，第 15 页。
[42] 杰兹：《行政法一般原则》，第三版，第二册，第 4 页。
[43] 杰兹：《行政法一般原则》，第三版，第二册，第 15 ~ 16 页。
[44] 杰兹：《行政法一般原则》，第三版，第二册，第 20 页。
[45] 狄骥：《宪法论》，第三版，第二册，第 74 页。

出一些对公共事业定义有疑问的地方。

2. 简评“公共事业定义”

根据大多数学者所认同的观点，为尽力避免含糊不清的表述，我们给公共事业做出了如下的定义：“公共事业就是享有行政法人资格的企业为满足公众一般利益需求而从事的活动。”[46]

因此公共事业的概念包括以下几个因素：

（1）组织机构；

（2）行政法人资格；

（3）服务的目的是满足公众的需要。

为明确表达并详细解释公务的概念，我们先解释它的三大构成要素，同时也会说明我们为什么不认同部分学者提出的模糊概念表达。

（1）公共事业是组织机构。因为它是由人、物、法律程序和技术等要素为达到某一目的而组成的整体。[47]

狄骥将公共事业视为一种“活动”，[48] 杰兹将它看作一项“法律程序”。[49] 我们认为这些词语选得都不恰当。公务确实总会有活动内容，也会应用一定的法律程序，但是这些活动和法律程序本身并非公共事业。比如，教师授课是种活动，为充实博物馆而实施的征收行为也是一种满足公共一般利益需求的法律程序，然而我们却不能把它们纳入公共事业概念里。而公共事业实际上可被视为一种“组织机构”，如我们上课的“学校”和我们征收物品用以完善的“博物馆”。

行政法学者奥里乌认为：“公共事业可被理解成有行政权力和职能的公务员组成的集体，该集体主要向公众提供有规律、持续且致力于城市管理的服务。”[50] 只是“公务员集体”这一表达也存在一些缺陷。一方面，该表述会让我们误以为公务表面上是由公务员组成，然而公务员其实只是实现公务价值的工具。另一方面，该表述与事实不符。现在也

---

[46] 这个对公用事业的定义与洛朗德先生的说法相当接近。我们换了一种说法：“在高层执政者之下”我们将指出更多下定义的难处，“即便是高层管理者也属于行政人员”。

[47] 洛朗德：《行政法精义》，第六版，第 2 页。

[48] 参见第 22 页。

[49] 参见第 22 页。

[50] 奥里乌：《行政法纲要》，第四版，第 109 页。

有由特许人领导的特许公务，但这些特许人并非公务员。甚至在政府经办的公共事业机构中，也有在公务员编制外的公职人员：非正式公务员、合同工。

（2）公共事业属于行政法人范畴。这是公务活动区别于同样以满足大众一般利益需求为目的的公益事业机构的关键。一方面，教会学校、私人储蓄银行与国立学校和国家储蓄银行一样都是以服务大众为目的的机构；但是另一方面，它们又不能被视为公共事业机构，为什么呢？因为它们属于私营事业，并不属于行政法人的范畴。[51]

为强调这一概念，瓦利纳认为“公共事业机构是行政机构”。[52] 奥里乌也曾在其作品中写道：“公共事业机构就是由公权、权能和善良风俗共同构筑的公共组织。”[53] 洛朗德说“公共事业机构就是政府指导下的机构”。[54] 这些表述也并不完全准确。因为“行政机构”“公权、权能和善良风俗的公共组织”“政府高度领导下的机构”这样的表述都无一例外地认为只有由政府经办的机构才算公共事业机构。因为就算这些服务机构是被中介及非公共法人承包经营，那些特许的公共事业机构仍然属于公共事业机构的范畴。正是为了避免出现误解，我们才使用“范畴”这一词。因为就算不从公共事业属于行政法人性质的定义来看，特许公共事业本身也应被纳入行政法人的范畴。根据许可人也就是行政法人签署的特权授予协议，特许权受让人有权承办这样或那样的公共事业机构。怎样组织公共事业？怎样满足公众需求？怎样制定价格？这些问题都同样取决于主管行政机关的主观目的。因此如果我们不应说公共事业机构仅是公共性质或行政性质的机构的话，我们可以说公共事业属于行政法人的范畴。

（3）公共事业机构的目的在于满足大众的一般利益需求。对此目的学者们有不同的见解。奥里乌认为该目的是“给大众提供有规律、持

---

[51] 杰兹：《行政法一般原则》，第三版，第二册，第 36、181 页。

[52] 瓦利纳：《行政法基础教程》，第二版，第 350 页。

[53] 奥里乌：《行政法与公法讲义》，第十一版，第 15 页。

[54] 洛朗德：《行政法精义》，第六版，第 1 页。

续且致力于城市管理的服务”。[55] 洛朗德说“公务就是满足公众集体的需求”。[56] 而狄骥则认为公共事业的目的在于“实现和发展社会中的相互依存性”。[57] 瓦利纳认为“公共事业就是完成公益任务的权力”。[58] 但这些观点上的分歧也仅是表面上的，从实质上来讲，我们可以通过借用杰兹“满足公众一般利益需求”[59] 的公式来解释以上观点。

根据这一理论，公共事业可以区别于行政法人设立的其他机构。塞维尔瓷器厂和高博兰地毯厂都不是公共事业机构，因为公众的一般利益中并不需要这些工厂所生产的产品。那些垄断烟草和火柴的工厂也不属于公共事业，因为开办这些企业纯粹是为了增加国家的税收。

喜歌剧院在格斯事件中被认为是公共事业机构，因为“喜歌剧院（以及一些国家剧院）是为了满足大众更高的精神需求（而不是为了保证对国家的某一领域进行有效管理）”。“喜歌剧院和国家博物馆以及艺术学院都是为了提高国家的文明程度”，[60] 并且“喜歌剧院的存在是为了满足公众一般需求中对艺术的需求”。[61]

行政法学者博纳尔认为：“公共事业机构是由国家、省、大区的行政当局管理并直接或间接地向特殊人群发放津贴的机构。”[62] 这种观点过于宽泛，无法体现出公共事业机构的目的。因为私营领域的管理层和垄断产品制造工厂都不属于公共事业机构的范畴，它们却常常向社会发放补助金。

（二）什么是工业公共事业的标准？

如果要明确公务员的概念，那么必须先明确公共事业机构的概念。同时，还必须充分理解工业公共事业机构的评判标准，因为学者们对这

---

[55] 奥里乌：《行政法纲要》，第 109 页。
[56] 洛朗德：《行政法精义》，第六版，第 2 页。
[57] 狄骥：《宪法论》，第三版，第二册，第 61 页。
[58] 瓦利纳：《行政法基础教程》，第 349 页。
[59] 杰兹：《行政法一般原则》，第二册，第 2 页。
[60] 《法国及外国公法与政治学杂志》，1923 年，政府警察局的裁决，第 560 页及以后诸页。
[61] 热西案判决，最高行政法院，1927 年 7 月 27 日，《法国及外国公法与政治学杂志》，第 560 页。
[62] 博纳尔：《公法基础讲义》，第二版，第 247 页。

一标准也是众说纷纭。

对于工业性质的公共事业机构，主要可以分为三派：第一派学者认为该标准是以营利为目的；第二派学者认为该标准是从事商业活动；第三派学者认为该标准是私营体制内的标准。我们接下来就会解释前两种标准存在的弊端，也会同时解释为什么我们接受第三种标准。

部分学者以公共事业机构和工业公共事业机构的服务目的来界定二者。博纳尔在其《行政法精义》一书中写道："对于一些工商业性质的公共事业机构，我们理所当然认为它们主要是以工业或商业营利为目的。也就是说，和其他私营企业一样，它们向大众提供服务或发放补助的主要目的在于实现盈利。因为这些事业的特征原本就应该以为政府创收为主要目标，它们被设立时就已经注定要服务于该目标。"因此，"工业性质的公共事业机构应区别于以满足公众需求为目的的普通公共事业机构。如果这些服务都是有偿的，就可能出现收支相抵甚至有净利的情形。但并非出于这个目的才把企业视为公共事业机构，而是出于公众的利益才建立了公共事业机构"。[63]

我们用以区分工业公共事业机构和普通公共事业机构的标准似乎也备受争议。因为"公共事业的主要特征就在于满足大众的一般利益"，[64]而工业公共事业只是公共事业中的一个类别。那么工业公共事业机构是如何实现盈利的呢？因为盈利目的与满足一般利益的目的相悖。

事实上在承办工业公共事业机构时，政府机关并没有想到营利或更确切地说没有过多营利的想法。他们最主要的想法就是首先服从上级的引导，其次要兼顾大公无私的精神。"行政机关要么是想实现政治或社会目的（如国营铁路公司、军备企业），要么是想帮助不同类型的所有权人或消费者（如市税务局），要么是想捍卫国家利益（如官办非洲航空公司）。"因此"营利并不是创立工商性质公共事业机构的初衷"。[65]

在摒弃营利目的这一标准时，部分学者以服务中的商业活动为标准

[63] 博纳尔：《行政法精义》，第 5 ~ 6 页。

[64] 博纳尔：《行政法精义》，1940 年，第 49 页。

[65] 卡瓦隆：《论工商公共事业的法律制度与概念》，第 44 页。

来判断工业性质的公共事业机构。在《论工商公共事业的法律制度与概念》一书中，卡瓦隆在提出标准时将工业公共事业机构定义为“主要以实现公益目标为目的，以实施营利行为为特征并直接或间接地依附于政府机关的企业的组织机构”。[66]

在摒弃营利目标这一标准时，博纳尔在其所著的《行政法精义》的最后一版中似乎又重新采纳这一观点。“工业或商业性质的公共事业机构是指公共事业机构通过完成贸易法所称的贸易行为，如买卖行为、发明创造、生产行为、加工销售行为来展开常规性的工业或商业性质的活动。”[67]

尽管商业活动标准比实现盈利的标准的争议小，但至少在关于公务员的定义上，这一标准与最高行政法院的判例并不相符。因为如果说工业性质的公共事业机构具有商业活动这一特性的话，那国家电子通信部门和国营铁路部门的职员就该像市政税务局和其他工业公共事业机构的职员那样被排除在公务员的范畴之外，因为国家电子通信部门和国营铁路公司都具有商业行为。然而判例却认为国家电子通信部门里面的职员也是公务员，[68] 而国营铁路公司的职员也是在 1905 年 3 月 21 日的法案颁布后才被排除在了公务员的范畴之外。

许多学者如卡瓦隆不禁问道：“这里的判例不是自相矛盾吗?”如果人们接受商业活动这一标准，情况确实如此。然而，判例却不一定接受这一标准。瓦利纳和奥里乌两位学者都认为工业公共事业机构“属于私法体系”。[69] 因此，在我们看来，判例就是根据这一标准才将工业公共事业机构中的职员排除在了公务员的范畴之外。

将工业公共事业机构中的职员从公务员队伍中排除的案例是来自拉菲热尔一案中里维先生所做的结论。在这些结论中，政府专员将有关服务的私法体系视为判断工业公共事业机构的标准，因为他们向外做出的

---

[66] 卡瓦隆：《论工商公共事业的法律制度与概念》，第 91 页。

[67] 博纳尔：《行政法精义》，1940 年，第 49 页。

[68] 卡瓦隆：《论工商公共事业的法律制度与概念》，第 215 页；卞维吕：《对穆尼耶案判决的评论》，（文件号：1930 - 3 - 41）及以后诸页。

[69] 瓦利纳：《行政法基础教程》，第 64 页；奥里乌：《行政法纲要》，第四版，第 65 页。

解释是“这些所谓的服务如果是由一个特许人领导，就必须在特定的条件下运行”。[70]

拉菲热尔案后私法体制这一标准就经常出现在国家议会的判决中。比如，在杜米女士案中，国家议会根据以下事实承认原告的公务员身份，“由于在所谓的机关所要求完成使命的条件中，这些所谓的机关不应被列入工业公共事业机构的范畴而应被归入行政公共事业机构的行列”,[71] 公共事业机构的分类主要取决于事业运行的条件。这也就是说行政公共事业机构和工业公共事业机构的区别在于事业的私法体系。

同理，在魏先河案中，行政法院考虑到原告是根据普通法建立的“工业公共事业机构中的职员”[72] 从而拒绝承认原告的公务员身份。在安布罗西尼一案中，行政法院认为“省电力部门是由卢瓦尔省主管并纳入普通企业条件的工业公共事业机构，因此否认了安布罗西尼女士的公务员身份”。[73]

因此，法院在关于公务员身份的理解上将工业公共事业机构理解为采用同普通工商业相同法律条件的公共事业机构。简而言之，就是私法体制下的公共事业机构。[74] 因此，“如果国家过度保留普通法的模糊性，就不会存在工业公共事业机构”。[75]

然而我们凭什么来判断一个公共事业机构是在普通工业条件下经营的呢？关于这个问题，瓦利纳给了我们一个满意的答复。

“我们认为公共企业只是一确定标准，这只是立法者的意愿。只有在立法者认为公共事业和使用者之间的关系由私法法规规定时，才具有工业性质。有关立法者意愿最明显的例子就是铁路公用事业机构：1845

---

[70] 拉菲热尔案件中里韦先生的裁决，《法国及外国公法与政治学杂志》，1923 年，第 238 页及以后诸页。

[71] 《行政法院判例汇编》，杜米小姐案的判决，1931 年 12 月 4 日，西雷出版社，1932－3－101。

[72] 《行政法院判例汇编》，魏先河案的判决，1938 年 7 月 22 日，《法国及外国公法与政治学杂志》，1938 年，第 829 页。

[73] 《行政法院判例汇编》，安布罗西尼案的裁决，1938 年 6 月 24 日，勒邦出版社，1938 年，第 577 页。

[74] 瓦利纳：《行政法基础教程》，第 64 页。

[75] 拉罗克：被卡瓦隆引用在《论工商公共事业的法律制度与概念》一书当中，第 47 页。

年 7 月 15 日法案第 22 条规定国家应当承担铁路开发对特许人和农户带来的损失；1905 年 3 月 21 日法案授予法院受理国营铁路行政中心和个人间的纠纷的权力。”[76]

（三）简评非工业公共事业机构的定义

从以上对公共事业机构和工业公共事业机构的概念研究中，我们可以对非工业公共事业机构做如下定义：非工业公共事业机构，即拥有行政法人资格，以满足公众一般利益需求为目的，并受普通法以外的特殊法律体系管辖的组织机构。

第二节　稳定性

一　稳定性是否为公务员身份特征的必要条件？

正如我们在前一节探讨的那样，尽管所有公务员所属的非工业公共事业机构是判定公务员身份的必要条件，但并非该机构中的所有职员都是公务员。“公务员的身份特征只赋予与行政部门运行密切相关的职员。”[77] 但如何区别这部分职员？我们认为区别的关键就是他们身份的稳定性特征。

狄骥说：“长期稳定从事公务的条件并非轻易可以形成。那些短期或偶尔参与公共事业运行的职员对该机构而言并不是必不可少的，因此就没有理由给予这部分人特殊身份或授予他们特权。行政机构中为保证特殊工作得到执行而临时短期雇用的职员也并不享有公务员的身份。比如，行政机关在公共工程中因工作量太大而经常雇用职员和工人来负责收发信件和电报。”[78]

因此稳定性是公务员身份的必要构成条件。在杰兹、狄骥、奥里乌、博纳尔、洛朗德、瓦利纳等行政法学者对公务员的定义中，我们也

---

[76] 瓦利纳：《威尔伯克判决的解释》，达洛兹出版社，1934－3－11。

[77] 洛朗德：《行政法精义》，第六版，第 64 页。

[78] 狄骥：《宪法论》，第三版，第三册，第 15 页。

总能找到“稳定性”一词。

在实践中，行政法院的判例经常强调该构成要件。[79] 同理，在这些涉及公务员的法律草案[80]和立法条款中，我们总用“稳定性”条件来定义公务员身份特质。

二 何谓“永久性”？

（一）简评不同解释

何谓“永久性”？它构建在哪种基础之上？这个问题的答案总是因人而异。部分学者认为公务员参与公共事业机构的方式应当具有永久性。另一部分学者则反对公务员职位具有永久性特征。[81] 他们反而认为公务员所肩负的职责应具有永久性特征。我们接下来就会解释和剖析这两种不同的观点。

1. “永久任职”论

支持该种理论的学者主要有狄骥、瓦利纳和内扎尔德。

狄骥认为，“永久参与公用事业机构运行的职员就是公务员”。[82] 因此，“公务员的身份并不取决于其行为的性质，而取决于他是否长久且稳定地参与到公共事业机构的运行中”。[83]

瓦利纳也像狄骥那样在他所定义的公务员中写道，“这种参与是长期而非偶然的；这种参与就是占有某一常设性职位，而这种占有本身就具有相对长久性特征”。[84] 这与狄骥的观点不谋而合，只是这种观点没那么绝对。

内扎尔德的观点也带着某些不确定性，但他用了巧妙的方式来阐述这一理论。他认为“公务员就是用稳定而持续的方式履行职务，这就将企业家和陪审员等排除在外。这是公务员的普遍特征但并非绝对特征。

---

[79] 参阅下一部份的相关判决。

[80] 参阅杰兹《行政法一般原则》，第三版，第二册，第 222 ~ 223 页的注释。

[81] 参见下文，第 45 页。

[82] 狄骥：《宪法论》，第三版，第三册，第 10 页。

[83] 狄骥：《宪法论》，第三版，第三册，第 18 页。

[84] 瓦丽纳：《行政法基础教程》，第 359 页。

公务员中也有‘定期职位’，如士官、再次服役的军人、最高行政法院的二级助理办案员以及许多行政机关里的临时工。”[85]

在埃里克·德·马尔一案中，权限裁定法院接受“永久任职”这一理论，并解释说“埃里克·德·马尔先生以被终身聘用的方式来履行公务。所以他就应被视为一名公务员”。[86]

在坎贝尔商会的案子中，最高法院也持有相同观点：“由作为公共机构的商会委任并永久履行职权范围内公务的职员具有公务员资格。”[87]

同时，在 1937 年 3 月 13 日的判决中，最高行政法院也用到“永久履行公职”[88] 这一表述。

虽然这一理论得到许多有名望的学者的支持并在部分判决中得到承认，但我仍认为这一理论还存在有争议的地方。

第一，它与事实不符。这些事实主要分为两大类。一方面，公共事业机构中存在部分以非永久方式任职的公务员。他们要么是在公共事业机构中任职一段时间，比如高校的校长、商事法庭的法官、最高行政法院中的二级助理办案员；要么在公共事业机构中不定期任职，通常因为职务的政治特征而任期较短，比如省长，1911 年 7 月 13 日法案中规定的部长办公室随员和其他的政治属性的公务员。

另一方面，还存在一些在公共事业机构永久任职却不是公务员的职员。这部分人“长期供职于公共事业单位却做着体制外的工作”。[89] 博纳尔认为这部分人就是“辅助雇员（国家机关的非正式公务员）”。[90] 政府专员拉图拉里说政府机关里的临时工可以分为四类，其中只有一类可以被视为“永久非公人员”。[91]

第二，它也与公职体制中的主导原则不符。我们明白根据公共事业

---

[85] 内扎尔德：《公务员法律理论》，第 33 ~ 34 页。

[86] 《争议法院判例汇编》，埃里克·德·马尔案的判决，1938 年 1 月 15 日，西雷出版社，1938 - 3 - 28。

[87] 西雷出版社，1939 - 1 - 211。

[88] 《行政法院判例汇编》，1937 年 3 月 3 日，勒邦出版社，1937 年，第 268 页。

[89] 博纳尔：《行政法精义》，第三版，第 442 页，并参阅《行政法院判例汇编》，埃拉尔案的判决，1931 年 11 月 9 日，勒邦出版社，1931 年，第 967 页。

[90] 博纳尔：《行政法精义》，第三版，第 442 页。

[91] 《法国及外国公法与政治学杂志》，1938 年，第 810、811 页。

机构的运行，政府会授予在该机构中的职员公务员身份。这也是因为这些人在公共事业机构中扮演的重要角色，我们才授予这部分职员公务员身份。一个职员的重要程度取决于其担任职务的重要程度，所以永久条件被诠释成职务的长久性也是符合逻辑的；而不应该将它解释成为终身任职，因为如果职务是长期存在的，那该职务在公共事业机构中就明显非常重要，所有担任该职务的人都起着至关重要的作用，因此，他们就应被视为公务员。

综上所述，无论是在理论上还是在实践中，永久任职论都该被摒弃。

2. “永久职责”论

除主张“永久任职”的学者外，其他的法学家都主张“永久职责”，因为他们认为既然是公务员，在其他的必要条件外，公务员所承担的职责应当具有永久性，而任职并非必然终身。

在公务员的定义中，洛朗德认为，“公务员的工作必须具有永久性或者至少在某种程度上具有永久性”。[92] 博纳尔同样也认为，“在公共事业机构中从事机构预先安排的工作的人员就是公务员”。[93] 弗朗索瓦·贝鲁也用“终身公共职务”[94] 来定义公务员。

该理论的支持者杰兹的态度也十分坚决，下面就是他关于“永久性”的主要描述：

> 具有永久性特征的应是职务而非工作的任期。从事专职工作的公务员本身就有终身任期。只是该要件也并非必要条件。比如刑庭的陪审员、士兵都几乎被临时指派从事常设性的公共工作。这些人就是公共事业机构中的职员，也是公务员。
>
> 比如没有取得教师资格的人却在法学院中讲授了一年的高等教育课程，他们的工作即他们所讲授的课程具有永久持续性，虽然该人只承担一年的教学任务，享有非终身任职的资格，但他却也被认

[92] 洛朗德：《行政法精义》，第六版，第 64 页。
[93] 博纳尔：《行政法精义》，1935 年，第 363 页。
[94] 弗朗索瓦·贝鲁：《法国公务员的待遇》，第 8 页。

为是公务员：他所做的工作和他所履行的职务都具有永久稳定性。

同理，在1919年7月13日的财政法令第141条和142条及1912年2月13日法令颁布后，最高行政法院的判例承认部长办公室主任是公务员。这就属于为数不多的工作任期不稳定且身份又具有临时性的公务员。[95]

所以永久性应当被解释成职责的永久性。然而什么是永久职责？永久职责就是永久事业编制中所确立的职责。[96] 这就是为什么我们经常把在公务员定义中看到的“永久编制”一词当作“永久职责”的同义词。

至于“永久编制”的概念，奥里乌先生给我们做了如下的解释：“永久编制的属性使我们联想到为选举而登记到选举名单中的条件，还有为取得贫民身份而登记到救济名单上的条件。它们让我们最容易联想到国家建立的秩序大部分都是建立在书面（编制、名单、表格、地籍册、预算等）上的。”

“为保证编制的属性得以实现，就需要两个必要条件：第一，确定的（国家级、省级、大区级）公共行政机关的工作编制必须是被法律或法规规定；第二，更为重要的是，这些编制必须是以永久形式被设立以此来保证公共事业机构的持续性。”[97] 比如，“部长办公室的随员这一职务曾完全被排除在体制之外，那部分人也不被承认是公务员。直至1911年7月13日法案中第141条和第142条才设立了属于这部分职员的身份编制”。[98]

“永久职责”这一理论不仅得到我们刚才所谈到的那部分学者的支持，它对实践也产生了重大影响。

首先，最高行政法院曾多次引用该理论作为判决的依据。这方面的判决数不胜数，我们仅援引以下两个案例作为例证。

---

[95] 杰兹：《行政法一般原则》，第三版，第二册，第234页。

[96] 参阅1941年9月14日法律第2条包含公务员总章程的内容和博纳的《行政法精义》，第441页。

[97] 奥里乌：《行政法纲要》，第四版，第65页。

[98] 奥里乌：《行政法纲要》，第四版，第65页。

米奈特案中，最高行政法院拒绝受理有关解雇米奈特先生的诉讼，因为法院考虑到“米奈特先生从未被纳入阿尔及尔省的永久事业编制中，因此在与该省的行政机关进行诉讼时，就不应该以公务员的身份自居”。[99] 在沃特洛克斯案中，“沃特洛克斯先生仅被殖民地的行政机关雇为零工，因此这种身份也不能被纳入该行政机构的永久人事编制中，因为沃特洛克斯先生并没有行使 1853 年法案所设定的职责”。[100]

此外，永久职责的理论已被众多法律草案所采用。比如，1909 年 3 月 25 日的法案第 1 条用下面这一公式来定义公务员：“在国家公共事业机构中根据现行法律而承担永久职责的人都是公务员。”众议院委员会在 1909 年 6 月 14 日提出的法律草案中强调了“永久职责”这一概念，后来这一法律草案被纳入政府规划中。草案的第 1 条是这样规定的：“所有在公共事业中享有永久编制的人员都被现行法视作公务员。”

1941 年 9 月 14 日公布的公务员基本法为“永久职责”这一理论提供了关键论据。该法案就是用“永久职责”一词来定义公务员的（1941 年 9 月 14 日法案的第 2 条就规定了国家公共机构和国家民事公务员的一般身份）。也正是根据他们并不拥有相应永久编制的特征，我们得以区分公务员编制中所谓的职员、雇员和工人。[101]

虽然“永久职责”论比“永久任职”论更优越并且对法理和实践都产生巨大影响，但该理论也有缺陷且须引起我们的重视。

的确，作为公务员，他们承担的职责或从事的工作必须有永久持续的特征。然而，与此相反的是，我们绝对不能说在所有政府机关或公共事业机构中从事长久稳定工作的人都是公务员。通常来讲，永久职责确实是由公务员所承担，但同样也有因为这样或那样的原因由其他没有公务员身份的人员临时承担的情况。有时是因为岗位是临时设置的，有时是因为没有适合的人选以及临时任命。政府专员拉图内里先生说，在上

[99] 米奈特案判决，《行政法院判例汇编》，1927 年 7 月 27 日，勒邦出版社，第 847 页。

[100] 沃特洛克斯案判决，《行政法院判例汇编》，1901 年 3 月 24 日，勒邦出版社，第 308 页。

[101] 1941 年 9 月 14 日法律第 6 条对第 22 条的延伸规定，以及对公务员总章程之地方公务员和代理人的相关规定。

述情况中，公务员承担的永久职责都由“单位中的非正式职工”[102]临时顶替。关于这方面的判决也很多，[103] 我们现在只援引以下两个案例。

萨予科德高迪一案判决中的第一条理由是这样写的：“萨予科德高迪先生被指派担任政府专员助理的职务，但根据老挝的高等常驻外交代表的决定，原告只是在正式职员离岗期间临时顶替履职。最后，该案中没有争议的地方就是该行政机构从未承诺将原告由临时工转为正式工；根据1925年3月13日的决定，正式职员复工后，就应（自动）恢复他在老挝琅勃拉邦的原来岗位。但该决定并非自此之后就自动优先于1905年4月22日法案第65条所规定的履行手续。”[104]

在佛西案中，最高行政法院作出了相同的决议：“因为佛西先生只是临时顶替市长秘书一职，只要他的临时身份不能在1921年9月6日前即那麦先生复职前转成正式身份，他就不能在工作被接手前根据1905年4月22日法案第65条的要求递交他的个人材料，更不能向圣奥翁区（政府）主张因停职带来的损害赔偿。”[105]

因此最高行政法院拒绝承认萨予科德高迪先生和佛西先生可以据1905年4月22日法案第65条享有相应的权利，因此，法院也并未将这两案中的原告视为公务员。这并非因为政府专员助理和市长秘书这两个职务不具有常设性和永久性，而是因为这两人只是临时担任这部分工作并且他们的临时身份最后也没有转正。

综上所述，“永久职责”也可以被非公务员的职员承担，因此“永久职责”论也有其自身的缺陷。

（二）简评稳定性特征

在验证“永久任职”和“永久职责”的理论后我们知道：一方面，永久任职的概念并不总是与公务员挂钩，另一方面，永久职责也并非总是公务员的工作。因此就算这两个理论在法理和实践中占据重要地位，

[102] 在雅凯、维凯尔及其他人的案件中拉图内里的裁决，《行政法院判例汇编》，1938年2月21日，《法国及外国公法与政治学杂志》，1938年，第805页及随后诸页。

[103] 《法国及外国公法与政治学杂志》，1938年，第808页。

[104] 《行政法院判例汇编》，1927年，勒邦出版社，第175页。

[105] 佛西案的判决，勒邦出版社，1924年，第32页。

我们要么选择摒弃它们，要么选择完善它们。

稳定性特征的意思应解释为以绝对身份开展永久持续的工作。我认为，这是唯一可以弥补两种理论的缺陷且更好地符合当今判例的解释。一方面，该种解释将不享有公务员身份的长工从公务员队伍中排除，并对终身职责的理论进行相应的完善；另一方面，这种解释也包含了那些临时占据永久职责的人，而根据永久职责论，这些人是被排除在公务员队伍之外的。

根据这种解释方法，公务员就从其他服务于公共事业的劳动者中独立出来。首先，在1941年9月14日法案颁布前，这种解释方法要么通过工作的非稳定性标准，要么通过身份临时性特征将非正式公务员从正式公务员队伍中独立出来。在1941年9月14日法案颁布后，该法案根据行政机关的永久编制的范围，将三种劳动者即职员、雇员和工人从行政机关的公务员队伍中剥离出来。[106] 其次，这种解释也排除了公共事业机构中的特权享有者和职工，因为特权让与的本质就具有“临时属性”。[107] 因此，那些在企业中工作的劳动者不管他们享有怎样的身份都没有“铁饭碗”的特征。“罗兰认为特许权享有者也并不等同于公务员。这部分人在公共事业机构中没有终身制的工作。他们在法律上就只是简单的个人或私法上所讲的简单集合。”[108]

第三节　自愿接受任命

一　“自愿接受任命”是否为公务员身份的必要构成条件?

除了我们在前面几节中谈到的公务员身份的两个必要条件，选任或委任的个人是否自愿接受任命是公务员身份中的第三个条件。

---

[106] 参见9月14日法律第6条对1941年9月14日法律第三编第22条中涉及的对地方当局公务员和对公共行政机关的代理人及工人的延伸规定。

[107] 博纳尔：《行政法精义》，第三版，第708页；洛朗德：《行政法精义》，第107页。

[108] 洛朗德：《行政法精义》，第105~106页。

奥里乌先生认为，“公务员是通过承诺接受要约方式进入行政机关中”。[109] 贝特勒米认为，“公务员就是接受确定职位的任命并持续参与公共事业管理的人员”。[110] 同样，博纳尔也将公务员定义为“所有自愿参与到公共事业（运作）中的公职人员”。[111] 他同时也写道：“任命书就是附解除条件的单方法律文书。公务员可以拒绝任命。该拒绝权就来自任命书中附加的解除条件。如果公务员拒绝接受任命，解除条件就会生效而相应的任命就会取消。”[112]

如果说有学者认为自愿接受任命是公务员身份的必要构成条件，狄骥和杰兹则持相反意见。狄骥认为，“公务具有非排他的强制性特征”。[113] 杰兹认为，“所谓的公务中也存在诸多限制约束成分”。[114]

这些学者的论据似乎可以从两个角度分析。原则上，他们认为约束机制可以从公共事业运行的必要性上来解释。杰兹说，“公共利益优先于个人利益，保证公共事业运行必定会将约束机制的使用合法化”。[115] 狄骥也认为，“统治者在招募公务员时必须从保证公共事业运行的角度解释约束机制的运作模式”。[116]

事实上，狄骥和杰兹认为他们能引用事实作为支撑的论据就是作为所谓的公务员的士兵和陪审团成员身上所体现出来的义务性特征。[117]

我们认为，所有的这些论据尚有争议。在原则角度上，杰兹本人的意思就是“进入公共事业机关任职的方式具有非强制性，强制的都是权宜之计。永久职责下所担负的义务都是不会让人感到愉悦。在一个不稳定的时代，我们完全不能相信公共事业机构中备受压迫的人对工作表现

---

[109] 奥里乌：《行政法纲要》，1938 年，第 72 页。

[110] 贝特勒米：《行政法基本条约》，第十三版，第 51 页。

[111] 博纳尔：《行政法精义》，第 363 页。

[112] 博纳尔：《行政法精义》，第 271 页。

[113] 狄骥：《宪法论》，第三版，第二册，第 46 页。

[114] 杰兹：《行政法一般原则》，第三版，第二册，第 229 页。

[115] 杰兹：《行政法一般原则》，第三版，第二册，第 420 页。

[116] 狄骥：《行政法一般原则》，第 16、115 页。

[117] 狄骥说：“无论别人怎么说，我始终认为军人，哪怕最低阶的军人，都是公务员。”（狄冀：《宪法论》第三册，第 16 页）杰兹指出：“公务员体制本身也存在制约因素，例如，在兵役制度方面，在刑事审判陪审团方面，在土地征用案陪审团方面。”（杰兹：《行政法一般原则》，第二册，第 229 页）

出来的忠心和热忱”。[118] 因为公务员概念中无可争议的一个条件就是永久性工作，所以很显然，公务员在被聘用时应该是自愿接受任命的。

尽管为了维护公共事业的运行，统治者在必要时会采取强制手段来招募服务人员，但是他们不能诱使某人从事公务员的工作。因此最好的办法就是将这部分人放到“征用人员”队伍中。

事实论据就是士兵和陪审员的工作具有义务性特征，但这种特征也完全无法证明。我们排除有关以自愿承诺方式组织军队和陪审团的新法规，这些法规可能会降低这些论据的效力。然而，在这些新法颁布前，根据杰兹给出的有关公务员和征用人员的区别，这些事实论据就非常具有争议，因为如果根据这种区别标准，士兵和陪审员都应被排除在公务员队伍之外。

杰兹说，“征用人员之所以可以从所谓的公务员队伍中分离出来，是因为他们请求给予津贴的缘由都很确定”。[119] 如果杰兹根据这一区别承认法庭上的证人和军队中的基准兵都有征用人员的资格，那我们就更不能理解为什么杰兹将陪审员和士兵视为公务员。给予这部分人津贴的缘由是否和给予证人、基准兵的津贴缘由一样确定？

根据杰兹给出的关于公务员的定义，“区别公务员身份的第一重要因素就是工作或职务的正式永久性特征”。[120] 杰兹明确指出，服军役和陪审员都是“临时职务”。[121] 所以这是否就是说承认士兵和陪审员的公务员身份就完全不符合逻辑？

因此招募的士兵和陪审员不应该被视作公务员，并且也不存在狄骥和杰兹所强调的那种强制性公务员。

所以所有与自愿性特征相悖的论据都完全没有说服力，因此，我们认同大多数学者的看法，认为自愿接受任命是公务员概念中的必要构成条件。

二　自愿接受任命有哪些明显特征？

自愿接受任命根据不同的情况有不同的表现方式。在选举任命的模

---

[118] 杰兹：《行政法一般原则》，第 420 页。
[119] 杰兹：《行政法一般原则》，第 229 页。
[120] 杰兹：《行政法一般原则》，第 234 页。
[121] 杰兹：《行政法一般原则》，第 420 页。

式下，就是通过候选人的形式。在考试筛选的模式下，这种形式主要表现为参试人员必须先注册登记。在上述情况下，公务员的主观意愿必须在任命发出前就得以体现。

此外，也有在发出任命之后再体现主观意愿的情况。对于某种类的职位，自愿接受任命以宣誓的方式体现出来。通常来说，取得了某个职位就被视为自愿接受了该职位的任命。

根据自愿接受任命条件我们才能区分公务员和“征用人员”。博纳尔说，“根据针对具体且有针对性的征募方案，被征人员负有参与公共事业管理的义务”。然而“公务员却根据自己的意愿参与到公共事业中”。因此，军队中的勤务人员如指挥员、驾驶员和司法行政机关中的证人以及公共事业部门根据 1938 年 7 月 11 日法案所征募的人员都不是公务员，因为他们是通过强制机制参与到公务系统中，而非以个人意愿主动参与到公共事业的管理中。

第四节　与私人雇佣相区别并单纯以服务为目的的工作

一　与私人雇佣相区别且单纯以服务为目的的工作是否为公务员身份的必要构成条件？

在我们刚才所讲的有关公务员身份的三个必要要件中，有关公共事业编制组织的 1941 年 9 月 14 日法案添加了一个新条件：与私人雇佣相区别并单纯以服务为目的的工作。[122] 正是根据这一条件公务员才能与国家雇员相区别，而国家雇员这一概念是 1941 年 9 月 14 日法案在公职人员中新创设的一个种类。

---

[122] 1941 年 9 月 14 日《公用事业单位干部组织法》，其第三段和第四段规定：“所有与公用事业目标不相符合的职位，所有类似私营部门的职位，由其性质所决定，皆兼属于普通雇员职位。”“除此之外的职位为公务员职位。”“公务员章程报告”（《法国国家官方杂志》，1941 年 10 月 1 日，第 4211 页）指出：“公务员应该定性于那些在公用事业单位从事永久性工作的员工，不包括在私营部门的工作人员。”

在该法案颁布前，我们唯一可以在判例中援引关于这一条件的判决就是坎贝尔商会的判决。在这一判决中，最高法院的民事法庭决定“被商会委任并以永久方式执行职权内公务的人员就是公务员”。[123]

确实，在法理上，学者长期将公共公务员区别于雇佣公务员，[124] 但是他们所主张的区分标准完全不相同。这些标准要么是永久任职，[125] 要么是（工作机构的性质属于）所谓的公共事业机构，[126] 要么就是从事工作的智力特征，[127] 要么就是行使公共权力。[128] 因为 1941 年 9 月 14 日法案中有关公共事业编制组织的第 1 条完全没有规定公共公务员和雇佣公务员两个身份的具体区别。

二　与私人雇佣相区别却又以服务公众为目的的工作究竟是怎样的工作?

即使 1941 年 9 月 14 日法案的颁布结束了法理上关于该问题的争论，但该条件的确切含义还有待研究。

因缺乏官方和法院的评论，我们只能在报纸上找到粗略的解释。在 1941 年 10 月 2 日出版的《时代》上载明，高中的主要目的就是教育，因此高中教师是或永远都是公务员，但是高中的门卫就不是。此外，像打字员或办公室秘书的工作从性质上来讲与私人雇佣的性质完全相同，像这样的工作都应由一般雇员而非专职公务员来承担。

前面我们提到的典型的职位，我们很容易判定它们是否与公共事业的目的相关，或它们是否与私人雇佣相同，但是还有一些工作并非如此。比如高中的总务主任是否与公共事业的目的有关，事业机构中会计的工作是否与私人雇佣的性质相同。现在要准确回答这个问题还为时过早，还需要一些判例和行政机关的法规对公务员编制给出确定的解释。[129]

---

[123] 法国最高法院，1939 年 3 月 13 日，西雷出版社，1939 - 1 - 211。

[124] 狄骥：《宪法论》，第三册，第 4 页。

[125] 狄骥：《宪法论》，第三册，第 4 页。

[126] 狄骥：《宪法论》，第三册，第 7 页。

[127] 博纳尔：《行政法精义》，1935 年，第 365 页。

[128] 卡扎朗斯：《纪戴案的裁决》，西雷出版社，1881 - 3 - 37。

[129] 参阅 1941 年 9 月 14 日《公用事业单位干部组织法》第 2 条。

小结　公务员的一般定义及其例外情形

在第一章中，我们已排除公务员定义中在我们看来不正确的部分必要条件。在第二章中，我们已尽力阐述公务员概念中的必要构成条件并解释这些要件的真正意思。因此我们可以对公务员做如下定义：

“公务员是自愿以正式身份在非工业公共事业中从事以服务公众为目的并与一般私人雇佣相区别的专职人员。”

尽管原则上该项定义适用于所有公务员，但我们仍需注意到该定义的两种例外情况。那就是工业公共事业机构中的领导人包括会计在内原则上都不属于公务员，因为这些机构中的领导是在国家直接任命后履行公务，并且“他们的身份也在机构成立时制定的组织章程中确定了”，[130]而事业单位中的会计本身就应由行政机关控制和管理。

这两种例外情况在1941年9月14日法案中已有明确规定。该法案的第2条规定公务员的定义，立法者承认以下“领导”和“会计”的公务员身份：一是“工业或商业公共事业机构中的领导人员”；二是“上述两种机构中适用公共会计规则的会计人员”。

尽管1941年9月14日法案在法律上承认了这些例外情况的合法性，但是这些例外并不是由该法案提出的，该法案只是确定或解释了行政法院的案例或之前的法律。

这是否又涉及工业公共事业机构中的领导人员的身份确认问题？他们在拉菲热尔一案后就被视为公务员。这一观点源自一个判例，在该判例中行政法院承认对工业公共事业机构中领导人员与其所属的行政部门间的诉讼享有管辖权。这方面的案例非常多，我们这里只引用这方面的首个案例拉菲热尔案和最近的两个判决——魏先河案和安布罗西尼案。

拉菲热尔案的判决称：“拉菲热尔的领导身份是由马达加斯加殖民地

---

[130] 迪亚尔案件中里韦的裁决，《法国及外国公法与政治学杂志》，1929年，第107页及后续诸页。

执政总督任命，将原告与殖民地的行政机关联系在一起的合同就属于行政性司法机关裁判的对象，马达加斯加行政诉讼法院享有该案的管辖权。”[131]

安布罗西尼案的判决称：“省级电力部门是由卢瓦尔省经营的工业公共事业机构，符合普通企业的条件，而且原告的建筑师秘书职务并非领导职务，因此省级行政法院不享有该案的管辖权。”[132]

魏先河案的判决称，“魏先河夫人在‘法国赤道集团’下属的‘刚果之洋’铁路公司中担任会计秘书一职。根据普通法条件的规定，工业公共事业机构中非领导型公职人员的权利引发的纠纷，行政性司法机关不享有对该类案件的管辖权，因此最高行政法院认为其无权受理魏先河夫人的诉求”。[133]

“在经典案例中，行政法院对行政机关和公务员间关于职务问题引起的诉讼享有管辖权；反之，行政机关和一般雇员间的案件都由一般法院进行管辖。”[134]如果最高行政法院承认对工业公共事业机构中领导人员与其所属的行政机关间产生的诉讼纠纷享有管辖权，那就意味着这部分领导都被判例视为公务员。

此外，工业公共事业机构中领导人的公务员身份在博尼菲西一案中也可以得到验证。在该案的判决中，最高行政法院根据 1905 年 4 月 22 日第 65 条规定认定市营发电厂是工业公共事业机构，而它的厂长享有优先于书面审核的言论权。[135]

况且，在 1941 年 9 月 14 日法案颁布前，有关公共行政机关里岗前准入制度的法案中，立法者就已将工业公共事业机构中的领导人员视为公务员。该法的第 1 条是这样规定的：“如果父亲是法国人而本人非法籍，就不能就职于国家、省、大区以及公共机构所设立的行政机关，也

---

[131] 《行政法院判例汇编》，拉菲热尔案的裁决，1923 年 1 月 26 日，《法国及外国公法与政治学杂志》，1923 年。

[132] 《行政法院判例汇编》，安布罗西尼案的裁决，1938 年 6 月 24 日，勒邦出版社，1938 年，第 577 页。

[133] 《行政法院判例汇编》，魏先河案的裁决，1938 年 7 月 22 日，勒邦出版社，第 829 页。

[134] 狄骥：《宪法论》，第三册，第 5 页。

[135] 《行政法院判例汇编》，1933 年 3 月 29 日，汇集，第 336 页。

不能在工业公共事业机构中担任领导职务。”[136]虽然没有用公务员一词，但该法已完全将公共企业的负责人视为公务员。

关于工业公共事业机构中“会计”职务的性质问题，在《公务员基本法》颁布前，我们没有找到可以把会计归为公务员范畴的判决。然而在立法领域，1934 年 12 月 15 日有关国有工业企业的财务法令已给予财务机构的负责人公法身份，这也就是说该法的立法者已经间接承认这部分会计的公务员身份。[137]

---

[136] 《立法公报》，第 12 期，1941 年，达洛兹出版社，第 610 页。

[137] 参阅卡瓦隆《论工商公共事业的法律制度与概念》，第 228 页。

第二部分　公务员的法律地位

在尝试对“公务员”的概念做一个详细的定义后，现在我们就探讨公务员的法律地位究竟是什么。因为尽管公务员的定义可以帮我们解决有关公务员的问题，但事实上还有许多更重要的问题是在弄清公务员这一问题基础上才能被分析清楚的。行政机关的撤职权的适用范围有哪些？哪些法院对行政机关和公务员间的诉讼享有司法管辖权？公务员是否可以自由离职？国家是否可以单方面修改公务员的福利待遇？所有的这些问题都与解决公务员的法律地位问题密切相关。这些问题的答案都与公务员随他们的具体法律地位变化而变化，如他们是法定还是约定，或既法定又约定，或对部分公务员法定对其他约定。

公务员地位的法律本质到底是什么？为回答这一问题，许多行政法大学者援引了不同的理论。因为他们总是试图将公务员的法律地位放到他们自己的法律体系中，而这些法律体系本身就大不相同。因此一部分人主张公务员地位的二元论，其他学者将公务员的法律地位和行政契约论的思想结合在一起。最后一部分学者坚持主张公务员法律地位的法定性特征。

在介绍这些理论的时候，我们不打算提出任何新的理论。我们仅从两方面来梳理：一方面，证明事实与部分理论固有缺陷间的矛盾，我们认为可以摒弃与事实相悖的缺陷理论；另一方面，对我们认为是最佳理论的“法定论”在事实上和法律上的准确性进行验证。

因此，我们将这部分分为两章。第一章介绍我们反驳的观点，第二章阐释我们认可和接受的“法定论”。

第一章　关于公务员法律地位的相关阐述和评论

为确定公务员法律地位的法律性质，也就是确定公务员和国家间的法律关系，许多行政法学者都在这个问题上提出了不同的见解。一部分将这种法律关系视为契约法律关系，另一部分学者认为该种法律关系既有契约特征也有法定特征，还有一部分学者认为要根据公务员所从事的具体工作或职务来判断他们的法律关系到底是法定关系还是契约关系。

另外，我们看待统一理论支持者的方式也或多或少地存在一些差别。在主张折中论的学者中，贝特勒米先生认为从事行政管理工作的公务员享有的法律地位来自行政部门的雇佣，然而聂扎特先生将公务员的法律地位分为两类：委任机关和被委任人。在支持契约论的学者中，一部分将公务员的法律关系视为私法契约关系，另一部分将其视为公法契约关系，还有一部分认为是二者的混合状态。除此之外，认同私法契约论的学者也主张不同的理论。

本章我们仅讨论当代最重要的两个理论："折中论"和"行政契约论"。

第一节　折中论的阐述和评论

一　"折中论"概要

（一）理论基础

主张折中论的学者认为，公务员的法律地位并非始终如一，它会根据公务员所从事工作性质的变化而变化。这些工作主要可以分为两类：职权工作和管理工作。这些工作的区别主要在于行政行为特征中的二元论，该理论源于国家性质的双重性。

“国家既可以作为公权机关也可以作为法人”,[①] 因此“行政机关就具有双重使命”。[②] 一方面，行政机关管理国家利益，作为抽象的法人征收税收并把收入再拨给公共事业机构或者作为法人与个人订立合同。“我们把以完成他们使命为目的而实施的行为称作行政管理行为。”[③]

贝特勒米先生认为，“所有的管理行为都是为了保留、减少或增加财产。然而这个世界上并不存在没有所有权人的财产。因为所谓的财产关系就是个人和其所属财物间的法律关系的总和。管理行为似乎就是行政人员代表行政法人所实施的行为”。[④] 因此行政管理行为就是国家作为法人所实施的行为，也称为公法行为。

另一方面，拉菲热尔先生认为，“行政机关就是部分公权力的被委任对象和实际占有者，这也是执行公权的一大特征。他们主要负责执行法律并出台一系列为保障法律得到贯彻执行、保障公共服务事业健康运行并为国民谋取利益的法规解释。行政机关通过制定普通解释和个性化的司法解释，颁布法院禁令、法庭辩护等调控手段约束那些违背法律规则或损害公共利益的行为”。[⑤] 因此，公共权力机关的行为不再是国家作为法人而实施的行为，而是作为非抽象的权力机关而实施的行为。[⑥]

内扎尔德先生说：“国家既可以作为一个抽象法人实施行政管理行为又可以同时作为公权机关施行职权行为，这两个角色的区别既普遍又绝对。正是这种区别形成行政法的基础。它也可以介入最复杂的行政活动中，并会根据法人或公权机关的性质实施与该身份相匹配的简单行为。这一区别在行政法诉讼案件中发挥着日益重要的作用，尤其是体现在盗用公权、阻止公权干预私营公共事业的案例中允许败诉方上诉。它

---

① 内扎尔德：《公务员法律理论》，1901 年，第 760 页。
② 内扎尔德：《公务员法律理论》，1901 年，第 545 页。
③ 拉菲热尔：《行政管辖权论》，第二版，第一册，第 5 页。
④ 贝特勒米：《行政法概论》，第十三版，第 45 页。
⑤ 拉菲热尔：《行政管辖权论》，第二版，第一册，第 5 页。
⑥ 参阅贝特勒米《行政法概论》，第十三版，第 47 页及以后诸页。

同时在行政法中创设两套完善的规章制度，分别应用在公法领域和私法领域。行政机关将该双重身份的差异应用在所有有关的行政领域。”⑦

因为公共职权主要是在行政方面，内扎尔德认为这就自然而然地需要在行政法的基本差异中去研究公共职权理论的基础。正是行政法的这种差异解决了很多复杂而又有争议的问题。⑧

一方面，贝特勒米先生认为部分公务员管理着只属于国家的利益、国家作为一个法人所单独享有的财产。当这个法人选择某一公务员来管理它的利益，那他就肯定是在实施管理行为。因为他只能实施这种性质的管理行为，这与一个公司任命某个雇员是同一个道理。因此我们就可以说公务员和国家作为法人时所建立的关系就是一种契约关系。

另一方面，部分公务员却享有管理国民的权力，他们与国家公共权力有关联。国家公权最直接的解释为权力的职能（fonction d'autorite）。当国家机构选择任命一个公务员来管理其他个人，他绝对会实施权力行为，因为他只有这种性质的特权。因此当权公务员和公权之间的关系就是权力法定的关系。⑨

内扎尔德认为：“在私法领域的法人，管理行为和管理型公务员对应到公法领域中的平行位阶即公权、公权行为和当权机构的公务员。”⑩

因此，赞同折中论的学者认为公务员有两种不同的法律地位：（行政）管理岗公务员（fonctionnaire de gestion）的契约性法律地位和职权公务员（fonctionnaire d'autorité）的法定法律地位。

（二）事实依据

折中说的学者认为，职权公务员的法定法律地位和管理岗公务员的合同法律地位间的区别不仅符合国家性质的二元论（公权国家和法人国家）与我们刚才所讲述的行政行为的双重性相联系（职权行为和管理行为），而且有可依据的立法条文和案例。

首先，贝特勒米认为可以用《刑法典》的第 222 条至第 224 条和

---

⑦ 内扎尔德：《公务员法律理论》，1901 年，第 460 页及以后诸页。

⑧ 参阅内扎尔德《公务员法律理论》，1901 年，第 460 页及以后诸页。

⑨ 参阅内扎尔德《公务员法律理论》，1901 年，第 460 页第 161 条。

⑩ 内扎尔德：《公务员法律理论》，1901 年，第 461 页。

《媒体法》的第31条来证实这一差异。他认为："上述条文是可以适用于职权机关的公务员和其他人员的。然而管理岗的公务员或职员的违法行为是否可以适用这些法规还有待商榷。至少在《刑法典》中，由若干规定构成的罪名和采用强制措施的原因都共同揭示立法者的立法思想。这些罪名都仅针对职权或公共权力的行使者所实施的违法行为。我们会不会把国家部委的门卫，还有邮局的邮递员以及公立小学的教师都视为职权的行使者？至于采用明确的措施则是为了保证人民服从职权行使者的领导，如保证私法秩序的司法人员、行使公共权力的警察。1881年法案欲保护的公务员似乎也是《刑法典》所一直保护的对象。"⑪

其次，公务员法律地位的双重性也体现在《劳动法》中。从判例中可以观察到涉及有关工伤的1898年4月9日法案应用客体非常广泛：养路工、邮局或电信的非正式雇员、国营铁路公司中的职员、战争机构的工人。这部分人都被认为是管理岗公务员而绝非属于职权机关的公务员。⑫ 同理，"关于退休女工和女农的1910年4月5日法案承认并可采用下述规定：（1）不属于民事或军事养老体制的国家雇佣劳动者；（2）年收入低于3000法郎的省或区政府的雇佣劳动者。这里的雇佣劳动者仅指管理岗的公务人员，并不包括职权机关的公务人员"⑬。

在谈到公务员的工会时，在1921年时贝特勒米提出：是否将1884年3月21日法案应用到公务员身上应根据公务员的区别而定。"如果我们的理论是正确的，我们就应该假定职权机关的公务员绝对不能参加工会。相反，管理岗的公务员在同样条件下可以任意加入或组织工会。"⑭虽然贝特勒米在其所著的《行政法概论》第十三版中已经摒弃类似的观点，他却援引行政实践中的事例承认为数不多的几个公务员工会作为支撑折中论的论据。⑮

此外，贝特勒米援引《刑法典》第123条至第126条加强对该理论

---

⑪ 贝特勒米：《行政法概论》，第十三版，第58页。
⑫ 贝特勒米：《行政法概论》，第十三版，第59页。
⑬ 贝特勒米：《行政法概论》，第十三版，第60页。
⑭ 贝特勒米：《行政法概论》，1921年，第57页。
⑮ 参阅贝特勒米《行政法概论》，1933年，第63页。

的支撑，而这几条的主要内容就是禁止公务员拉帮结派。因此，贝特勒米说，立法者的立法思想就完全符合公务员身份的双重性。我们只惩罚公共职权公务员中的个人或实体所形成的联盟。因此，“公共事业单位中没有任何职权的公务员在实施罢工等情节轻微且危害不大的不法行为时，法律上完全没有对这类行为的法定打击手段”。[16]

这就是这种理论的结构形式，现在我们似乎可以对它进行中肯的评价。

二 折中论的考证

当一个问题成为两个相悖理论的争论焦点时，就会出现第三种理论，就是所谓的折中论。折中论可能与事实相符，也可能带着某种猜想将我们带入某种错误中。我们刚阐述的有关公务员法律地位问题的理论似乎正是这样一种理论。事实上，该理论已被批判过多次并且它的支持者也越来越少。

即使这样，我们还是认为讨论该理论对我们的研究非常必要。因为该理论关于公务员法律属性的观点在相当长的一段时间里都占据主导地位，而且当代行政法的著名学者贝特勒米仍旧非常支持这一观点。此外关于该理论的批判和评论都非常的零散和简短，因此首先必须收集这些评论意见并进行研究和补充。

所以，在这一部分，我们接下来将从两个角度——理论角度和事实角度——来评论该理论。

（一）理论角度的述评

从理论角度看，我们想证明公务员的法律地位不应亦不能按照其行为的本质分为两类。

1. 备受争议的理论基础

折中论中，公务员的法律地位是建立在双重二元论之上的：国家性质的二元论（国家公权和国家法人）和行政行为的二元论（职权行为

---

⑯ 贝特勒米：《行政法概论》，1933 年，第 61 页。

和管理行为）。然而，建立在折中论上的双重二元论本身就备受争议。[17]

首先，国家性质的二元论完全不合逻辑。狄骥写道："如果我们承认国家在实施公权行为时，它的人格属性并不存在，那我就完全不懂为什么在相反情形下，当国家实施管理行为时它的人格属性就一定存在。国家能不能成为一个法人？如果国家是一个法人，那任何时间任何情况下它都是法人。如果它不是，那么在任何时间任何情况下它就都不是法人。根据国家在什么时候被视为一个法人来对国家的行为进行分类，这种事情已经完全超出我的理解范围。"[18]

博纳尔先生也并不认同二元论，"因为二元论建立在完全不合逻辑的事实上：国家有两个权力意志或只有一个双面特征的权力意志，国家的调控手段包括公权干涉和行政管理，其调控手段的不同会导致国家意志在事实上的差异"。[19]

况且，要区别两种行为非常困难甚至在某些情况下完全不可能。博纳尔先生是这样说的："即使国家行为以其中一个毫无争议的特征出现，对许多人来说，该种划分方法也极难完成。"[20] 政府专员德斯耶先生也同样认为："治理和管理不能被完全分开，这两者已经相互交融。当我们逐个验证，行政法学家或法院随意将行政行为划入这两者其中之一的范围里，我们会觉得我们完全能够在一个分类里理解另外一个概念。"[21]

并且，建立在折中论中的职权行为和管理行为概念本身就是不确定和有争议的。贝特勒米认为职权行为就是"行政管理人员指挥或禁止被管理者的行为手段"。[22] 然而，博纳尔认为，"以执行公权的形式来解释行政法的方法已被淘汰"。[23]

拉菲热尔先生认为管理行为的概念就是"行政机关为管理公共财产

---

⑰ 参阅洛朗德《行政法精义》，第六版，第 66 页。
⑱ 狄骥：《宪法论》，第三版，第二册，第 349 页。
⑲ 博纳尔：《行政法精义》，1935 年，第 49 页。
⑳ 博纳尔：《行政法精义》，1935 年，第 49 页。
㉑ 德斯耶："费特里案的裁决"，《争议法院判例汇编》，1908 年 2 月 29 日，勒邦出版社，第 216 页。
㉒ 贝特勒米：《行政法》，第五版，第 43 页。
㉓ 博纳尔：《行政法精义》，1935 年，第 3 页。

并履行行政职责，为保证财政收入和向公共事业机构再分配而实施的行政行为”。[24] 贝特勒米先生认为：“管理行为就是所有人可能在特别遗产管理机构中实施并完全不涉及公共权力的行为。”[25]

这两个管理行为的定义完全没有争议。如果我们认同拉菲热尔的观点，我们就应将地方政府规定强制纳税名录或国家直属机关结算公款借贷在行政管理行为中进行归类。这二者很明显属于职权行为而我们又必须承认二者存在区别。[26] 如果我们认同贝特勒米的观点，我们就会陷入一个逻辑怪圈。他认为要弄清楚一个行为是否属于管理行为，就应先问这种行为是否可以由个人行使。但是要弄清楚这个行为是否可以由个人行使，我们只需要问它是不是一个管理行为。[27]

2. 即使我们承认折中论的基础，该理论也十分具有争议

即使承认国家性质或行为性质的双重性，我们也不能推断公务员的法律地位亦存在双重性。确实，公务员行政行为具有双重性。一是公务员可以行使如征用、没收、镇压等职权行为。只要公共利益需要国家宏观调控介入，统治者必须采取的行为都可称作职权行为。二是公务员可以行使诸如购买商品或服务、国营铁路公司运输乘客等管理行为，即只要在公共利益没有要求国家调控介入时所实施的行为都可以称作管理行为。这样一来，国家的被管理者可被法定也可被合同约定。但是如果公务员实施行为的性质符合被管理者的身份特征或者符合国家和被管理者之间法律联系的特征，则不能总结认为公务员的法律地位应与其所施行为的性质相符，因为从被管理者的角度上来讲，公共利益绝对不会要求被管理者从属于法定情形。比如当被管理者是国营铁路公司的客户时，该客户与国家间的关系就不需要被法定。但如果是国营铁路公司的公务员，公共利益就会要求公务员必须具有法定性特征，即使他们只实施了管理行为。事实上，客户只是公共服务的使用者，他的地位完全不会影响到公共事业的运行，然而国营铁路公司的公务员却是公用事业的主要

---

[24] 拉菲热尔：《管辖权与行政诉讼》，第二版，第 6 页。

[25] 贝特勒米：《行政法》，第五版，第 45 页。

[26] 狄骥：《宪法论》，第三版，第二册，第 347 页。

[27] 狄骥：《宪法论》，第三版，第二册，第 350 页。

组成部分，并且公用事业的运行与他们所实施的行为息息相关，他们的法定身份特征对保证公共事业的良好运行具有重要意义。

在这一点上，狄骥认为“公务员不能实施所谓的公权行为，他们只能实施管理行为，我们无权判断这种行为必然是合同行为”[28]。

杰兹先生也有同样的质疑，“认为个人行为能影响到他所属的法律体制，这是对公共事业机构的误解。我们认为公用事业就是满足公共利益的需求，这也就是说人们尽可能在最好的条件下以满足公共需求为目的而制定特殊理论，这些条件包括速度、安全、持续、准确。其中的一个特别理论就是关于满足公众利益的个人从属于特别的法律体系，在这些随时可能被修订的特殊法律体系中又要求个人利益须完全服从于社会公共利益。他们是否实施法律行为以及他们实施单方法律行为或契约法律行为的事实是否背离我们组织构建法律体系以保障公共事业运行的目的？”[29]

我们认为公务员法律地位的双重性并不是公务员和被管理者二者法律地位混淆的结果，而是公共事业机构双重性——公权公共事业机构和管理公共事业机构——的结果。[30] 尽管该理论的支持者都主张公共事业的双重性，我们还是认为这种法律概念非常具有争议。的确，从公共事业机构发展的历史来看，第一批被创设的公共事业机构几乎都是公权公共事业，例如战争、司法、治安管理。[31] 今天的公共事业不再局限于公权性质，也有一些没有公权特性的公共事业，比如国营铁路公司和公立教育机构。公权特征的缺失并没有改变它们服务公众的特征。“当一种活动被归入公共事业范畴，它就会一直具有公共事业的特征；与公共事业密切联系的所有后果都应适用，并且公权型公共事业与管理型公共事业的概念和外延都应进一步明确，防止混同和犯错。”[32]因此管理型公共事业的公务员都必须像他们在权力型公共机构中的同僚一样被纳入特殊

[28] 狄骥：《国家、统治者与代理人》，第 404 页。
[29] 杰兹：《行政法一般原则》，第三版，第二册，1930 年，第 238 页。
[30] 狄骥：《宪法论》，第三版，第二册，第 65、78 页及以后诸页。
[31] 狄骥：《宪法论》，第三版，第 64 页及以后诸页。
[32] 狄骥：《宪法论》，第三版，第二册，第 81 页。

体制中，否则公共利益就岌岌可危。我们是否可以认为权力机构中断运行的后果比铁道部中断运行的后果更为严重？

公共领域和公务员一样，作为公共事业的构成要素[33]总是被纳入特殊法律体系中。该法律体系要么被公共权力机构所主导，要么被公共管理服务机构所主导。事实上，公立高中所属领域的法律特征与法院所属领域的法律特征一样特殊。从未有学者主张因为教育机构的管理特征，公立高中教育机构所占用的区域应被纳入私法体系中。公务员自己也是公共事业的构成要素，但为什么公务员的法律特征应完全取决于公共事业机构的特征？

学者内扎尔德通过公权性质来解释公务员法律地位的双重性。他认为职权公务员的法定性质和管理岗公务员的合同性质的划分主要是因为公权不能成为契约的客体。[34] 贝特勒米同样认为："合同身份不能应用到执政官、法官甚至将军这部分公职人员身上，主要是因为实施公权不能成为授权从事公共事业（louage de services）的客体。"[35]

尽管贝特勒米和内扎尔德都认为公权的执行并非私法性质合同的合法客体，我们与洛朗德同样认为管理型公务员管理的公共事业亦不能成为民法中委托他人从事公共服务活动的合同客体。[36] 从公共利益的角度来看，我们是否可以说没有工程师导致的洪灾危害的严重性小于没有法官在法庭作出的错误判决的严重性？

折中论还存在另一严重缺陷，同一公务员有可能同时实施职权行为和管理行为。如果我们按照折中论的观点来看，公务员的法律地位就既有法定成分又有约定成分。然而，事实上一个公务员并不可能同时拥有这两种身份特征。在不可能拥有两种身份特征的情况下，人们认为公务员的法律地位性质是由他们职务的主要目标所确定的，但是这一解决办法似乎并不让人满意。

---

[33] 博纳尔：《公法基础讲义》，1932 年，第 247 页：对于公共事业，有三个东西是必需的，其构成公共事业的三大实质要件：人员、动产和不动产以及公共财政。

[34] 内扎尔德：《公务员法律理论》，第 335 页。

[35] 贝特勒米：《行政法概论》，第十三版，第 55 页。

[36] 洛朗德：《行政法精义》，第六版，第 66 页。

首先，公务的目的唯一且恒定：保证公共事业的正常运作。公务员履行职务所实施行为的性质并不能改变设立这一职务的目的。

即使我们承认公共职务的目的会根据是否涉及公权而有所差异，但是这种说法还是不能得到认同。因此根据折中论，行政长官在实施职权行为或管理行为时的主要目标就是以公共权力的持有者的身份履行职责。所以，我们可以由此判定行政长官的法律地位属于法定而非合同约定。我们会问：那他如何实施管理行为呢？例如与特许经营者签订合同。因为赞同折中论的学者多次提到公权不能介入合同。与此相对，我们如何解释管理型公务员执行公权的情形？那就是工程师或教授有时可以担任普通人无法从事的工作。根据折中论，这部分公务员的行为属于民法合同思想所定义的情况，或者说是授权从事公共事业合同或任职合同理论中所规定的情形。但是管理岗的公务员如何能够通过支配部分公权实施完整的职权行为？因为根据上面的理论，公权不能以合同约定的方式进行转让。

3. 该理论必然导致非常危险的结果

我们尚未阐述完毕。如果我们仔细验证折中论产生的后果，该理论存在的缺陷就越发明显。

根据该理论，管理型公务员（的法律身份）就是私法领域中的契约身份。那这个契约有无时限？如果公务员和政府机关签订的合同期限确定，那合同双方就必须履行相应的义务直到合同期限届满，任何一方都不能在没有与相对方达成共识的前提下任意改变合同中的条款。自合同生效时起，行政机关就不能随意对它所管理的公共事业机构进行调整。即使公务员的职位因意外状况变得没有任何必要，也只能等到合同期限届满才能对该职位进行撤销。同时，在执行合同期间，公务员的工作模式不能依行政机关单方制定的规则进行调整，公务员的福利待遇和酬劳即使在非常必要的情况下也不能予以减少。这种形式的法律体系能否应用到所有的管理型公务员身上呢？还有路桥工程师、公立教育机构的教师、电信通讯公司的职员，他们是否也能适用这一法律体系呢？

为避免引起这一争议，我们可能认为管理型公务员和国家间的合同是长期合同即期限不定的合同。在这种假设的前提下，合同每一方可以根据自己的意愿进行解约。国家有权在任何时候改变合同形式。如果公务员能接受新规定，就可以继续担任原职，如果他们不满意合同中的新条件，他们可以自由离职。

尽管长期合同允许国家根据公共事业的需求来调整公务员的地位，但是也可能会产生短期合同所没有的缺陷——危害公共事业的稳定性。然而稳定性是公共事业的必要特征。没有人会认同以下两种情况：电信通讯事业机构的公务员只要他们不喜欢他们的工作就可以辞职或者说国防军工厂的公务员只要他们愿意就可以自由离职。

同时，如果管理型公务员是私人合同身份，那他们就有权组织工会并进行罢工，因为这些权利在1864年和1884年得到正式认可。事实上，贝特勒米在1921年写道："如果我们的理论是正确的，我们就应承认，在同等条件下，管理型公务员与私营企业的职员一样可以自由组织工会。"[37] 伯根也认可管理型公务员享有罢工权。[38] 况且该权利也多次被公务员中的工会负责人提到。

这种观点的危险性也显而易见。1909年邮局职工的罢工和1910年及1920年养路工人的罢工都可以作为证明该观点的实例。根据贝特勒米和内扎尔德对管理型公务员的定义，这类公务员包含甚广——直属部委、财政税收、电信通讯、公立教育机构、公共工程单位、铁路运营等公共事业机构中的雇员都是管理型公务员。部分事业机构中的雇员罢工，比如1910年和1920年的罢工就已经让整个国家陷入混乱，我们也可想象所有的管理型公务员都罢工或其中一类管理型公务员反复罢工所带来的灾难。正是由于这部分灾难经历，贝特勒米在其所著的《行政法概论》第十三版中改变了他原来的观点，并拒绝承认管理型公务员享有组织成立工会的权利。然而这就与管理型公务员所属的私法契约属性相矛盾。

（二）与事实有关的评论

我们已从理论的角度对折中理论进行了评析，我们现在就试着阐述折中理论是怎样与事实发生冲突的。

---

[37] 贝特勒米：《行政法概论》，1921年，第57页。

[38] 伯根：《工人法之于国家雇员与工人的适用》。

1. 公务员法律地位的二元性并不存在

首先从立法规定上来看，我们在法律条文中完全找不到有关公务员两种法律地位特征——职权型公务员的法定身份和管理型公务员的契约身份——的规定。

然后说到判例，沃脱普斯认为："在关于国家公务员的问题上，职权型公务员和管理型公务员身份的理论从未在判例中运用。并且，自1879 年以来大部分的判决并不认同市政雇员和市政之间的关系就是公务劳务合同。"[39]

尽管如此，贝特勒米先生坚持他的观点并说道："有许多法律条文都解释职权型公务员和管理型公务员的区别，并得出了许多合理的结论。"[40] 我们接下来就主要分析这些条文。

作者认为《刑法》第 222 条至第 224 条和《媒体法》中强调保护公务员的第 3 条仅适用于职权型公务员，完全不适用于管理型公务员。在研究这部分条文时，我们认为"维护司法行政秩序的法官"（第 222 条)、"担任公共事业部长职务的公民"（第 224 条）和"公共公务员"（第 31 条）这类术语仅仅指的是职权型公务员。这些判例的确没有说这些法条是否适用于部委守门人员还有邮局的邮递员。[41] 但根据判决，第 224 条也同样适用于工兵消防员[42]、公证员[43]、地税官员[44]、电话公司职员[45]；《媒体法》第 31 条同样也适用于公立小学教师[46]、工兵消防员[47]、养路工[48]、城市水务公司的职员[49]。然而，这部分职员在贝特勒米的理论中并不属于职权型公务员的范畴。

---

[39] 保尔·沃脱普斯:《公务员身份研究》, 第 15 页。

[40] 贝特勒米:《行政法概论》, 第十三版, 第 57 页。

[41] 贝特勒米:《行政法概论》, 第十三版, 第 100 页。

[42] 图卢兹, 1892 年 6 月 29 日, 公法杂志., 93 - 2 - 41。

[43] 雷恩矫正法院, 1914 年 12 月 31 日, 公法杂志., 1917 - 2 - 72。

[44] 雷恩矫正法院, 1908 年 3 月 19 日, 公法杂志. 1909 - 1 - 367。

[45] 塞纳河矫正法院, 1904 年 6 月 1 日,《法国及外国公法与政治学杂志》, 1904 年, 第 564 页。

[46] 雷恩矫正法院, 1901 年 12 月 5 日, 公法杂志., 1901 - 1 - 372。

[47] 鲁昂, 1901 年 6 月 27 日, D. P., 1901 - 2 - 507。

[48] 杜埃, 1882 年 1 月 23 日。

[49] 里摩日, 1908 年 11 月 12 日, D. P., 1909 - 2 - 172。

为解决上述法条的适用问题，洛朗德准确地写道：“认同职权型和管理型公务员差异说的学者认为，只有职权型公务员才受到法律的保护。即使我们在接受这种差异的前提下来检验这些条文，我们也会觉得很难认同这种观点。更合理的说法就是，所有公务员都受法律保护，但他们如果危害到公共事业的运行也会受到法律的惩罚。”[50]

贝特勒米先生在他的文章中引用事实来论证养路工、邮局中的邮差和铁路公司的技术职工都受 1898 年 4 月 9 日有关工伤事故法案的保护，然而该法案的保护对象并不包括职权型公务员。我们会认为该论据有点薄弱。的确，所有职员都属于管理型公务员，但我们并不能据此总结出所有从事公共管理工作的公务员都属于职员。公立大学中的教师、路桥工程师是否也属于该法的保护范围？答案是否定的。尽管根据特别条例和他们与私企员工相似的地位，1898 年的法律适用于养路工和邮局邮差，但这并不是因为他们从事一些管理性质的工作和他们与国家之间的合同关系。况且，贝特勒米本人指出：“巴涅赫法院的意见与他的观点完全相反，1898 年 4 月 9 日法案并非针对管理服务公共利益的机构，如既非工业也非商业性质的邮政电报局。”[51]

正如贝特勒米所说，针对退休工人和农民的 1910 年 4 月 5 日法案保护部分管理型公务员。但该法条仅仅针对：“（1）不享受民事或军事福利的工薪人员；（2）年收入低于 3000 法郎的省市级工薪人员。”[52] 暂且不问上述人员是否为公务员，我们从上面的两个条件就可以看出，第二个条件并不适用于所有实施管理行为的公务员。因此，我们如何能从这个法案中推导出公务员的法律身份具有双重性？

再说到公务员结盟的问题，贝特勒米确信：“立法者的想法符合他所研究的区别说，从法律上来看，实际上并不存在打击情节轻微、危害不大的犯罪行为，如公共事业单位中完全没有职权权能的职员所做的罢工行为。”[53] 在研究第 123 条至第 126 条时，我认为作者似乎混淆了第

---

[50] 洛朗德：《行政法精义》，第六版，第 94 页。
[51] 贝特勒米：《行政法概论》，第十三版，第 59 页。
[52] 贝特勒米：《行政法概论》，第十三版，第 60 页。
[53] 贝特勒米：《行政法概论》，第十三版，第 60 页。

126条和另外三条即第123条、第124条、第125条的立法目的。如果前三条仅仅针对个人或部分掌握公权的人，那第126条就针对公共公务员且不排除那部分没有掌握公权的公务员。而且前三条的目的与第126条的目的并不相同。前三条只假设在违反执法和政府命令的情况下应该采取的措施，并没有预料到公务员罢工的情况。只有第126条提到了为防止公共公务员之间出现或中断司法行政或履行任何公务的行为。因此，根据该条的字面规定，无论是否在执行公务，任何公务员都不准罢工。[54]

在说到公务员组织和成立工会这一点上，尽管贝特勒米曾在《行政法概论》第十三版中主动承认工会组织无论对哪种公务员来讲都是非法的，他却指出公务员之间的差异至少在行政实践中是存在的。作者引用大量事实来证实这一观点。[55] 事实上，我们不能否认政府的确在实践中承认一些公共事业机构中工会的合法性。然而这种法律外的特许并非建立在职员的管理身份特征之上，而是建立在他们的经济地位上。况且，政府并不承认部分只实施管理行为的职员有权组织成立工会。正因如此，商务部在1905年拒绝承认邮电部门的职员享有组织工会权。[56]

我们也许会引用东南养路公司的判决作为折中论的支撑性论据。在该案中我们能找到诸如“公法领域中职权特征型职务”[57] 这类词。但我们并不认为该判决能证明贝特勒米先生的理论。首先，“第三仲裁人”的公务员身份是不确定的，因为他只是“暂时履行公务”。[58] 然而公务员身份的一个必要条件就是终身制（永久性）。即使承认该判决能够证明公法领域中职权公务员的法律地位，也不能增加折中论的说服力。因为该理论的争论焦点并非针对职权公务员法定身份，而在于公务员地位的双重性特征和管理型公务员的契约性身份这两个方面，因为职权公务员的法定身份不存在任何争议，只是该判决并没有涉及后两个存在争议的方面。况且，这个判决所针对的主要问题是第三裁判人所实施行为的

---

[54] 狄骥：《宪法论》，第三版，第三册，第231页。
[55] 贝特勒米：《行政法概论》，第十三版，第63页。
[56] 《法国国家官方杂志》，1940年11月5日，第5567页。
[57] 《争议法院判例汇编》，1938年12月12日，勒邦出版社，第1014页。
[58] 《争议法院判例汇编》，1938年12月12日，勒邦出版社，第1014页。

性质或者是法院的管辖权问题，并没有涉及第三仲裁人被国家赋予的法律地位的性质。

如果上述论据在解释公务员法律地位的区别上仍有争议，我们就应让大家注意贝特勒米的理论在其他观点上并没有脱离事实。比如，公共职员（并非公共公务员）的法定地位和合同约定地位的区别，还有国家公务员所设立的公务员体系中不同等级公务员的差异。

公共职员法律身份的区别（并非公共公务员）是真实存在的。公共职员总被分为两个派别：一种是具有法定身份的，另一种是具有合同身份的。根据实际立法和判例，区分他们的标准主要在于公共事业机构的性质（工业公共事业机构和非工业公共事业机构）及其工作性质（符合服务大众的目的且区别于私企的工作），而不在于职员的行为性质。

至于国家公务员体系中不同级别的法定公务员的差异也是我们不能否认的事实。例如，涉及公务员联合的法案第 3 条明确禁止公务员联合，1942 年 4 月 17 日法案第 1 条要求部分公务员必须效忠于国家首脑。但这一区别并不能解释折中理论，因为假如这些法条将部分公务员作为另一部分公务员的下属，这些法律也完全没有涉及公务员的法定身份。这部分能自由联合且无须就职前宣誓的公务员与其他不能自由联合必须履行就职宣誓的公务员的法律地位都是由法律法规进行规定的。正如贝特勒米所想的那样，这部分人的法律地位完全不能由公务授权合同产生。[59]

2. 公务员的法律性质是相同的

与职权型公务员的法定身份和管理型公务员的契约身份差异论相对应的观点就是所有公务员的法律性质都具有趋同性。

狄骥认为公务员的法律地位有四个组成要素：权能、物质待遇、地位和义务。[60] 接下来，我们可以了解到法律法规在规定以上要素时并未区分权能型公务员和管理型公务员。这两类公务员都是通过一种条件行为——任命——被授予的，他们必须服从上级的命令。他们的职责和物

[59] 贝特勒米：《行政法概论》，第 56 页。

[60] 狄骥：《宪法论》，第三版，第三册，第 104 页。

质待遇可能随时会被法律法规修改。公务员之间以及与行政机关间产生的纠纷应由行政法院进行管辖。因此，所有公务员身份的法律属性是相同的。

比少费小姐认为，“立法者在公共职务上的主要思想可以在刑法典中找到依据，特别是国家和公务员间的关系问题”。公务员法律性质的一致性在刑法中随处可见。“只要公务员实施下列行为或存在以下事实：影响到公共事业机构正常运行的帮派行为；影响到公务员队伍纯洁性的行为；贪污、腐败或其他事实行为；在惩治上述行为时，无论其身份是法官还是简单的政府职员或办事员，法律对所有犯罪分子一视同仁。然而，当普通个人犯下类似错误时，刑法在处理这部分案件上就采取较为缓和的制裁措施。这些缓和措施也适用于管理型公务员。因为管理型公务员与在私企中从事类似工作的个人都处于相同情况。因此，我们认为立法也赞同我们对公务员所作的区分。”[61]

此外，我们也可以通过其他立法规定来证明所有公务员地位的法律特征的趋同性。1905 年 4 月 22 日法案适用于所有文职和军职公务员。1934 年 4 月 4 日法令就明确禁止所有公务员在工商企业和金融机构中担任领导、高管以及技术、法律、税务顾问。1936 年 1 月 11 日法案禁止公务员将自己的身份和姓名印在营利性、企业性和金融性机构所制作的广告传单上。

据此折中论与事实传递的信息冲突，因为支持折中说的学者所提出的论据非常薄弱，而且公务员法律身份的趋同特征在众多法律法规之中均有体现。

根据刚才我们从各个角度所做的分析，我们可以借用德斯耶的话来总结这一小节。作为政府专员的德斯耶先生认为：“公务员身份的分类先看起来非常漂亮，因为学者的思想将折中论构造得非常完美，然而在我们想将这一理论应用到行政实务中时就会有各种困难或势力让折中论变得晦涩难懂且模糊、不易进行实际操作。此外还有在谈到这样或那样的行为性质和这样或那样的事实时，那些接受这种差异的学者们的分

[61] 比少费：《什么是公务员?》，1927 年，第 38～39 页。

歧。我们应该承认将国家作为权力机关和法人身份在私法条件下的分解只是一种纯粹的哲学概念，一种与法律现实不相符的纯粹的活动。”[62]

第二节　行政契约论的相关阐述和分析

一　简述行政契约论

在否定了法定论和看到了贝特勒米折中论的缺陷后，部分学者又提出了另一种中间理论——行政契约论。这一学说的基础并非折中论提出的职权型公务员和管理型公务员间存在差异，而是法定性和契约性特征的相互渗透和融合。

（一）理论基础

根据这一理论，我们既不能根据“私法契约思想”也不能根据“纯粹的法定地位”[63] 来解析公务员的法律地位，而是根据行政契约机制来进行分析，行政契约就是一份同时具有契约特征和规章条例特征的合同。这两种性质并非完全独立，而是相互融合和渗透并形成一种复杂的法律关系，即所谓的法律地位“大杂烩”。[64] 学者对该种混合法律地位的表达方式不尽相同。一部分学者认为法律地位的融合涉及“行政合同”，另一部分学者认为它涉及“公务特殊合同”，最后一部分学者认为它属于“公法合同”。

主张行政契约论的学者将该理论建立在两方面的考量上：首先，公务员和行政机关之间的法律关系是合同性质的法律关系；其次，这种合同具有某种特别的特征。

1. 公务员的法律地位具有合同性质

认同行政契约论的学者认为公务员的法律地位具有合同性质，因为任命书实质上就是契约书。该文书具备合同成立的所有基本条件。

---

[62] 德斯耶：《行政法汇编》，第五编，公权力的责任。

[63] 里维：《拉菲热尔案的裁决》，《法国及外国公法与政治学杂志》，1923 年，第 236 页。

[64] 比少费：《什么是公务员?》，1927 年，第 77 页。

首先，比少费小姐认为：“国家和职员作为缔约方都具备完全的行为能力。国家有广义上的法人资格，有完全的行为能力，它既可以订立属于私法法规管辖的合同也可以订立行政法管辖的合同，如工程合同、公共事业机构授权合同等。一方面，为顺利保障公务得到执行，没有什么因素能阻止国家与个人对合同相关事项进行洽谈和协商。另一方面，所有具备完全民事行为能力的成年人都能在无须授权的情形下履行自己的职务，如未成年，应由他的法定代理人代为履行。公共事业机构中公务员岗位招聘签订合同时要求缔约双方的权利能力和行为能力不能存在任何瑕疵。”[65]

其次，国家和公务员间的法律关系必须要求缔约双方达成一致。拉菲热尔先生认为，“即使是在自愿辞职的情况下也同样需要任命的机关和被委任的个人达成意思一致”。[66] 事实上，并没有法律强迫公民成为公务员。西戴尔强调，“法律并没有规定公共事业机构的义务，这种义务只是建立在提供服务方和被提供服务方的一致意见之上的”。[67] “相对应地，政府也没有义务任用所有自愿成为公务员的申请人，它也会在拟定的规章制度所允许的范围内选择任命那部分最适合它所设定的岗位的申请人。”[68]

“最后，就是关于确定客体的问题，即确定政府和公务员间相互的权利和义务。被任命方有义务忠诚而热情地完成自己的使命并服从上级命令。国家有义务给予被任命方相应的福利待遇及退休金，并在他们执行职务过程中保护他们不受精神上或身体上的伤害。”[69]

因此，将国家和公务员联系起来的任命书具备有效合同成立的所有实质要件——缔约双方的缔约能力、自愿一致性以及契约规定的义务。

至于合同的形式条件，支持行政契约论的学者给出完全不同的解释。部分人认为，“行政合同完全可以不采用合同形式：在双方协商一

---

[65] 比少费：《什么是公务员?》，1927 年，第 171 页。

[66] 拉菲热尔：《行政管辖权论》，第二版，第一册，第 619 页。

[67] 西戴尔：《巴伐利亚宪法》，第二章，第 183 页，被内扎尔德在《公务员法律理论》中引用，第 242 页。

[68] 比少费：《什么是公务员?》，1927 年，第 174 页。

[69] 比少费：《什么是公务员?》，1927 年，第 171 ~ 172 页。

致的情况下，国家可以采用单方面的声明来宣告任命”。[70] 此外，有学者认为，“合同不需要全部采用书面形式，只要有默示且确定的允诺，合同就完全不需要采用明确的允诺形式。只要合同的一方同意，另一方就可以单方面下达文书的方式形成合同”。[71] 拉邦德先生也认同默示合同的论点并说“任命书其实就是合同一方的单方行为，但并非就认为单凭合同一方就可以构成公务。公务员需要在这之前或之后接受任命才可以。我们将任命书视为指令或者是特别法令，其实任命只是国家和公务员间形成的默示意思一致的书面化和具体化”。[72]

因此赞同行政契约论的学者在形式上和实质上都认同国家和公务员间的法律关系就是一种合同关系。

但这尚未结束——契约特征也会持续到公务员入职后。比少费小姐认为：“一旦接受任命，公务员也还是可以根据自己的意愿离职，只要这种离职合时宜，没有任何恶意且授权机关也同意。当政府对公共事业机构的调整让原任该职务的公务员觉得自此无法胜任时，该动机与其他个人原因一样均可成为公务员辞职的正当理由。从法律上来讲，如果政府认为该公务员所提供的服务对它而言是必要的，它就有权拒绝接受公务员的辞职。但这种状况并不会持续很久。早日同意该公务员的离职对政府而言并非坏事，因为一个被强迫服务大众的公务员在履行职务时并不会太尽心尽责。国家也早晚会被要求与它的合作人（公务员）解除合同关系，最好是在这部分想辞职但没能辞职的公务员做出扰乱公共事业正常运行的行为前接受他们的辞职申请。”[73] “而且，每次国家给公务员强加新的限制时它就会以提高他们的福利待遇的方式给予这部分公务员相应的补偿。”[74]

如果政府撤销某一职位或岗位，国家就会给原任该岗的公务员以补贴，要么是根据一般的法律法规进行补偿，比如 1906 年 4 月 17 日的财

[70] 比少费：《什么是公务员?》，1927 年，第 170～171 页。
[71] 卡麦雷：《德国公务员立法》，第 93 页。
[72] 拉邦德的此观点转引自内扎尔德《公务员法律理论》，第 246 页。
[73] 比少费：《什么是公务员?》，1927 年，第 187～188 页。
[74] 比少费：《什么是公务员?》，1927 年，第 187～188 页。

政法强制区政府机关在废除原职位时采用恰当的方式保障被调整对象的工作或生活状况；要么就是根据特别法令，比如1926年政府取消了秘书长、主审巡回法官及财政部特殊征税员的职位，并决定把原担任这些职务的人留在相应机构内：他们要么被安排在省政府，要么在最接近的法院，要么在财政部。如果他们满足退休年龄条件或服务年限的条件，他们可以申请退休。[75]

因此公务员的法律地位具有契约性，因为国家和公务员的法律关系同时具备合同成立的条件并会产生合同约定的后果。

2. 国家和公务员间的合同就是行政合同

公务源于公共事业并因此就是说它服务于公共利益，联系国家和公务员的合同应与普通法律所规定的合同相区别。

卢夫热尔先生认为，这种合同的特征主要在于国家承担责任的特殊性质。“这种责任的承担相较于民法规定的刻板责任而言更加灵活适用。一方面，政府可以减少给予的福利，另一方面，它可以要求公务员做更多的事情。只要这两种情况不导致合同终止并不会危害到行政的正常运行。这种情况在民法上完全没有相应的规定。”[76]

比少费小姐认为，由于该合同法定方极具特征的优势及公共事业机构主导思想的特殊性，“公务合同应与其他行政合同一样与私人准入合同相区别。因此，它具有单方面修订公共事业机构条例的能力”。[77]

在温克尔案裁决中，政府专员塔赫迪先生在他的总结陈词中详细地谈到了公共职务合同的特殊性。请看下面这一段：

> 确实，这并非民法典中单纯的劳动合同。与私法中的规定不同，合同双方并不探讨平等问题。国家根据自己的喜好并在尽可能保证公共事业运行的基础上确立合同的主要条款。国家无须事前与公务员候选人协商就可独自确定它即将强加在每位职员身上的义务

[75] 比少费：《什么是公务员？》，1927年，第188～193页。
[76] 卢夫热尔：《行政合同有哪些特征？》，第75页。
[77] 比少费：《什么是公务员？》，1927年，第253页。

> 性和责任性条款。同时也确定赋予他们的福利待遇额度、津贴的条件和数额、他们晋升的条件和他们缩小差距的条件，还有他们可能面临的纪律性惩罚和惩罚实施的相应程序，最后就是保护公务员不受一般法律审判的具体保障。国家不仅独自创立了这些条件，也保留了在执行过程中对这些条件的修改权。最后国家还享有自由撤销自己设定的职务或岗位的权利。公务员一旦接受任命，该协议就生效了。我们将这种对双方产生约束义务的协议称作公共公务合同。[78]

因此，我们就很自然而然地总结得出公务员的法律地位就是行政契约的法律地位。因为公务员和国家间的法律关系就是一种合同关系，并且这种合同隶属于行政法中的特殊法律体制。

（二）事实依据

1. 公务员的法律身份类似特权享有者

为反驳反对行政契约论的意见，支持该理论的学者强调公务员的法律地位类似于公共事业机构中特权享有者的法律地位，我们都完全承认特权享有者的法律地位就是行政合同的地位。

在回应公务员和国家的法律关系中我们完全看不到类似于合同约定法的因素这样一种观点时，比少费说："对于这种制定双方当事人法规的合同，合同的思想应该得到落实且双方应就合同达成一致。确实，公务员不像行政权力受让人那样能被强制从事合同之外未得到事先约定的工作"。[79]"任何法律或法规都不能强行命令一个炮兵部队的上校去高中教数学，也不能命令一个法院的庭长去法学院上民法课。这完全与他们的公务没有任何关系。就是在这种意义上，契约制定了缔约各方都必须遵守的法律。"[80]"从绝大多数意义上讲，有人认为合同是当事人之间的法律……但只限于两个连续时间的法规中，随之而来的是可以在特定时间废除现行法律中对公务员不利的任何特别措施。在这一点上，在公务

---

[78] 《行政法院判例汇编》，1909 年 8 月 7 日，1909 年汇编，第 1302 页。

[79] 比少费：《什么是公务员?》，1927 年，第 259 页。

[80] 比少费：《什么是公务员?》，1927 年，第 259 页。

合同中，还可以适用上面提到的有关行政合同的原则。既然在特权受让人这一问题上，没人反对这一法规的法律准确性，我们就很想弄清楚为什么在涉及公务员这一身份时这一法规就会变得不准确。”[81]

部分人并不认为政府可以单方面地修改合同中的契约性条款，比少费给出这样的回答：“政府的首要任务就是在政治、经济、科技的发展态势下保证公共事业的运行符合公众的合法利益需求。在满足这部分需求时，政府无权隐藏在比如特权享有者这样的身份后面，也不能隐藏在与合约人订立的规定双方义务的条约后。”[82] 学者认为双方的义务仅限于契约合同规定的义务，因为公务员和特权享有者类似，都享有不受有关事业法规修改的影响的权利，其中就有两种假设：第一，如果政府通过行政措施让公务员辞去原职，那公务员就和特权享有者一样都享有对权力过激行为的救济；第二，当该行政措施还在审查阶段，而其目的不是公共财产而是其他不相干的目的时，公务员也享有对权力过激行为的救济。[83]

最后，当涉及公务合同中“财政平衡”问题时，行政契约论认为公务员的地位与特权享有者的地位类似。事实上，只要涉及调整修正他的职业地位的事实，公务员都会得到相应的补偿。关于这一点，我们可以考虑两种假设情况：“在不违反行政法律和道德底线的情况下，政府机关通过制定新的事业规章制度加强公务员的行政隶属性，如果政府机关不给予相应的金钱补偿，就很有可能引起自己所管辖员工的不满。多数员工就可能去其他地方寻找更能赚钱的工作。最聪明和最活跃的人员会找到最好的工作而行政机关保留其他次要人选。很显然，这对公共利益来说并无任何益处。而公共利益就是行政机关管理的集体财产，而它所有的法律权力和义务都来源于此。那么政府是否有法律义务来防止这种问题的发生呢？”[84] 因此，“实际上不管是公务员还是特权享有者，政

[81] 比少费：《什么是公务员？》，1927 年，第 260 ~ 261 页。

[82] 比少费：《什么是公务员？》，1927 年，第 239 ~ 240 页。

[83] 比少费：《什么是公务员？》，1927 年，第 239 页及以后诸页。

[84] 比少费：《什么是公务员？》，1927 年，第 265 页。

府对他们的作为方式都很类似：工作越多，酬劳也越多”。[85]

在经济条件被意料外状况影响时，最高行政法院会强行要求政府部门构建有利于特权享有者的“财政平衡”。该意外论是否也适用于公务员呢？关于这个问题，支持行政契约论的学者马上作出肯定的答复。比少费认为：“政府机关实际上将其职员可能遭受的意外事件可能导致的额外费用都包括进去，所以并不只是为了保证公共事业的运行，同时也为了减少他们的支出。在不会影响公共事业发展的前提下对生命健康、住宅、福利待遇方面进行补贴，这就是在与政府机关相关的责任义务间重建平衡的方式。”[86]“简而言之，公职合同要么按照它在契约中的约定为标准，要么以它的社会级别所挂钩的生活标准来调整所有职员的工资待遇。政府履行这些义务是因为它有责任感，而这种责任感来自公职合同。”[87]

因此我们对行政契约论的批判毫无价值和意义，因为公务员的法律地位与特权享有者的法律地位相似，而特权者的法律地位被大家一致认为是行政契约的法律地位。

2. 行政契约论源自最高行政法院的判例

这种理论不仅仅构建在我们刚才所论述的观点上，并且支持该理论的学者认为行政契约论也源于最高行政法院的判例。[88]比少费在接下来的这几段中表述了这一观点：“虽然最高行政法院的判例有些不稳定、模糊甚至是有点落后，但我们可以说首先使用公职合同这一词的行政法判例是完全忠于这一观点的。”[89]比少费认为，这些判决通常都非常简短，并且用了大量的时间来解释最高行政法院在作出该判决时所运用的法理，我们必须“从政府专员所做的结论中研究行政契约论，就像法律条款意思模糊不清时，我们就会去研究立法者在立法准备工作中的主观意图”。[90]事实上，比少费通过列举一些政府专员和各部委对公务员法

[85] 比少费：《什么是公务员?》，1927 年，第 267 页。
[86] 比少费：《什么是公务员?》，1927 年，第 268 ~ 269 页。
[87] 比少费：《什么是公务员?》，1927 年，第 268 ~ 269 页。
[88] 参阅比少费《什么是公务员?》，1927 年，第 68 ~ 81 页。
[89] 比少费：《什么是公务员?》，1927 年，第 69 ~ 70 页。
[90] 比少费：《什么是公务员?》，1927 年，第 69 ~ 70 页。

律地位的观察报告作为这一理论的论据支撑。在这些例子中，通常会出现诸如“双方行政合同”[91]、“行政合同”[92]、“公共职务合同”[93]以及“特殊合同”[94]这类术语。

二　行政契约论的述评

这一部分我们将从两个角度来分析行政契约论。我们首先会看到行政契约论的支持者是怎样不承认行政合同的概念，接下来我们也会研究为什么公务员的法律地位不同于行政合同中所产生的法律地位。

（一）对理论支持者所构想的行政合同概念的评论

我们首先会看到行政契约论支持者和其他学者定义的行政合同。

比少费认为：“行政合同的法律结构就是有两大构成要素——法定和约定——的准入合同。”[95]

拉菲热尔认为：“在签订合同时，政府既可以解答政府收入中可以产生孳息的财产的问题，也可以作为管理公共事业机构的政府派遣人员，也可以作为公权机关实施兼具公权标记和契约性质的行为。当他实施最后这一种行为时从合同性质上来讲就是行政合同。”[96]

卢夫热尔在其所著的《行政合同概念研究》一书中写道：“为执行公共事业而缔结的合同通常需要用特殊制度进行约束，该制度既必须与‘合同’一词挂钩又必须通过‘行政’一词来进行表述。同理，‘商贸合同’就是为了规范具有商贸行为特征的特殊制度。”[97]

在纪黛一案中，政府专员卡扎朗斯也做了如下表述：“商议过的协议就是双边的行政合同。”因为“考虑到缔约的其中一方是为了保证辖

[91] 卡扎朗斯：《纪戴案的裁决》，西雷出版社，1881 年，第 36 页。

[92] 德斯耶：《比哥特案的裁决》，西雷出版社，1909－3－125。

[93] 塔赫迪：《温克尔案的裁决》，1909 年 8 月 7 日，《行政法院判例汇编》，1302 页。

[94] 卡多特案中部长意见，《行政法院判例汇编》，1883 年 1 月 12 日，1883 年收集，第 29 页。

[95] 比少费：《什么是公务员？》，1927 年，第 243 页。

[96] 拉菲热尔：《行政管辖权论》，第二版，第一册，第 587～588 页。

[97] 卢夫热尔：《行政合同概念研究》，第 23 页。

区公共事业得到顺利执行的市长（行政长官）”。[98]

以上是支持行政契约论的学者对行政合同的定义。我们接下来就看看其他几大法学家给出的有关行政契约的定义。

洛朗德将行政合同定义为“行政机关以开展公共事业为目的而签订的合同，并由行政法中的特殊条例管辖”。[99] 瓦利纳定义的行政合同是“该合同所属的法律体制就是一方面给予政府权力，另一方面授予公职人员不受普通法律法规约束的权利”。[100] 博纳尔认为，“行政合同中的条文应该与个人合同的条文相区别”。[101]

因此，这些著名的行政法学者所定义的行政合同与赞同行政契约论的学者给出的定义近似。在行政合同的概念中，他们都观察到两大构成要素：其中之一就是合同，另一个就是合同的特别性质。

尽管赞同行政契约论的学者所定义的行政合同与其他的著名的行政法学者所作出的定义表面上非常相似，但在涉及公务员的法律地位这一问题时两派学者的观点就开始出现分歧，一部分认为公务员的法律地位就是来自合同，然而其他人并不承认这种所谓的契约关系。

这种分歧的症结究竟在哪里？行政契约论的缺陷究竟是什么？该缺陷产生的原因一方面似乎是我们没有区分“合同”和“达成一致”两个概念，另一方面是我们过分夸大了合同的特殊性质。接下来我们就尝试阐述此问题。

1. 该理论混淆了“合同”的概念和“达成一致”的概念

赞成行政契约论的学者认为，契约就是双方意思一致。该观点在他们的文章中随处可见，要么采取隐晦而委婉的方式，要么就以开门见山的方式进行表述。

比少费说：“以产生法律后果为目的而达成一致就是合同。”[102] 此外，在谈到招募人员（公务员）的法律地位时，她说：“确实，行政契

[98] 西雷出版社，1881－3－36。

[99] 洛朗德：《行政法精义》，第六版，第 57 页。

[100] 瓦利纳：《行政法基础教程》，第 615 页。

[101] 博纳尔：《行政法精义》，1935 年，第 369 页。

[102] 比少费：《什么是公务员?》，1927 年。

约说的论点和非契约说的论点的差别非常细微。征募人员所享受的福利由法律加以规定并可能随时被修改，一旦签署契约，志愿者就类似于入伍的士兵。唯一的区别在于自由达成一致的最初行为，这种行为以自愿承诺为特点，且不需要军队的号召。这就是主要的区别。”[103] 因此法定地位和行政合同地位的界限完全取决于是否达成意思一致，而合同成立的前提条件就是自愿履行的行为。

卢夫热尔表达了同一种观点：“从行政的角度来讲，国家主要负责开展公共事业，为实现这一目的，它就需要财产和服务人员。政府就会通过两种明确的途径取得这两种东西：自愿和强制。而自愿的方式就是我们所研究的合同形式。”[104]

“合同”和“达成一致”两个概念的混淆同样也出现在部委针对卡戴案做的观察报告中。根据该报告，合同本身就是由两方面构成——任命的决定和被委任的个人作出接受工作的行为。[105]

政府专员塔赫迪也将合同看作达成一致的近义词，因为在他阐述公职合同理论的结论意见中，他从各方面阐述了公务员的法律地位的法定性，他总结说：“自公务员接受任命时起缔约方就达成所谓的意思一致，由此有在缔约各方间产生相互约束性义务的公职合同。”[106]

的确，达成一致是合同成立的必要条件，但后者并不等同于前者。“所有的合同都是达成一致的结果，但是并非所有的达成一致都能构成合同。”[107] “我们必须终结这一在世界上广泛应用的错误观点：认为在法律客体上形成的意思一致就是所谓的合同。”[108] 因为一方面，现在不管是在私法领域还是在公法领域，在某些情况下，根据缔约双方的意思而实施的行为仅仅是条件行为而并不是一种合同；[109] 另一方面，除双方达成一致外，为保证合同存在的价值，还需要根据双方达成的一致来规定

---

[103] 比少费：《什么是公务员？》，1927 年，第 108 页。
[104] 卢夫热尔：《行政合同的概念研究》，第 23 页。
[105] 《行政法院判例汇编》，1883 年 1 月 12 日，第 29 页。
[106] 《行政法院判例汇编》，1909 年 8 月 7 日，第 1302 页。
[107] 杰兹：《行政法一般原则》，第三版，1926 年，第 156 页。
[108] 雷纳尔：《公法基础教程》，第 70 页。
[109] 狄骥：《宪法论》，第三版，第一册，第 311 页及以后诸页。

合同双方的义务以及履行，这些义务都是具有强制力的，在必要情况下，法庭可对违约方做出相应的惩罚。

在关于确定合同义务的问题时，奥里乌说，“合同就是用交换承诺的方式确定各方的义务”。[110] 狄骥也说，“合同只存在于债务人和债权人形成意思一致后，在主观上确定合同客体的范围”。[111] 因此，“不以设定义务为目的而实施的行为并不是合同”。[112] 简而言之，在合同中，必须确定双方都遵守的义务。我们应该坚持这一观点，因为这就是合同和条件行为应当遵守的标准，这就是为什么我们认为婚姻行为是双边意思一致行为，但这种行为并非合同，它只是条件行为，因为这种行为并没有确定双方应承担的义务，这些义务是由法律加以规定的。[113]

在关于合同义务的强制力问题上，卡皮唐也说：“（民法第 1134 条规定）合法订立的契约可以在缔约方间替代法律的地位。这一灵活的法律规定准确地表述出契约所创设的义务关系的强制力。”[114] “如果合同一方违反合同中的条款，合同中的相对方可以向法院申请强制执行合同或要求损害赔偿。”[115]

因此赞同行政契约论的学者所定义的合同概念就不完整，因为合同并非达成一致的同义词，达成一致只是合同的必要构成因素。

2. 该理论夸大了行政合同的特殊性质

在混淆“合同”和“达成一致”两概念后，赞成行政契约论的学者在拓展行政合同的外延时过分夸大了行政合同的特殊性质。

比少费说：“无差别合同（contrat d'égal à égal）、附加协议的民事合同、行政合同、特权让与合同、公务合同……这是一个连续的范围，通过这些合同，我们注意到一种纯粹的法律地位——军队士兵的法律地

[110] 奥里乌：《行政法纲要》，第四版，第 69 页。

[111] 狄骥：《宪法论》，第三版，第三册，第 118 页。

[112] 狄骥：《宪法论》，第三版，第一册，第 384 页。

[113] 参阅狄骥《宪法论》，第三版，第一册，第 311～312 页。

[114] 柯蓝和卡比唐（合著）：《法国民法基础课程》，第二册，1924 年，第 309 页。

[115] 柯蓝和卡比唐（合著）：《法国民法基础课程》，第二册，1924 年，第 309 页。

位。”[116] 因此她强烈建议构建一种超越民事性质的合同，[117] “灵活到可以包括公务合同”但同时又不受《民法典》第1101条、第1128条和第1134条的约束。[118] 我们认为这种制度就完全不应被叫作合同。“所谓的合同就是完全确定的法定种类。”[119] “合同的特征应恒久不变，合同所导致的法律后果也应具有恒定性，所以其他的解决办法一定会导致纠纷。”[120] 我们很难订立不能约束缔约方的合同（《民法典》第1101条）或所订立的合同不再是缔约方之间的约定法（《民法典》第1134条）。

行政合同确实具有一些特殊性，因为它从性质上来讲关系到有特殊需求的公共事业的正常运行。公共事业应该是持续不断的，因此签订行政合同的缔约方不管在什么情况下都不能影响到公共事业的正常开展，公共事业也应该随时调整以适应公共需求。因此，若政府认为有必要，就可从维护大众利益的角度增加缔约方的义务。如果缔约方没有履行合同约定的义务，政府不会寻求司法救济，而会采取行政措施强制他们履行义务。政府的这种优势就与普通合同相区别，从这一点出发我们才将这种合同判定为行政合同。然而行政合同的特殊性质并不影响我们之前指出的合同的基本特征。实际上，行政合同总是具有缔约双方义务的特征和合同的强制特性，因此在行政权让与合同中，我们经常会看到招标细则和在超额工作的情况下，特权受让人有权申请一定比例的补偿。如果行政机关不履行合同中约定的义务，受让人就有权去行政法院申请法律救济。

因此在行政合同任命这一观点上，我们可以斥责主张行政契约论的学者混淆了“合同”和“达成一致”两个概念并且过度夸大了行政合同的特征以致他们将属于含有达成一致的事实行为也纳入了行政合同的范畴。

---

[116] 比少费：《什么是公务员?》，第254页。

[117] 比少费：《什么是公务员?》，第81页。

[118] 比少费：《什么是公务员?》，第80页：“如果允许把它们称为自愿合同或自愿协议，那么只能依照《民法典》的第1101条、第1128条、第1134条以及后面相关条款进行定义和调整。大多数的学说承认：公务员的地位是符合章程及法律法规规定的。”

[119] 狄骥：《宪法论》，第三册，第434页。

[120] 狄骥：《宪法论》，第一册，第699页。

（二）基于事实的评论

1. 事实上，公务员的法律地位不属于行政合同范畴

在从合同概念的角度评价了行政契约论之后，我们现在就要验证为什么公务员的法律地位与行政合同的概念不管是从本质上还是从形式上都不相符。

（1）从本质上看，公务员和行政机关的法律关系并非行政合同关系

首先，我们在政府和公务员的法律关系中完全看不到确定缔约双方义务的事项，而确定双方都必须遵守的义务是合同的重要组成部分。但比少费认为公务员的主要义务就是“兢兢业业地履行自己的职责并且服从上级命令”，国家的主要义务就是“为公务员提供福利和退休金并保护公务员在执行公务的过程中不受身体上和心理上的伤害”。[121]

上述事项都是事实，却完全没有涉及合同中所确定的法律义务。为确定合同义务，就必须明确缔约方所必须遵循的事项。比如，在授权性行政合同中，我们可以确定被授权人所从事的事务和政府所应当支付的报酬。但在任命中，联系国家和公务员的唯一法律行为就是任命行为，我们并没有在这些条款中看到公务员应从事的公务以及公务员可以享受的待遇和福利。

我们可能会说，在委任书中找不到任何与双方义务相关的规定，但这是否意味着双方义务是由法律单方面加以规定呢？就像工厂规章制度规定工人和老板的义务一样，委任方和被委任方的义务是否也是由法律单方面规定的？[122]

然而，这种类似的情况只是部分类似并不能代表全部，因为尽管有时合同的义务能被合同一方单方面加以确定，但是由合同单方加以确定的义务并非合同中的对等义务：法律法规单边设定的义务都统一被视为法定义务。所以由法律法规规定的公务员和国家的义务并不是合同义务而是法定义务。

但是在我们上述说到的情况中，我们反对权利受让人的合同义务是

---

[121] 比少费：《什么是公务员？》，第 171 页。

[122] 比少费：《什么是公务员？》，第 74 页。

由法律法规规定的观点。那如何区分公务员的义务和特权受让人的义务？我们是否可以把公务员的法律地位等同于特权受让人的法律地位？

我们的确可以在权力受让行为中找到法定的部分，我们同样也可以在其中找到约定的部分。比如我们确定的让与权力的期限，政府和特权受让人在福利上达成的共识，如实物补助和经济补贴，还有企业中的财政平衡。[123] 正是特权让与行为的复杂特征才让特权让与的行为适用行政合同，但是在任命行为中，却完全没有缔约方一说，它完全就是法律或法规本身给国家和公务员设定的义务。

因此在公务员和国家的法律关系中，我们完全找不到构成一个正式有效合同所必须具备的“确定合同义务”的特征。

我们承认法律确定义务，合同至关重要的效力——义务性特征在国家面前就成为一个缺陷。缺少义务性特征表现出来的事实就是公务员的地位可以被国家单方面地进行调整，而公务员没有任何反抗的余地。

尽管我们像赞同行政契约论的学者那样承认缔约双方的契约义务是在任命时由有效的法律法规规定，这些义务不管对公务员个人还是国家都应该具有强制力，但是在赞同行政契约论的学者中卢夫热尔认为：“这些承担的义务完全没有民法的刻板，还具有一定的灵活性。只要是在不会终止合同并给政府带来损害的前提下，一方面，政府可以减少法定的福利，另一方面政府可以要求公务员承担更多的工作。”[124] 这个理论的另一位拥护者塔赫迪也认为：“国家不仅单独设定条件而且它也保留了在执行合同过程中的修改权。”[125]

实际上，奥里乌认为职业地位自公务员接受行政机关委任开始就永远对国家、对公共利益有利，国家绝对不会从损害自己利益的角度授予公务员权力。这些权力的取得绝对不是源自合同性质的文书，而且它也不会在缔约方之间形成合同法律关系。既然这种地位是由法律法规规定的，那它同样也可以由法律法规进行修改，除非辞职另谋高就否则公务

---

[123] 博纳尔：《行政法精义》，1935 年，第 552 页。

[124] 卢夫热尔：《行政合同有哪些特征?》，第 75 页及以后各页。

[125] 温克尔案裁决，《行政法院判例汇编》，1909 年 8 月 7 日，勒邦出版社。

员就必须承担这种法定修改和调整。

“（公务员）工作的性质就是只要公务员无权拒绝接受工作法规就可以在公务员入职后增加对他的约束（《行政法院判例汇编》，1913 年 6 月 25 日，教师协会联合会，第 922 页）。关于津贴方面的法规可能在具体实施时也没想象的那么多（最高行政法院，1865 年 4 月 22 日，米勒德，第 447 页）。如果事前有合同，公务员在接受任命时应享受的待遇在被法律承认后也赋予公务员新的权利，只是所有这些约定事项最后都可能被以后的法律法规随意裁减。比如 1933 年 12 月 23 日法案第 10 条废止和减少公务员享有的福利待遇，1934 年 4 月 4 日规定每月从公务员的收入自动扣除额（例如 1993 年 12 月 23 日法案，1934 年 3 月 28 日法案第 10 条就减少或取消了对各类公务员的一些补贴，1934 年 4 月 4 日法案规定从公务员的待遇中扣除一部分金额）。”[126]

然而，我们认为其实也有可以被缔约方单方修改的合同，比如铁路运营公司和乘客之间的合同，的确，铁路公司可以单方面地调整车票的价格，并且不需要征求乘客的同意。但是这种修改没有涉及合同的义务特征，因为在执行合同期间，铁路公司不会中途以自身调整票价的原因要求各位乘客补差价。

支持行政契约论的学者反对在公务员合同中国家单方面修改双方必须遵守的义务性规则。这种特权让与行为被国家单方面地认为是行政合同。然而从最近的例子来看，这种类似性仅停留在表面。因为如果特权转让行为中的法定部分可以被政府单方面修改，则还有一部分约定条款只有在获得政府和特权受让人一致同意后方可修改。即使行政机构也不能对后面的约定条款进行修改，否则就违反约定的义务并承担相应的违约责任。[127] 这完全是因为特权转让行为既包括法定部分也包括我们承认它的约定特征的约定部分，正因如此我们才把这种合同称为行政合同。但是在政府和公务员的法律关系中我们完全找不到约定部分，因此完全没有约定的义务可以约束政府：既没有关于权能方面的约定义务，也没

[126] 奥里乌：《行政法纲要》，1938 年，第 71 页。

[127] 参阅博纳尔《行政法精义》，第 557 页。

有关于福利方面的约定义务，公务员在法律法规调整自己的福利或职位时，完全没有法律上的救济权。

确实，政府对特权让与行为中的法定部分作出的调整有时可能加重公务员所承担的义务。因此政府可以根据特权授权令，预先规定在城镇化发展中可以要求特权享有者（铁路公司）为新兴的居民点修建有轨电车交通网络，[128] 这也是行政合同的特点。但是这一特征完全没有触及合同的实质即所谓的义务特征，因为只要是由于特权享有者负有责任地增加损害其实际利益的情形，他就有权（向政府）要求补偿或赔偿。在这一点上，博纳尔用下面这种方式解释实际中的案例："如果政府的调整给特权享有人增加新的义务，并将它的状态变得困难且繁重，给这部分人带来的不仅是损失，还会导致他们正常享有的福利的相应减少，如果最后不仅造成企业经济状况的混乱并造成在授权约定中所规定的财政收支平衡失调，特权享有者就有权要求政府以恢复企业收支平衡的方式对企业进行补偿。结果，企业不仅有权要求政府弥补自己所遭受的财政赤字损失，还有权要求政府重新给予自己所享受的福利待遇。也就是说，它不仅有权要求赔偿自己遭受的损失还有权要求政府弥补因此而错过的收益。"[129]

公务员在自己的工作量增加之时是否有权利要求政府相应地提高自己的待遇？比少费认为在这一点上公务员和特权享有者非常类似。她认为这个相似之处主要在于"政府给予的赔偿和津贴，还有额外的待遇以及国家根据教授的职位对他自己所承担的教学任务外多上的课程予以的补贴"，[130] 否则"政府很有可能引起公民个人的不满"。[131] 她认为不可预见论也同样适用于公务员，因为政府在某种情况下给公务员补偿的是生活费和住房费用。因此，像特权让与合同一样，公务合同即使不能在保证根据公务员的地位给予其不变的经济补偿，至少也可以在作出有关金

---

[128] 最高行政法院，1910 年 3 月 11 日，法国有轨电车总公司案，西雷出版社，1911 - 3 - 2。参阅瓦利纳《行政法基础教程》，第 432 页。

[129] 博纳尔：《行政法精义》，第三版，第 737 页，参阅贝特勒米《行政法概论》，第十三版，第 717 页。

[130] 比少费：《什么是公务员?》，第 173 页。

[131] 比少费：《什么是公务员?》，第 265 页。

钱的承诺时对所能预见的因素进行相对等的补偿。[132]

我们确实不能忽略这些因素，但是这些推论并不能证明行政合同的存在。公务员和特权受让人之间的共同点完全没有法律意义。确实，行政机关在不提高相应待遇的情况下增加工作量会引起工作人员的不满，但是这种不满并不能从法律上迫使行政机关提高待遇。政府确实可以时不时地给予生活或其他方面的补贴，但补贴的依据并非签署的行政合同，而是与给特权享有者的补贴性质相似，都是依据有权限的行政机关单方制定的法律法规。政府不管给予哪种公务员补贴，都是因为政府觉得这样可以保证公共事业的正常运行或者是出于公平公正的考量，并非行政合同要求他们必须做出这样的决定。论据就是“当合同预先设定的财政平衡被政府干预或意外事件打乱”，[133]“特权受让人就有权通过法律救济途径恢复该财政平衡。然而公务员他自己却完全无权以法律救济的方式调整合同中的约定”[134]。

正如比少费指出的那样，在某些情况下，公务员确实有权对公权机关实施的越权行为申请法律救济，只是该法律救济从其性质上来讲会让公务员的法律地位看起来不具有约定性，因为对越权行为的救济是属于客观救济，而合同地位是主观约定的地位。我们怎么能够利用客观救济的方式来请求获得主观上的地位呢？

比少费认为：“该反对意见从很大程度上证明了在不同级别的行政合同中，公职合同位于合同级别的顶端，高于比民事合同更极端的公共服务让与合同、公共服务承揽合同或供销合同、民众使用的无名合同。”[135]

我们认为这个问题并非像比少费说的那样是行政合同的等级问题，而是在于要弄清楚我们是在合同领域中还是在合同领域调控范围之外，因为合同必须包含强制力，也就是说合同中的债权方享有此目的的救济。因此如果说特权享有者处于契约约定地位，那对于公务员来讲就处于非契约约定的地位。

---

[132] 参阅比少费《什么是公务员？》，第 255 页。

[133] 比少费：《什么是公务员？》，第 272 页。

[134] 比少费：《什么是公务员？》，第 273 页。

[135] 比少费：《什么是公务员？》，第 173 页。

简单来讲，公务员和政府之间的法律关系既没有涉及合同必要条件——确定双方义务的部分，也没有涉及合同的必要后果——契约的强制执行力的部分。

（2）从形式上看，公务员和国家的法律关系也并非行政合同的法律关系

作为合同的一种类型，行政合同必须以某些程序和手续作为其存在的前提，如果公共职务属于行政合同的体制，就必须遵循某些必要的程序并办理相应的手续。然而，事实上，其他行政合同遵守的手续并不适用于公务员制度。

当政府与特权受让人签订合同或与其他个人签订供销合同时，就总需要以书面形式确定两方面的问题：一方面是需要提供的服务和商品；另一方面就是政府所提供的待遇条件。在关于公共职务这一问题上，联系公务员和国家的唯一法律文书就是委任书。而在委任书中找不到任何关于国家和公务员相应义务的条款。

我们说“在委任时采用的文书大多时候都是默示合同”。[136] 我们这里不讨论默示合同存在的价值问题。但我们觉得当公务员的法律地位仍有争议时我们最好尽可能地避免使用“默示”这一词。当论及公共职务这一问题时，奥里乌观察到“有关默示合同的构想完全不能解决任何问题”。[137] 狄骥补充道：“（默示合同）是种主观臆想的权利，我们必须一次性清除这些无意义且误导性极强的臆造权利。[138]”

行政合同要么需要上级的批准，要么需要平行的审议。例如，国家级公共事业中特权的让与必须有审批令或者法律明文规定。省市级公共事业中的特权让与只有在经过理事会或区议会的批准后才正式生效，但公务员的委任完全不会将该程序作为必要前提。

对于公共事业或行政合同中的缔约方来讲，正式承担公务职责的时间就是双方签署合同的时间。但对于公务员来讲，他入职的时间就是委

---

[136] 比少费：《什么是公务员?》，第74页。
[137] 奥里乌：《行政法》，1921年，第175页。
[138] 狄骥：《宪法论》，第三册，第128页。

任书被批准或被公布的时间。在这一问题上，瓦利纳这样写道：“如果公共公务员的委任事实上采用合同的形式，就会导致以下两种结果：（1）公务员会从接受委任时起享有权能并承担起相应的职责；[139]（2）如果被委任的人拒绝接受委任从事公职工作，政府不必对这个会自动失效的任命做任何的报告，就像服从任命一样。然而，实践中的做法完全相反：（1）从任命的决定被公布或告知相关人时起就正式地授予相关人公职，从这一刻起，公务员就享有职权并承担起由此而产生的相应义务；（2）如果被委任的个人拒绝接受任命，委任书并不会生效，但必须在正式的决定后才能被认定无效，如撤销或辞职，至少要返还任命的政令。需要采取正式的行动来取消任命证明了政府单方面的任命行为足以赋予公务员公职。”[140]

2. 行政契约论既无最高行政法院判例支撑也无立法依据

作为行政契约论最坚定的支持者，比少费在其所著的《什么是公务员?》一书中将行政契约论解释为判例的理论。然而我们很容易就观察到行政契约论在现实中并非按照她解释的那样完全以判例为中心。

首先，比少费援引的论据主要是政府专员总结的结论，完全没有将最高行政法院所作出的判决作为理论支撑。也许政府专员就是根据最高行政法院的判决总结出自己的结论性意见，这两者之间的关系就类似于立法准备工作和完整的法律之间的关系。有时候当法院作出的判决非常模糊时，我们就可以在政府专员的结论意见中找到最高行政法院的真实意思，但是这绝对不是说我们可以把部分政府专员的观点作为最高行政法院的理论依据。

甚至在政府专员的结论性意见中，我们很难找到“行政合同”一词。所有这些证据能不能证明行政契约论的支撑性论据并不充分?

与此相反，与这些没有支撑作用且罕见的论据相对应的是我们很容易在相同的判决中找到完全相反的论据。比如，在最高行政法院做出的有关国家和公务员诉讼纠纷的判决中，我们经常会看到以下的表达“鉴

---

[139] 参阅博纳尔《行政法精义》，第 373 页注释。

[140] 瓦利纳：《行政法基础教程》，第 370 ~ 371 页。

于在原告和马赛市（政府）间完全不存在所谓的合同”，[141]“原告和市政府之间无论在什么时候都不存在合同关系”，[142]“尼尔先生没有任何证据表明他曾经与崩达穆松市政府签订过协议”。[143] 因此很明显的是，“最高行政法院否认公务员的身份是合同身份，也就是它并没有与任命他的单位形成特别的合同法律关系”。[144]

支持行政契约论的学者都认为委任书其实是合同文书，但是最高行政法院并不支持这一观点。“博果案的判决中写到如果不存在不利于原告（公务员）的特别法规，只有市政府（用人单位）有权撤去博果先生的职务。这一结论并非用公务员考试后委任的事实行为来说明公务员的委任书具有合同特征。”[145]

如果这些判决都简单地宣称“公务员和国家间完全不存在任何约定”或“无论何时都不能签署合同”，甚至有时最高行政法院会拒绝承认公务员的委任书中的“合同特征”，这样就会很明显地导致行政法院所给出的判例都不承认行政合同。虽然行政合同有特殊的地方，但它首先是一个合同。

因此支持行政契约论的学者所援引的判例论据并不牢固，如果我们再用最高行政法院判决中的相反论据来进行比较，我们会发现这些论据似乎更具争议。

此外，最近的立法给我们提供了驳斥行政契约论的决定性证据。在涉及公务员的 1941 年 9 月 14 日的基本法中，[146] 立法者曾两次说到只有在特殊情况下，公务员才会涉及公法中的合同，这也证明公务员的法律地位在正常情况下与行政合同没有任何关系。

通过前面的论述，我们能够总结出行政契约论完全不足以支撑和解释公务员的法律地位。

---

[141]《行政法院判例汇编》，1889 年 12 月 13 日，西雷出版社，1892－3－23。

[142]《行政法院判例汇编》，1903 年 12 月 11 日，维尔纳夫－勒邦出版社，1903，第 767 页。

[143]《行政法院判例汇编》，1894 年 7 月 11 日，西雷出版社，1896－3－108。

[144] 奥里乌：《公务员概念释义》，西雷出版社，1894－3－33。

[145]《行政法院判例汇编》，1899 年 8 月 8 日，勒邦出版社，第 593 页。

[146] 1941 年 9 月 14 日法律的第 2 条第 4 款规定了公务员总章程，同日法律的第 5 条对干部组织进行了规定。

第二章　法理领域

我们既不能盲目相信贝特勒米的折中论也不能接受我们刚才从理论和实践两个方面论证的行政契约论，我们采用我们认为最适合的法定论。事实上，该理论不仅长期受到大部分学者的支持，与判例相符，同时也被近来的公务员法第 4 条所认可，该条这样写道：“公务员自任职时起就受规定公务的立法条文和法规约束。”

即使大多数的学者都采纳法定论，他们的理论建构也会因人而异：部分学者在公务员的地位中会看到“承诺要求”，一部分人会从婚姻法的角度来思考公务员的地位问题，部分学者会将委任行为归纳到纯单方的行为中，另一部分学者会相反地将委任行为归类到多方行为中，还有一部分学者可能会将委任行为归类到附解除条件的单方行为中。并且这些学者用来表达公务员法律地位的词句也非常不同：法定地位、章程规定地位、客观地位、法律规定地位。这些不同的观点是否相矛盾且不可调和？哪家的观点学说最能支撑该理论？哪位学者的意见最符合事实？上述问题都应该被仔细斟酌。

行政法理论或资料中有关法定论的资料表现得比较分散并且解释说明的方法也比较概括，然而行政契约论和折中论都曾被部分学者系统地学习和研究过。[①] 关于我们所采用的法定论，我们可以将所有不同的论据都整合成一个整体用于支撑该理论。反对法定论的学者仍然对该理论进行批判。似乎我们应该试着去回答这些尚未被驳回的评论并收集之前的学者所给出的意见。

---

① 对于行政合同的理论，参见比少费的《什么是公务员?》；对于折中理论，参见内扎尔德的《公务员法律理论》。

最后，尽管理论上看，公务员的法律地位是法定的，也还是存在一些例外的约定的公务员。我们应该指出这些例外情况并明确合同的性质。

这也是我们本章所要做的事。我们在第一节可以尝试解释公务员法律地位的基础；在第二节我们可以尽力从根本上验证公务员法律地位的法定性特征，并从委任的法律属性上验证公务员法律地位的特征；在最后一节中，我们会谈到公务员法律地位的例外情形。

第一节　公务员法律地位的基础

法律地位的存在主要为了满足公共利益的需要。为满足加强国防的需求，国家赋予所招募的士兵法律地位。为满足公共财政需要，纳税人也具有法定地位。国防和公共财政这两者都属于公共利益的范畴，所以公务员的身份也可以用这一原则来解释。

因为公务员是公共事业中至关重要的构成要件，所以很明显他们的法律地位就必须与公共事业的特殊要求相一致。我们接下来会说明公共事业的特殊需求是怎样要求公务员必须具有法律地位的。

首先，因为公共事业会根据公共利益进行调整，“有权限的权力机关应该随时调整公共事业的组织形式以更好地完成维护公共利益的工作，（并且这种任意的调整只要在符合公共利益的大前提下就完全可以进行）并且不受公务员已得权利的干扰。只要公共利益要求就可以撤销某一职位，增加工作量，调职或为了减少开支达到公共预算的目的而削减公务员享受的福利”。[②]

我们前面曾说过合同地位是绝对不能够被用人机构单方面修改的，因此公务员的合同地位完全适应不了公共利益调整的需求。此外，法律地位只能分为两种类型：约定和法定。从这一点上来看公务员的法律地位只能是法定地位。这一地位被法律直接列举，因此，该种地位能随时

---

② 瓦利纳：《行政法基础教程》，第 361 页。

被调整，因此也能够轻而易举地满足公共事业的需求。

并且，为了保证公共事业的良好运行，公务员这一身份与他作为公民所享有的普通身份相比多了许多约束。因此，为了维护军队的纪律，军队的士官只有在得到上级的书面授权后才可以结婚。为保护公务员身份的神圣性，部分公务员甚至被剥夺了经商的权利。

除了有民事秩序的限制外，在政治权利上也有相应的限制。为保护选民的独立性，部分公务员在行使公务的范围内应不享有被选举资格。为维护军队纪律，军人也不应享有投票权。

享有法定身份的普通公民完全享有上述权利。由此可见对他进行的限制必然会涉及法律地位的问题。

最后，为了保证公共事业的健康良好运行，有权限的公权机关在需要的时候有权解雇无过错的公务员，也有权在公务员辞职的时候将其留下。这两种假设完全与合同的性质不相容。如果我们将第一种假设与长期合同联系起来，辞职就意味着马上离职。如果我们将第二种假设与短期合同联系起来，政府就不能在合同期限届满前将公务员辞退。因此根据公共事业的特殊要求，公务员的法律地位也同样重要。

内扎尔德担心公务员的法律地位体制会危及科技事业的发展，他这样写道："单边理论赋予政府绝对权力并允许政府采用合法形式自由撤销某项工作职位，然而契约论就要求国家承诺绝对不能在不支付任何损害赔偿的前提下有违公正地终止与公务员的合同。"③ 从这一点上来看，我们认为内扎尔德混淆了"法定体制"（système légal）和"自由裁量体制"（système arbitre）。然而这两种体制间也确实存在区别。自由裁量是一项带有主观因素的权力，然而法定体制要求必须在法律允许的范围内活动。在公务员体制内部确实存在上级领导有权对自己的下属不守承诺的情况，但这种权利完全不是自由裁量权。这种裁量权不仅被法律程序限制约束，而且也被因越权行为产生的法律救济所限制，在越权行为发生时法官对这些行为可进行很大程度上的约束和控制。

根据内扎尔德的观点，只有事业雇佣合同（contrat de louage de serv-

③　内扎热尔：《公务员法律理论》，第 351 页。

ices）才能有效地保障仅受法律形式限制的权力。事实上，实践会让我们明白事实与此相反。比如教师和法官都是被法律保护的，难道不能简单地将他们视作受事业雇佣合同保护的简单雇员吗？的确，大部分法国公务员都还没受到像对教师或法官那样的保护，但是这并非因为他们没有受到事业雇佣合同的保护，而是因为没有受到法律的保护。

因此，我们可以总结公务员的法律地位是法定的。

第二节　公务员法律地位是法定的

我们刚才论述了公务员法定地位的基础。现在就来验证这种法律地位的法定成分。关于这一事实，我们首先考查公务员法律地位中的不同组成成分是如何通过它们的特征和渊源联系到公务员的法定地位这一特征上的。为避免这一混淆，接下来会谈到委任书仅是法律文书，而公民就是通过这一文书享受到公务员的法定地位的。

一　公务员法律地位的渊源就是法定地位的渊源

（一）公务员法律地位与法定地位的渊源和特征趋同

公务员的法定地位设定源自公共利益的需要，很明显这一地位不能由个人根据契约约定和规制，因为契约地位只取决于缔约方的主观意志，而法定地位总是被具体法律确定，[④] 也就是说被代表国家公共利益的统治机关制定的法律法规所约束。

④ 这里需要说明的是，我们不能仅从表面来理解这个法律，就像平时我们习惯的那样，不管其法律内涵如何，只要是来自议会的法律，我们就遵照执行（巴尔德勒米：《宪法论》，1933 年，第 728 页）。我们应该从实质上来理解法律。因为法律地位（或客观地位）不是形式意义的法律条款的结果，而是实质意义的法律条款的结果。例如《警察条例》和《公共事业组织条例》，就很好地确定了公务员的法律地位（或客观地位）。这些条例不是由议会制定的，它们跟议会几乎没有关系，因为议会通过的只是形式意义上的法律、规章性质的法令（参阅狄骥《宪法论》，第三版，第二册，第 214 页），而他们是行为规则意义上的法律（参阅狄骥《宪法论》，第三版，第二册，第 213 页）。

因此如果要弄清楚公务员的法律地位是否法定，就必须首先验证它们是不是被成文法规定。因为公务员的法律地位主要有四大构成要素：（1）权能；（2）物质待遇；（3）身份；（4）义务。[⑤] 我们接下来就逐个验证这几个构成要素并以此确认它们的法律渊源。

首先，公务员的权能由法律规定。从其定义上来讲，公务员的权能就是从保证公共事业健康运行的角度出发让公务员有能力实施一系列的合法行为。这一概念与权利能力的概念相似，权利能力也是由法律予以规定的。执政者的权能就是由宪法赋予，同理，公务员的权能就是由普通法规定。法官根据法律作出判决，军官根据法律指挥和命令士兵，警官也是根据法律抓捕犯人。因为公务员的权能以实现公共利益为主要目标，并且他们的行为会对公民产生巨大的影响，因此我们可以简单地认为公务员的权能就是由法律确定。除此之外，它也不能通过其他的任何事物确定。

关于这一观点，狄骥这样描述权能："权能就是合法意志的权力，属于公务员的权力。"[⑥] "这项权力毫无争议地仅能被有关公共事业法律法规进行规定。"[⑦]

我们反对部分人可通过上级委任授权的方式获得权能成为公务员的观点，然而这一观点并不与我们之前说的观点冲突。假设下属获得法律通常不授予的权限，这是因为法律规定只在这样或那样的特别情况下进行授权。我们支撑这一观点的论据就是除非法律有明确授权，否则任何公务员都不能将自己专享的权能授予他人。

公务员享有的所有待遇和退休津贴以及所有的物质福利同样都由法律规定，并不存在像行政契约论学者想的那样的公务员的福利待遇都是由公务员自己协商确定，但是他们的物质和精神境况都和他们履行的职务挂钩，所有的这些条件都是为了保证公务员在无须为生计奔波的前提下做好自己的本职工作以保证公共事业的良好运行。因此决定公务员享

⑤　狄骥：《宪法论》，第三册，第 104 页。
⑥　狄骥：《宪法论》，第三册，第 153 页。
⑦　狄骥：《宪法论》，第二册，第 105 页。

受福利待遇的法律就是构建公共事业体制的法律，就是所谓的公共事业法。⑧

正是由这些法律确定适用于公职人员的特殊条件：启用点、总额、期限中断、停止、五年任期、免除扣押的时效、兼职等。⑨

杰兹说："最高行政法院只会按照法律和法规审理案件。法院不会去研究对公务员的处理是否恰当。它只担心立法者的真实意愿，比如它应该直接体现在法律法规中还是立法的准备文件中或者说是法条所处的上下文中。这个主要或首先就算是法律条文的注释问题。"

"一旦通过法律了解到立法者的真实意愿，事业机构中的负责人与其下属的公职人员一样必须严格遵守。因此，一方面，当公职人员满足法定或规定的所有条件时，事业机构的负责人就不能拒绝给予他相应的待遇，也无权随意地对这些条件进行增减。另一方面，公共职员不能要求法律法规范围之外的其他待遇。"⑩

论及公务员的法律身份这一问题时，"法律保护公务员的心理和经济利益不受统治者或其他官员的裁判，公务员的地位就是这些法规被执行时所赋予公务员的身份"。⑪ 这种关于公务员地位的定义直接表示公务员的地位是由法律创设和约束的。1905 年 4 月 22 日法案第 65 条决定公务员作为受纪律条例管理的对象时，仍享有查阅自己的档案材料的权利。经 1896 年 7 月 10 日法律修正的 1880 年 2 月 27 日法律第 7 条规定：只能由公共高等教育机构组织的大学委员会投票表决，只有超过三分之二的票数的决议才可以对在大学中任职的教授进行停职、开除或强制退休。

公务员的职责和义务同样也是由法律规定。事实上为保证公务员能够在公共事业机构中完成自己的工作，法律在这个问题上对公务员的普通公民身份设定了相应的限制。就像公务员的地位源于法律规定，对他进行的限制也必然源自法律。根据 1835 年 8 月 28 日的法令，法官禁止

⑧ 狄骥：《宪法论》，第三册，第 107 页。

⑨ 杰兹：《行政法一般原则》，第二册，1930 年，第 792 页。

⑩ 杰兹：《行政法一般原则》，第二册，1930 年，第 794 ~ 795 页。

⑪ 狄骥：《宪法论》，第三册，第 110 页。

从事商业贸易事务。根据1875年11月30日法案，部分公务员的选举资格也受到限制以防止他们对其他选民产生非法影响。至于公务员负有的保证公共事业正常运行的义务和责任也是直接源于法律的规定。公务员经常被置于公共事业的法定体制内，正是因为这一点公务员才必须履行和完成符合事业法规定的工作。当用人单位支付公务员工资时公务员并非所有津贴的债权人。公务员以一种永久专职的方式与公共事业机构相联系，并是公共事业的必要组成部分。法律确定公务员的职务以及他从事公务活动的外延和性质。比如对教授来讲，是法律法规确定他们上课的时间和天数；对财务稽查员来讲，稽查的对象和时间范围也都是由法律法规加以规定。

公务员法律地位的所有构成要素完全是由法律创设和规定，因此公务员的法律地位也是全部由法律创设和规制。⑫ 这也就表明公务员的法律地位产生的渊源就是法定身份的渊源。

（二）公务员的法律地位具备法定地位的所有特征

在验证完公务员的法律地位是由法律创设，法律就是法定地位的渊源之后。我们现在就看看法律地位是如何包含和体现法定地位的所有特征（一般特征、专职特征和可被立法者单方随时修改的特征）的。

1. 公务员的法律地位具有普遍性

狄骥认为法定地位作为法律适用的结果必须具备普遍性。⑬ 比如，“法国选举法规定21岁以上的没有丧失选举权的成年男性享有选举资格。实践中直接适用这项法案的结果就是所有达到法定年龄的法国男性都享有选举和被选举的资格。这种身份就像法律一样具有普遍适用性”。⑭

公务员的法律地位也包含了这种普遍性特征，因为公务员法律地位的其中一个特征就是同级的公务员是统一的。⑮

⑫ 在这一点上，1941年9月14日法律为我们提供了决定性的论据。该法律的第2条明确规定：“一旦加入公务员行列，便纳入公务员制度的相关法律规章的管辖。”

⑬ 狄骥：《宪法论》，第一册，第108页。

⑭ 参阅狄骥《宪法论》，第一册，第309页。

⑮ 雅克－温克尔案中拉杜勒里先生的裁决，最高行政法院，1938年2月25日，《法国及外国公法与政治学杂志》，1938年，第809页。

普遍性特征体现在公务员法律身份的所有构成要素中：公务员的权能毫无争议地具有普遍性，没有人会认为一个市长的权能与同级的另一个市长的权能不一致，也不会有人认为一个法官的权能会比同级的另一个法官的权能更加宽泛。对于同级职务的公务员而言，他们所享受的福利和肩负的责任都是一致的，而这些都是公务员的法律身份的其他构成要件。

普遍性特征也体现在某些公务员不能享有的特殊地位的事实中。“身份的可替换性和永久性、所提供服务的性质、待遇的比例、申请津贴的权利条件都是由国家的立法或法规的规定确定以保证国家工作能够得到有效执行和完成。”⑯ 这些立法的规定完全不能被合同替代或被它减损法律效力。我们也可以通过最高行政法院的判例来仔细确认这一做法的真实含义。⑰ 从最高行政法院的判例来看，公务员不仅在授权时无法说他要与同等职位的公务员享有不同的地位，在接受委任后他也不能通过与用人单位签订合同的方式调整他的法律地位。⑱

2. 公务员的法律地位具有永久性

“永久性”特征也被一致认为是法定地位固有的特征。狄骥说：“公务员的身份就像产生他们的渊源——法律规范一样，都具有永久的特征。公务员在不牺牲自己个人生活的条件下不断重复履行法定公务时依旧享有法定地位中的永久性特征。这些地位主要在于法律制止损害公务员利益的非法行径，并会赋予从事公务的个人特殊的法律救济渠道。公务员可以永久地享有这种特殊的法律救济，这种救济不会因为使用就立刻消灭。只要法律规定考虑到的因素持续存在，公务员就可以一直享有该种特殊的法律救济。”⑲ 比如法国选举法规定21岁以上的成年法国男性只要没有被剥夺选举权就享有选举权和被选举权。选民的法定地位

---

⑯ 拉菲热尔：《行政管辖权论》，第二版，第一册，第619页。

⑰ 最高行政法院，1924年3月19日，D. H.，1935年，第46页；最高行政法院，1916年8月2日，班格尔－勒邦出版社，第363页；最高行政法院，1923年3月29日，布尔迪斯－勒邦出版社，第281页；最高行政法院，1924年11月19日，格里西尼－勒邦出版社，第908页；争议法院，1897年12月27日，博尔尼翁出版社。

⑱ 最高行政法院，1929年10月，波特布瓦出版社，D. P.，1929－3－37。

⑲ 狄骥：《宪法论》，第一册，第308～309页。

和法律一样都具有永久稳定性：选举权并不会因为选民的使用而消灭。权利的存在时限和创设它的法律的存续时间一样，只要创设它的法律存在，这种权利也应该存在。[20]

我们接下来审视公务员法律地位的所有构成要素是否都包括永久专职特征。首先，公务员的权能总是源自法律规定，所以它就像法律一样具有永久恒定性。事实上，公务员使用权能的次数并不会导致权能的消灭。他的权能以不断更新的方式持续存在于公务存续期间。公务员享有的待遇、身份及承担的义务很明显都具有永久恒定性。没人认为这些东西在新法调整出台前能够被公务员自己或者说被他的上级随意修改。长期以来的案例让我们明白，“公务员享有的法定权利和福利取决于法律规范的持续期间”。因此，只要相应的法律规范持续不变，公务员所享有的权利或福利也会同样地得到维持。

3. 公务员的法律地位能够被有权限的机关单方面随时调整

除了公务员法定地位中被广泛认可的永久性和普遍性特征外，我们认为另一法定地位固有的特征也应受到重视，那就是这种法定地位能够被有权限的机关单方面随时调整。

在谈到客观地位（法定地位）和主观地位（约定地位）时，狄骥强调法定地位中的可调整特征：“作者认为一种法律绝对不能具有追溯力就是说他们只能适用于将来的行为，并且它绝对不能调整主观确定的法律地位。但是法律可以调整所有的甚至是产生于法律颁布前的客观法律地位。因为这些法定地位只是法律本身的适用，因此法律并不会产生任何追溯力。法律地位被修改或废除绝对只是因为原法被修改或废止。”[21]

狄骥认为：“法律直接创设的法定地位完全可以被新法调整。在这一点上就完全没有追溯力。同样很明显的是法定地位并非仅源于法律的直接规定，只要法律行为履行完毕，新法定地位就会产生，这时原法定地位也依然存在。新法可以更改法定地位，但我们不能就此认为新法就

[20] 狄骥：《宪法论》，第一册，第309页。
[21] 狄骥：《宪法论》，第一册，第315页。

具有追溯力。已经履行完毕的行为并不受新法的调整，而只有由此产生的法定地位才受新法的调整和控制。源于新法规定而非事实行为，法定地位就会随法律的调整而变化。”[22] 比如，有结婚的行为，已婚人士的地位就是法定地位。任何调整婚姻法律体制的法律都适用于所有已婚人士，同样也适用于在新法产生前就已经结婚的人，但我们不能因此就说这是追溯力的体现。如 1889 年 7 月 24 日法律规定离婚和婚姻法条例，以及扩展离婚缘由的法律。我们必须明确已婚人士的法律状态就是客观的法律地位，他主要源自法律而并非结婚这一事实行为——协议仅指将法律适用于配偶身上的条件。[23]

公务员的法律地位是否随时可以被立法者进行调整和修改？对于我们和赞同法定理论的人来讲，答案是肯定的，因为我们认为公务员的法定地位是被法律创设和规定的，而这种法律本身就是可以随时被修正的。只是赞同契约论的学者必须批判该种可调整的特征，因为这种批判在很大程度上危及合同的基本概念与合同的基本后果。我们已经在上面一章反对采纳行政契约论，我们在这里就仅仅从事实和判例的角度来验证公务员的法定地位能够被法律或法规进行修改或调整。

（1）权能——狄骥从权能的角度来看：“调整公务员权能的法律适用于所有的公务员甚至适用于在法律颁布前被任命的公务员。”[24] 因为法律在它被授权的范围内创设或决定，公务员的权能就应该像法律一样能够在立法上进行调整并且不会产生任何追溯力。的确，人们完全不能想象当法律为防止过分集权而将政府官员的权力予以削减时，政府官员却有权申请恢复他们原享有的权力。从另一方面说，分权权力机关有权拒绝接受权能膨胀和扩张。狄骥说：“没有任何法律规定或判例承认公务员有权要求获得其权能。”所有这些都证明有权限的机关能够随时调整修改公务员所享有的权能。

（2）身份——我们经常把身份说成是公务员取得的一种权利。因

---

[22] 狄骥：《宪法论》，第二册，第 240 页。
[23] 狄骥：《宪法论》，第二册，第 246 页。
[24] 狄骥：《宪法论》，第二册，第 250 页。

此公务员的身份不能被立法机关或行政机关随意调整。但这种观点并不符合事实。因为根据立法，公务员的身份能够被有权限的机关合法地进行修改和撤销，只要按照法定或规定的程序即可。“如果有关公务员身份的规范被新法删改，这些条款就可以适用于事业机关中的所有公务员，不管他们是在新法颁布之前还是之后抑或是在新法颁布之时就被委任从事公务。如果都不是，那就没有讨论的必要了。只有愚昧的人或者是煽动家才会主张对立的观点或学说。”㉕ 因为这种形式的举措已经被立法者采用。比如 1939 年 11 月 18 日法令取消（公务员）在受到纪律处分后应提供纪律委员会出具的担保书这一规定。1939 年 9 月 19 日法令取消在陆海军中遭受纪律处分的人在查阅资料时必须提供相应的担保这一规定。㉖

判例同样一直都认可公务员法定地位中确实存在可修改特征。在雷欧案的判决中，最高行政法院是这样裁判的：“雷欧要求认定单位根据 1908 年 8 月 3 日的政府法规对他做出的解雇决定无效。因为该政府法规主要是用于管理执行在军工厂内工人的雇佣和解雇规定的 1897 年 2 月 26 日法案。而政府当时只是行使职权修改该條例并于 1920 年 2 月 26 日制定新的條例取缔原法规，并且雷欧先生认为解雇他所运用的条件已经侵害到现行法所保护的权利。”㉗

公务员地位不仅可以被废黜撤销，有权限的机关同样也可以在某一时间内中止公务员的地位。㉘ 陆海空军中调查委员会提供的担保问题就被 1939 年 9 月 8 日、20 日和 26 日的法令中止，而有关查阅文件材料时必须提供相应担保的规定同样也在 1914～1918 年的一战期间被 1914 年 9 月 10 日的法令中止，在 1939～1940 年的二战中也被 1939 年 9 月 1 日

㉕ 狄骥：《宪法论》，第二册，第 160 页。

㉖ 参阅博纳尔《行政法精义》，1940 年，第 522 页。

㉗ 《行政法院判例汇编》，1923 年 12 月，第 895 页。

㉘ 如果法律法规中暂停公务员传阅文件的权利是合法的，那么行政当局在罢工时取消公务员传阅文件的权利也是应该受到谴责的。公务员的地位是法律规定的，如要修改，也只能通过法律来修改，行政当局是无权修改法律的。那些侵犯公务员权利的法令受到不少作者的批评。

法令中止。最高行政法院的判例承认所有这种形式的措施具有法定性。[29] 况且在最近的立法中，1940 年 7 月 17 日法令以及后面对该法令进行相应拓展的 1940 年 10 月 3 日法令，1941 年 3 月 29 日法令和 1941 年 9 月 14 日法令第 122 条规定都暂停了所有有利于被撤职公务员的保证。

法律法规不仅可以调整公务员的普通地位也可以调整部分特权公务员的"特殊法定地位"，教授、官员和法官等公务员的地位都属于特权公务员的法律地位。我们错误地认为借助于这样一种地位，公务员的身份就具有不可罢免的特征。事实上，公务员的身份随时可以被立法机关或行政机关进行修改。关于这一点，狄骥认为："在法律没有追溯力的情况下，公务员享有的永久稳定地位就可以被法律随时修改。共识观点就是公务员身份的终身性可以被立法者随意调整。1883 年 8 月 30 日法令对法官职位的不可撤职性特征进行了修改，在不涉及追溯力的情况下，该法令适用于所有法官，甚至包括在该法令颁布前已任职的法官。"[30] 另一例子是 1936 年 6 月 18 日法令。1934 年 2 月 20 日法令为法官建立担保条件，尤其针对在为设定其他职位时专门成立的法官委员会。这些担保的条件已经在 1936 年 6 月 18 日法令中被废除。

(3) 义务和责任——我们认为公务员的责任和义务也同样存在可修改特征。"法律法规可在公务员入职后增加其工作内容和约束条件，而公务员却无权拒绝这些额外的工作（最高行政法院 6 月 25 日，教师协会联合会，汇编，第 922 页）。"[31] 同样，这些约束是可以成倍增加的。有人天真地以为该法令只适用于在其颁布后入职的公务员，所以只要在 1935 年 8 月 28 日法令颁布前入职的人就可以经商，因为他们觉得该法令只适用于在此法令颁布后才就职的公务员。这种想法是很荒谬的。

(4) 物质待遇——即使大部分赞成契约论性质的学者并不赞同这

㉙ 艾里案判决，西雷出版社，1922 - 3 - 49；D. 1920 - 3 - 31。

㉚ 狄骥：《宪法论》，第三册，第 206 页。

㉛ 奥里乌：《行政法纲要》，1938 年，第 71 页。

种观点，但是事实上公务员享有的物质待遇仍然能够被有权限的机关进行单方面的修改。“立法者之后可对这部分待遇作出修改。他可以增加或减少应付税率，甚至将它完全取消。此后，相应职位的公务员将无权再要求这些福利。”[32] 这方面的立法规定极其繁多，比如 1934 年 8 月 4 日法令，1925 年 7 月 16 日法令和 1936 年 6 月 25 日法令都陆陆续续地规定从公务员的待遇中自动扣除 5% ~14% 的税费。1933 年 12 月 23 日法令和 1934 年 3 月 28 日法令都减少甚至取消了许多公务员享有的津贴。关于退休津贴，首先 1924 年 4 月 14 日法令“为增加退休金的数额已被多次修改，接下来 1934 年 4 月 4 日法令和 1934 年 5 月 10 日法令又减少该津贴的数额，最后 1936 年 6 月 25 日政府颁布的法令又恢复了这一津贴制度”。[33]

判例一直认可这些修改，也有很多这方面的判决。[34] 我们仅以奥拉贡的判决为例：“考虑到政府政令规定公务员享有的各种福利待遇都取决于政府政令的存续期限。行政人员就能够有效地根据 1934 年 11 月 6 日法令和 1935 年 8 月 18 日法令撤销非印度中国公共工程部公务员根据 1915 年 12 月 16 日法令（该法令后来被 1920 年 5 月 29 日法令修改）享有的安置津贴。”[35]

既然公务员法律身份的所有构成要素都具有可修改性，那我们可以推测出公务员的法律身份也具有可修改的特征。

此外，涉及公务员地位的新法也具有这一可修改特征。《一般原则》的第 4 条是这样规定的：“从颁布时起，之后的修改都能适用于该

---

[32] 杰兹：《法国及外国公法与政治学杂志》，1923 年，第 205 ~206 页。

[33] 博纳尔：《行政法精义》，1940 年，第 502 页。

[34] 最高行政法院，1911 年 3 月 17 日，布朗歇，R. P. 333；最高行政法院，1922 年 2 月 16 日，达洛德，R. 214；最高行政法院，1912 年 3 月 8 日，比克罗，R. 318；最高行政法院，1912 年 5 月 17 日，杜查德，R. 563；最高行政法院，1917 年 7 月 13 日，穆勒，R. 565；最高行政法院，1916 年 7 月 7 日，莫勒，R. 276；最高行政法院，1927 年 1 月 19 日，埃雷兹，R. 62；最高行政法院，1927 年 1 月 21 日，佩里耶，R. 81；最高行政法院，1926 年 1 月 28 日，玛蒂耶，R. 126；最高行政法院，1927 年 3 月 23 日，巴尔勒汗，R. 364；最高行政法院，1927 年 5 月 27 日，德拉诺，R. 623。

[35] 《行政法院判例汇编》，1938 年收集，第 722 页。

法，而当事人不再拥有从之前的法条中获得的所谓的权利。”[36]

二 任命书是附条件的任命书

我们已从多方面验证了公务员法律地位的法定性特征，现在我们还必须研究任命书的法律性质，该任命书与法定身份的概念相符，在过去和现在都造成了很多学者对合同以及任命书的混淆。同时，对任命书法律性质的各种阐述也存在很大的误解。因此，为避免混淆以及明确任命书的性质，必须要将其与合同作出区分。

（一）任命书不是合同

因为赞同行政契约论的人都认为所有经过自愿签署的法律文书都是合同文书，也因为如今的公共职务都是（公务员）候选人自愿承诺的结果，我们的确会自然而然地将任命书视为合同。我们已经在前面几章中多次批判过这一观点。

行政契约论的一大缺陷就是没考虑到合同成立的所有条件。在康西判决的解释中，杰兹强调这一点：“作者说这些公务并非必然被法律所规定，指派任命行为产生法律上效果的条件之一就是被指派人接受任命。”但是“该种承诺或接受任命的必要性并没有将一种职务的选任或委任转变成为合同。合同成立，必须有两个最重要的组成要素：（1）达成一致；（2）创设个人法律身份。当我们说到合同时，我们经常只会考虑到满足第一个条件而往往忽视了第二个重要条件。当在指派一项公务的时候，要么是通过任命，要么是通过选举。这确实是达成了一致，但是这种一致并没有产生创设个人法律身份的效果。选举并非一种合同，而任命和选举拥有同样的法律性质”。[37]

（二）任命书不能脱离公务员的法律地位

部份学者在考虑到公务员体制的法定特征，并混淆了“合同”概念和“达成一致”的概念后，提出了一个混合理论。根据这一理论，任命和公务员体系被认为是两个相互独立的法律事实，因此苏尔兹就援

---

[36] 《法国国家官方杂志》，1941 年 10 月 1 日，第 4211 页。

[37] 杰兹：《案例注释》，《法国及外国公法与政治学杂志》，1910 年，第 64 页。

引另一个相类似的法律关系作为捍卫这一理论的论据，他认为婚姻关系是通过合同形成，并且一旦形成就会产生独立于缔约方意志之外的影响，同时也会对妇女产生夫权依附关系。同理，只有入职后公职人员才会与国家形成合同法令关系，这种关系就是通过任命的形式创设，合同就是由工作的要约和承诺构成。就是因为这一点，公务员和国家的法律关系上才能够适用合同法。但在公务员入职后，公务员的设置就是最后一项预备条件，只要满足这一条件就能够保证新的法律构成得以实现。从这一刻起，公权的法定体制就会控制和管理这一公共职位。我们强烈要求解释：为什么国家和公务员的意志促使公务的形成？为什么公职体系是公权单边法律体制？它的维护、废止、修改完全只取决于国家单方面的意志，也就意味着国家可以自主决定调度、中止、罢免、剥夺公务员享有的所有待遇。如此，就有两种一脉相承又相互独立的法律体系。[38]

虽然该理论有很巧妙的一面，但是这种理论并不被大家所接受和认可。公务员的任命和公务员的法律体制不可能是两个完全独立的事实。如果没有任命书，公务体制就不可能适用在公务员身上。相反，如果任命不会创设新的法律身份，任命书就没有任何法律意义。如果我们不把任命书和公务员的法律体制认为是两个完全独立的法律事实，也就是说如果我们不能否认其中一个是另一个产生的原因，那我们怎么能说这两个事实的法律性质是不同的？如果我们承认公务员的任命是行政机关与公务员之间达成的合同，那么作为该合同效果的公务体制就应该是具有合同性质的，因为“合同性质的协议只能来自合同性质的体制”。[39] 相反地，如果公务员体制是法定的，那就不应该产生约定的合同，因为法定体制能且只能被法律创设。

（三）任命书是附条件的任命文书

如果任命书的法律本质不是合同，且如果公务体制不能与任命的性质不同，那怎样来解释任命书的性质？关于这个问题，我们的回答就是任命书是附条件的文书，是狄骥和杰兹这两大学者系统地指出的法律文

㊳ 参阅内扎尔德《公务员法律理论》，第 308 ~ 309 页。

㊴ 利埃博：《国家法研究》，第 17 页，被内扎尔德引用于《公务员法律理论》，第 311 页。

书的第三大类。

什么是附条件的文书呢？杰兹认为它是“法律规定能够使个人享有法定或规定的法律身份地位中不可或缺的组成部分——意志因素的体现”。[40] 关于这一点，狄骥提出的附条件的法律文书的概念就较为清晰：“部分客观法的规定尽管的确是以笼统而抽象的方式予以规定，但并不是不加区别地适用于所有的社会团体，而是仅仅适用于那部分处于确定条件中或符合法定文书所确定的社会团体。所有采用以前不适用但现在可以适用的法规确认个人法律地位的文书与所有为个人创设一个前所未有身份的文书都被归为法律文书的新种类。在对一个既存的法律条例进行修改后，客观的法规自此就会适用在以前从未适用过的个人身上或以前适用的个人今后不再适用，以前并不存在的个人地位现正式进入法律规制的视野。从客观上说，该文书不产生任何其他后果，只是适应于部分法律法规。但是也存在主观方面，因为它可以确定重要法规的适用对象。所以我给这些文书起的名字是政论家经常使用的术语，我将这些文书称为附条件的法律文书。”[41]

公法和私法中附条件法律文书的例子有很多。地产中的附属物许可文书就是一种附条件文书，因为取得地产附属物的许可文书的状况是被法律所确定并且具有法定身份的所有特征。然而法定身份只有在被有权限的机关明确许可的情况下才能存在。[42] 在私法中，结婚证就是一种附条件的文书。被法律确认的已婚人士的身份就是一种法定身份且只有在领取结婚证后才会产生。[43]

在我们刚研究的附条件文书这一概念中，任命书就应该被认为是这样一种文书，因为一方面公务员的法定身份只有在任命后才会产生，另一方面创设并规范公务员法定身份的并不是任命书而是法律法规。

此外，我们可以通过以下事实来验证任命书就是一种附条件的法律文书。

---

[40] 《法国及外国公法与政治学杂志》，1910 年，第 67 页。

[41] 狄骥：《宪法论》，第一册，第 328 页。

[42] 狄骥：《宪法论》，第一册，第 311 页。

[43] 狄骥：《宪法论》，第一册，第 311 ~ 312 页。

“1. 给予公务员的身份待遇事前不能与公务员进行协商。公务员只能选择或者接受这样一种身份。”㊹

“2. 我们不能简单地在国家和公务员间的任命书中附加一个协议用于规定公务员享有的特别待遇或承担的特别职责并且也调整公务员法定或规定的身份体制。如果该协议试图在完全法定或规定的法律身份中植入个人主观因素，那么这种协议就会失去其存在的价值并且不为法律所认可。”㊺

“3. 在滥用职权的情况下，所有的任命书都可能遭到救济起诉，而这种救济又是一项对客观权利的救济方式。原则上，任命书只有在对抗客观法律文书时才能被法院受理。如果公务员的任命只能是主观约定的文书，该文书就会产生相应的权利人或义务人身份，对于这种主观约定而产生的身份就绝对不能使用滥用职权的救济措施。然而任命书并不属于该类诉讼的范围。”㊻

“4. 任命有时是通过抽签的方式实施。这样实施的后果就成为公务员身份产生的必要条件。如果采取抽签的形式，任命书中很明显不存在创设公务员身份的主观约定协议。主观约定协议与所谓的任命书和选举都不相同。”㊼

因此，从各方面看，任命书就是一种附条件的文书。

（四）任命书是一种附条件的单边文书

尽管从物质的角度上来讲，大部分学者都认同把任命书视作附条件的文书，但是从形式上来看，他们的观点却存在很大的分歧。有部分学者认为是纯单边的文书，另一部分认为是多边文书，最后一部分认为是附条件的单边文书。

部分学者在任命书中看到单方行为。奥里乌说：“任命主要是单方权力行为，有可能是公务员接受任命或大多数时候是公务员自己申请要求从事公务员的工作。公务员接受任命就如同接受法律或命令，并非像

㊹ 博纳尔：《行政法精义》，1935 年，第 372 页。

㊺ 博纳尔：《行政法精义》，1935 年，第 372 页。

㊻ 狄骥：《宪法论》，第三册，第 123 页。

㊼ 狄骥：《宪法论》，第三册，第 123 页。

合同中的要约。”[48] 为验证这一点，我们看到学者引用的事实论据就是任命的文书必须满足权力机关制定的法律文书生效的正式要件。[49] 乔治（Giorgi）同样认为：“公务员接受任命并不要求完善任命书，一旦任务以符合宪法规定的形式呈现，它就会从整体上产生完整的法律效力。”[50] 另外，在判例中，我们可以读到“国家任命公务员到公共岗位上的文书不能等同于协议。这种性质的文书仅仅就是行使公共权力”。[51]

权力机关的文书和公权机构制定的文书从定义上来讲都是单边行为。

然而这种观点非常具有争议性。奥里乌认为公务员是通过用人单位“批准申请”（Requisition consentie）[52] 的方式进入行政机关并与用人单位联系在一起的，用人单位的“批准”一词就表明任命并非一种纯粹的单方行为。

在康西莱·埃佩斯一案判决的批注中，杰兹让我们看到任命书并非单方拟定的文书，“法国的公共事业原则上是可由政府自行决定的领域。这一原则导致的结果是：不存在被法律强制规定的职务，任命生效的一个重要条件是被任命的个人接受组织或上级指派的任务（任命）。假如被任命的个人无意从事公务并拒绝接受委任，这种拒绝并不构成辞职行为。公务员担任公职的法定要件缺一不可，如果缺少有效构成要件，被任命的个人无论何时都不能被赋予公职”。[53]

根据博纳尔对这方面判例的观察，“在被视为辞职并遵守有关接受辞职的规定后，公务员候选人拒绝接受任命的行为就构成一个纯粹的事实，并且具有让任命书失效的作用”。[54]

狄骥最初支持单边行为论，但后来他自己也认为该理论也并不准确。“我和其他人在论文的第一版中多次试图通过推论来论证公务员的

---

[48] 奥里乌：《公务员概念释义》，西雷出版社，1899－3－106。

[49] 奥里乌：《公务员概念释义》，西雷出版社，1894－3－33。

[50] 乔治：被内扎尔德引用在《公务员法律理论》一书中，第280页。

[51] 图尼：1894年8月9日。

[52] 《行政法基础讲义》，1938年，第72页。

[53] 《法国及外国公法与政治学杂志》，1916年，“判例注释”第67页。

[54] 博纳尔：《行政法精义》，1940年，第455页；参阅布朗斯泰勒案的判决，1924年2月20日，第194页。

任命仅是一种单方行为。我现在认识到自己的观点是错误的。类似的尝试只会背离事实。事实上，大家都承认今天的公务员的任命由两个自愿行为构成。不管推论如何精妙都不可能去证明一个完全与事实相反的概念。”[55]

因为任命是一种多边行为，而不是合同性质的行为，因此狄骥认为这种任命应被归入多边文书中的其他两类——集体文书 acte collectif （le gesammatakt）和协议 l'union （le vereinbarung）中。但具体来讲究竟是哪一类呢？在 1927 年出版的《宪法论》第一册中，狄骥认为，“公务员的任命书其实就是一种协议，[56] 该协议的概念就是‘两个或多个人建立某种关系，并就某一确定的事项达成一致。但是在这个协议的背后，我们并没有看到当事人主观约定的法律地位——债权人和债务人之间短暂的个人特殊关系；相反，我们会注意到法规的颁布或特定身份中的客观法定地位”[57]。

但是狄骥在该《宪法论》的第三册中改变了观点，“我反问我自己，把任命书看成一种协议书是不是错的。协议指的是非合同性质的一种约定。在这里我们是否可以把它看成一种约定？在我看来，之前的分析已经给出了否定的答案。在这里我现在自己想一想还是觉得把它作为共同文书来看更为准确。共同文书作为个人意志的竞合的结晶并不是一种协议”。[58]

的确，从某些方面来说，任命书类似于协议或共同文书，但是这些文书和任命书之间确实也存在很大差别。协议和共同文书这两种文书都是多边文书，这也就是说这两种文书都必须双方宣告同意才能成立。而任命公务员的任命书不需要双方都作出同意申明就可以生效：一旦行政机关单方面宣布同意，该任命书就能产生法律效力。

事实上，协议和共同文书这两类文书与任命书最明显的区别体现在事实中。狄骥认为，结婚证就是协议书，协会章程就是一种集体文书。

---

[55] 狄骥：《宪法论》，第三册，第 125 页。
[56] 狄骥：《宪法论》，第一册，第 423 页。
[57] 狄骥：《宪法论》，第一册，第 409 页。
[58] 狄骥：《宪法论》，第三册，第 127 页。

从事实上来看，结婚证只有在结婚双方签字后才会正式生效。同理，协会的章程只有经过会议投票表决后才会生效。而任命书一旦被公布或通知就会立即产生法律效力，也就是说一旦行政机关一方作出同意决定，任命书就会生效。判例也是这样运行的。[59]

因此任命书既不是纯粹的单边行为，因为被任命人的回绝就能让任命行为失效，也不是多边行为，因为该任命书只需要行政机关单方面的意愿就可以形成。

为协调这些矛盾，部分学者将任命书解释为附条件的单边文书。

杰兹在任命书中看到“单边要约和单边承诺”。“单边”因为“委任和选任都是公共职权机关的职权授予行为。授权是授权机关或选举人一方独立的意愿体现。‘要约和承诺’就是公务员接受任命——几乎是毫无疑问的，不会产生除了不拒绝任命的其他任何意义。公务员的接受是处在从属地位的。任命书中根本不会提到这一问题”。[60] 就是出于这方面的考虑，我们给“文书”加上了“单边”这一形容词构成“单边文书”，以此表明任命文书的主要性质。

从这一方面来讲，博纳尔做出了一个类似解释。他认为，“任命书附加的解除条件就是公务员可以单方行使解除权并且只要公务员不接受任命就直接产生解除的效果”。[61]

这一解释非常符合事实。一方面只要被任命的个人拒绝接受就可以使任命书失效，另一方面就是任命书其实在公务员接受任命前就已经产生法律效力。这一解释还非常地符合公务的意愿特征和任命书的单边特征。事实上，附解除条件的文书只要解除条件没有实现就会生效。只有当解除条件生效后任命书才会失去法律效力。只是这里有关接受意愿的表达构成了一种解除的条件。只要这种意愿没有被作出，那么任命书就还是一种产生法律效力的附解除条件的单边文书。因此被任命的公务员

---

[59] 最高行政法院，里歇，1911 年 1 月 13 日，R. 13；最高行政法院，马尔蒂尼，1919 年 8 月 10 日，R. 585；最高行政法院，勒努奇，1920 年 1 月 23 日，R. 93；最高行政法院，维达尔，1920 年 3 月 26 日，R. 528；最高行政法院，卡斯特里，1924 年 12 月 22 日，R. 1064。

[60] 杰兹：《行政法一般原则》，第二册，1930 年，第 425 页。

[61] 博纳尔：《行政法精义》，1940 年，第 454 页。

就会立刻进入被任命的职位并且任命书也不能撤回。如果公务员明确表示愿意接受任命，就会导致解除条件无法实现，任命书从而就可以完全脱离该附加条件。相反，如果公务员无意从事公职并拒绝接受任命，附加的解除条件就会实现，而任命书就会相应地失效。[62]

因此，在观察到任命书的法定性质后，我们同样也在任命书的法律性质中验证出公务员地位的法定性。

综上所述，毫无争议的就是公务员的法律地位就是法定地位。因为不管从哪种观点或角度上来看，公务员的法律地位都完全符合法定地位的概念。

第三节　公务员法律地位的例外情形

尽管从之前我们引用的立法条文和法院的判例以及之前的验证来看，公务员的法律地位从原则上来讲就具有法定性或规定性，但是，我们也必须注意到这一观点也存在例外情形：部分公务员具有合同性质的身份。

有些学者否认这一例外的存在。他们认为“公务员和政府机关之间完全不存任何合同，[63] 因此“对所有的公共公务员来讲，将公务员和行政机关联系在一起的法律关系并不是合同关系”[64]。我们认为这种绝对观点应予以排除，因为尽管“公务员从本质上来讲基本都是法定或规定性质，但都是为了适时地保证公共事业的健康运行，并不是为了非要强调公务员的地位。因此，承认部分公务员享有个人合同身份并无不合逻辑之处”。[65] 事实上，为便于部分公务员的招聘（比如部分殖民地的公务员和部分技术公务员），政府很好地利用了这种合同体制。因为通过

---

[62] 博纳尔：《行政法精义》，1940 年，第 455 页。

[63] 洛朗德：《行政法精义》，第七版，第 67 页。

[64] 杰兹：《行政法一般原则》，第三版，第三册，第 423 页。参阅洛朗德《行政法精义》，第 437 页；奥里乌《行政法基础讲义》，1938 年，第 72 页。

[65] 博纳尔：《行政法精义》，1941 年，第 449 页。

合同招聘的公务员享有双重保护机制：特殊合同体制的保护和执行公务时用人单位提供的一般保障。[66]

事实上，法院的判例也明确地承认部分所谓的公务员尽管属于特殊类别，但也享有合同身份。比如在埃里克·德·马尔一案的判决中，权限裁定法院宣告“原告享有公务员身份”，“尽管用人机关是以签署雇佣合同的形式对他进行招募”。[67]

最高法院在坎贝尔工商局诉克塞克一案的判决中宣告“秘书就是公务员”，“虽然坎贝尔工商局和秘书克塞克先生签署的仅是雇佣合同”。[68]

最高行政法院在大多数判决中承认部分“公务员”是通过合同进入公职机关的。[69]

此外，最近颁布的部分法律也承认了合同制公务员的存在。1941年9月14日法律第2条也承认，“特殊情况下政府通过公法中的雇佣合同形式保证非工商业公共事业与其所管辖的个人联系在一起”。[70] 这一思想也可以在有关公共事业单位组织体制的法律中找到依据，其中第5

---

[66] 迪洛案的判决，最高行政法院，1934年2月9日，勒邦出版社，第196页；从法律上讲，缔结了固定期限合同的公务员，一旦被录用，在合同期限内，他们履行公务时的权利将得到全面的保障，特别是1905年4月22日法律的第65条规定的相关保障条款……。马德兰案的判决（最高行政法院，1936年6月19日，勒邦出版社，第666页）和拉加来弗案的判决（最高行政法院，1938年3月9日，勒邦出版社，第244页）都是一样的。

[67] 争议法院，埃里克·德·马尔，1938年1月15日，西雷出版社，1938-3-28。

[68] 法国最高法院，坎贝尔商会诉克塞克案，1939年3月13日，西雷出版社，1939-1-211。

[69] 最高行政法院，曼德兰，1936年6月19日：“鉴于曼德兰先生经与尼斯市政府签署合同而被录用，在音乐公共事业单位服务五年，经地区参议会1926年6月26日审议，决定为其提供小号独奏员的职位，因此该先生具有地区公务员的身份。”最高行政法院，杜罗斯，1934年2月9日，“鉴于当时只同意对杜罗斯先生进行一些培训后，招聘为代理人，本不属于公职人员。由于出差时被警察局扣押，而警察局属于行政机关，所以杜罗斯先生从被单位解雇那天起便不被算作公务员”（勒邦出版社，1934年，第196页）。最高行政法院，古冉，1934年7月25日，“为了发展教育事业，圣-约尔市市长于1927年招聘了古冉先生并委以双重身份：市管乐队指挥和本市学校的音乐教师。鉴于市政府与起诉人所签订的工作协议的性质和目标，起诉人已经从事过市镇公共事业，故其解雇赔偿的诉讼请求应当纳入行政法管辖范围”（勒邦出版社，1934年，第894页）。最高行政法院，沃尔杰，1934年2月9日，“从法律上讲，公务员一旦缔结了定期合同，那么在合同期内履行公务就将得到普遍地保障”。

[70] 《法国国家官方杂志》，1941年10月1日，第4211页。

条是这样规定的："政府用人机关采用公法中雇佣合同的方式招募社会人员以保证公共事业的运行，合同的一般条件特别是待遇都是通过财政部的部长和具有利害关系的部分负责人商议之后作出的决定。这一合同被刊登在官方报纸上。"[71]

因此，根据判例和最新的立法规定，我们应该承认公务员不一定通过法定关系而可以通过合同关系进入政府机关或事业单位中。

关于合同的性质，它就应该是行政合同或者是公法合同，因为公共职务合同的目的就是"分配所谓的隶属于公法体制的公共职务，在这种情形之下，合同和公共职务之间就存在一种不可分离的联系将合同置于公法体制中"。[72] "事实上，正是根据公法体制，合同制公务员适用于1905年4月22日法案第65条的规定；[73] 有权限的公共机关能够合法地在合同履行期限届满前罢免合同公务员的职务；[74] 并且有权限的机关有权不顾合同制公务员的意见随时重组事业机关并调整其中的职位设定。"[75]

据我们了解，公共职务合同的行政特征同样也存在这样一种情况：涉及公共职务的合同都应该属于行政法院的管辖范围。因为，"当制定合同的目的就是保证公共事业的执行，有关这种合同的诉讼纠纷（判例中的实际状态）只要涉及行政合同就应该属于行政裁判权的裁判范畴。相反，行政机关用于履行职务的合同属于私法部门法规定的合同类型，那这种合同就属于一般法律的受理范围"。[76]

因此，公务合同就是行政合同，因为涉及合同的纠纷总是属于行政

---

[71] 《法国国家官方杂志》，1941年10月1日，第4218页。

[72] 杰兹：《行政法一般原则》，第三册，第430页。

[73] 最高行政法院，萨卡莱弗，1938年3月9日，勒邦出版社，第244页；最高行政法院，曼德兰，1936年6月19日，勒邦出版社，第666页。

[74] 《行政法院判例汇编》，卡尔德龙，1906年6月29日，《案例汇编》，第589页。

[75] 最高行政法院，拉菲尔德，1923年1月26日，《法国及外国公法与政治学杂志》，1923年，第248页。

[76] 阿普勒东：《行政诉讼》，第197页，参阅博纳尔《行政法精义》，1940年，第449页。朗比耶·博易女士案的判决，"朗比耶·博易女士曾被招工进入某教育机构，只签订了一个简单的合同，属于普通法管辖。她从事的工作虽然与国家有关，但不具备任何行政特征。所以当她工作时遭遇事故，其赔偿请求不属于行政法管辖范围。"（勒邦出版社，1933年，第1160页）相同的情况还有卢梭案的判决（最高行政法院，1933年）。

法院的受理范围。

部分学者指出公务合同可能也是私法合同，[77] 因为学者用于支撑该观点的论据都存在争议，我们认为这种观点也完全没有说服力。的确，在玛多（Marthaux）一案的判决中，最高行政法院承认原告和工程师主观商议订立的合同属于民事合同，但该合同并不是公务合同，因为该判决明确指出："在合同的持续期间原告并不被认为享有公务员身份地位且受雇于行政机关。双方协议从省级预算中支出的借贷现金作为劳动酬劳完全说明不了原告享有公务员身份。"[78] 魏先河案判决中提出的论据同样也非常薄弱，因为魏先河在刚果大洋铁路公司这一事业机构中仅从事非领导层的职务，根据公务员的定义，他并不享有公务员身份。

埃里克·德·马尔案的判决就属于公务合同的范畴，因为权限裁定法院完全承认原告的公务员身份，但这种合同并不像我们认为的那样是一种私法合同。根据该判决引用的法律条文，这属于劳动雇佣合同，我们曾认为该合同具有私法合同的性质。然而，我们认为，当劳动雇佣合同满足行政合同的构成条件时，它也可以是行政合同。杰兹先生将这种合同定义为"行政劳务合同"。[79] 此外，用人单位和埃里克·德·马尔签订的合同属于行政合同，普通法院无权受理该合同的事实就是很好的证明。[80]

因此为证明公务民事合同的存在而引用的三个论据都非常不准确。

此外，1941 年 9 月 14 日法案第 2 条也可以证实并不存在私法公务合同这一类型的合同。立法者在该条中之规定为"在特殊情形下，公务员才会与用人单位签订这样的合同（公法合同）"。

---

[77] 博纳尔：《行政法精义》，1940 年，第 449 页。

[78] 最高行政法院，玛尔杜，1928 年 1 月 20 日，勒邦出版社，第 99 页。

[79] 杰兹：《行政法一般原则》，第三册，第 439 页。

[80] 埃里克·德·马尔，1938 年 1 月 15 日，西雷出版社，1938-3-28："达卡尔初审法院承认，他们对于补偿款申请的裁决是完全错误的。"

总　　结

在详细地研究相关的重要理论并且做了有关法律事实相关调研后，我们才觉得能够回答我们在论文最开始的时候提出的有关公务员的两个问题。

公务员就是在非工业公共事业机构中自愿且以专职的形式从事与私人工作不相干的公共服务型工作。对于国家公权机构来讲，公务员身份的法律性质问题我们很自然而然地采用法定理论。

我们有关公务员及其法律地位的定义不仅是建立在法理或判例资料的基础上，而且得到1941年9月14日颁布的关于公务员的新宪章的认可。该法系统明确地解决了有关公务员的问题。

但是尽管我们简要地回答了有关公务员定义及其法律身份的问题，我们也必须承认还有许多不够清楚的地方有待研究。

比如在公务员的定义上，尽管我们确认“以服务公众为目的并区别于其他私人雇佣的工作”是公务员身份中的必要构成条件，但是，该要件的解释似乎还不够精确。对于部分工作来讲，很难去界定它们是否符合公众的目的或者说它们与私人工作是否具有相似性。尽管我们验证出公共企业的领导是公务员，而该机构的其他公务人员并不能纳入公务员的范畴，但是我们很难去划分这两个类别。“我们是否会认为波尔多圣让火车站的站长也属于公务人员的领导层？是吗？如果是的话，那我们就不能拒绝承认临近的加农火车站的站长也享有该公务员身份。不是吗？如果不是的话，我们就应在同样的条件下拒绝承认巴黎火车北站的站长同样享有公务员的身份。”①

① 卡瓦隆：《论工商公共事业的法律制度与概念》，第717页。

公务员的法定地位问题还有待研究。比如，如果公务员的法定地位总是通过法律法规加以确定，立法机关和制定法规的行政机关在草拟这些法律法规条文时应当遵循怎样的原则？如果公务员的个人利益必须服从公共事业的利益（公共利益），那立法者应该采用怎样的措施保证公务员的个人利益？如果国家能够在特殊情况下以雇佣合同的形式招募公务员，那这种特殊情况究竟包括哪些情况？上面这些问题与有关公务员地位的法律性质的问题比较起来就显得困难得多。

我们应该注意到，“工业产品分配中心局下属科室”的职员也非常特殊，[②] 因为所谓的“实体或专业性的公共机构”组织本身就是一种新型的公共事业单位。虽然这些机构与行政公共事业机构和公共工业相比具有很大的类似性，这些组织从性质上来讲既不是公共事业也不是公共企业。至于工业产品的分配者，因为他是由国务卿直接任命并确定的，所以分配者就绝对地享有公务员身份。最难确定身份的就是该科室的其他个人。他们是应该像行政公共事业单位中的个人那样被纳入公务员的体制中，还是像公共工业机构中的个人那样被排除在公务员的体制之外？如果要回答这一个问题，必须等到我们有足够多的关于这方面的立法和判例资料。

② 参阅《法律文件汇编》，1941 年 5 月 11 日，对 1940 年 9 月 10 日和 1941 年 3 月 9 日法律的评论。

参考书目

一 著作

[1] 阿普勒东:《行政诉讼》。

[2] 佚名:《1940年9月10日至1941年3月9日期间的法律评论》(法律文件汇编,1941年5月11日)。

[3] 贝特勒米:《宪法论》,1933年。

[4] 安德烈·波尔谢:《公务员的法律性质》,1935年。

[5] 贝特勒米:《行政法概论》,1933年。

[6] 比少费:《什么是公务员?》,1927年。

[7] 卞维吕:《对穆尼耶案判决的评论》(文件号:1930-3-41)。

[8] 布兰兹西里:《国家的一般理论》(雷德·马黛尔 译)。

[9] 博纳尔:《行政法精义》,1935年。

《行政法精义》,1941年。

《公法基础讲义》,1932年。

[10] 博南:《公共行政的原则》第二版。

[11] 伯根:《工人法之于国家雇员与工人的适用》。

[12] 卡扎朗斯:《纪戴案的裁决》(西雷出版社,1881年,第87页)。

[13] 亨利·夏尔东:《法国行政》。

[14] 克里斯蒂昂·卡瓦隆:《论工商公共事业的法律制度与概念》,1937年。

《论产业公用事业的概念与法律性质》,第228页。

[15] 柯蓝、卡皮唐:《法国民法基础课程》,1924年,第二册。

[16] 狄骥：《宪法论》第三版，第一、二、三册。
《国家、统治者与代理人》。
[17] 达玛尔斯彦尔：《公务员的法律地位》，1907 年。
[18] 费尔南·福尔：《公用事业的概念》（政治与议会杂志，1910 年 5 月）。
[19] 弗朗索瓦·贝鲁：《法国公务员的待遇》。
[20] 夏尔·乔治：《公务员的晋升》。
[21] 奥里乌：《行政法纲要》，1938 年 。
《行政法》，1921 年。
《公务员概念释义》（西雷出版社，1894 -3 -33）。
[22] 杰兹：《行政法一般原则》第三版，第二、三册。
《康西莱埃佩斯案判决的解释》（公法杂志，1916 年）。
《公务员条例与法律性质》（公法杂志，1910 年）。
[23] 卡麦雷：《德国公务员立法》。
[24] 拉菲热尔：《行政管辖权论》第二版，第一册。
[25] 拉杜尔内里：《雅克与温克尔案的裁决》。
[26] 罗德·洛尔丹：《公用事业中的公法与私法》。
[27] 马日兰：《格希案的裁决》（公法杂志，1923 年）。
[28] 米歇尔·西瓦里埃：《第十次公开讲话》。
[29] 内扎尔德：《公务员法律理论》，1901 年。
[30] 尼古拉：《行政法教程》，1940 至 1941 年。
[31] 皮·德拉·帕戴尔：《公用事业的概念》（案例与立法评论杂志，1934 年）。
[32] 雷纳尔：《公法基础教程》。
[33] 里维：《拉菲热尔案的裁决》（公法杂志，1923 年）。
[34] 洛朗德：《行政法精义》，1937 年。
[35] 卢夫热尔：《行政合同有哪些特征?》。
[36] 希伯特：《英国公务员法律地位研究》（公法杂志，1911 年）。
[37] 塔赫迪：《温克尔案的裁决》（Lebon 勒邦出版社，1909 年，1302 页）。

[38] 德斯耶：《费特里案的裁决》（争议法院，1908年2月29日）。
《行政法汇编》第五编 责任。
《比哥特案的裁决》（西雷出版社，1909-3-125）。
[39] 保尔·沃脱普斯：《公务员身份研究》。
[40] 瓦利纳：《行政法基础教程》，1938年。
《威尔伯克判决的解释》，（达洛兹出版社，1934-3-11）。
[41] 杜邦·怀特：《个人与国家》。

二 资料汇编和杂志

[1] 达洛兹出版社：《立法公报》。
《每周案例汇编》。
《立法、案例与法理评论期刊汇编》。
[2] 杜弗吉尔出版社：《法律法规汇编》。
《法国国家官方杂志》。
[3] 勒邦出版社：《行政法院判例汇编》（公法杂志，1938年）。
《法国及外国公法与政治学杂志》。
《案例与立法评论杂志》。
《议会与政治杂志》。
《法律文件汇编》。
[4] 西雷出版社：《法律与判决汇总》。

汉法人名对照表（译者编写）

阿普勒东 Appleton
埃里克·德·马里 Eric de Mare
安布罗西尼 Ambrosini
安德烈·波尔谢 André. Bercher
奥拉贡 Oragon
奥里乌 Hauriou
保尔·沃脱普斯 Paul Vauthrops
贝特勒米 Berthélemy
比少费 Bichoffe
卞维吕 Bienvenue
伯根 Bourguin
博纳尔 Bonnard
博南 Bonnin
博尼菲西 Bonificy
布兰兹西里 Bluntschli
达玛尔斯彦尔 Damartiel
德斯耶 Teissier
狄骥 Duguit
杜邦．怀特 Dupont White
杜米 Dumy
费尔南．福尔 Fernand Faure
弗朗索瓦．贝鲁 François Perroux
亨利·夏尔东 Henri Chardon
纪戴 Guidet
杰兹 Jèze
卡麦雷 Kammerer
卡皮唐 Capitant
卡扎朗斯 Cazalens
康西．莱埃佩斯 Concy-les-Eppes
柯蓝 Colin
克里斯蒂昂·卡瓦隆 Christian Chavanon
拉邦德 Laband
拉杜尔内里 Latournerie
拉菲热尔 Lafréguyre
拉科特 Lacourte
拉罗克 Laroque
雷纳尔 Renard
雷欧 Riou
里维 Rivet
利埃博 Liebe
卢夫热尔 Rouvière
罗德·洛尔丹 Rod Loretan
洛朗德 Rolland

马尔尚 Marchand
马日兰 Mazeret
默克 Marque
内扎尔德 Nézard
尼古拉 Nicolas
皮·德拉·帕戴尔 P. de la Pradelle
奇奥吉 Tunis
乔治 Giorgi
苏尔兹 Schulze
塔赫迪 Tardieu
瓦利纳 Waline
温克尔 Winkel
保尔．沃脱普斯 Paul Vautrops
西戴尔 Seydel
米歇尔．西瓦里埃． Michel Chevalier：
希伯特 Sibert
夏尔·乔治 Charles Georgin

Etude sur la définition
et la situation juridique du fonctionnaire
dans le droit administratif français

PAR

TCHAO Tchung-han

Docteur en Droit de l'Université de Lyon

Licencié en Droit de l'Université Franco-Chinois de Pei-Ping

Pensionnaire de l'Institut Franco-Chinois de l'Université de Lyon

LYON

BOSC Frères M. & L. RIOU

IMPRIMEURS-ÉDITEURS

42, Quai Gailleton, 42

—

1942

AVANT-PROPOS

Au seuil de cette étude, nous tenons à rendre nos hommages et reconnaissances les plus sincères à notre éminent Maître, Mme S. BASTID, président de notre thèse, qui nous a guidé de ses précieux conseils et nous a encouragé au cours de notre travail par son inlassable bienveillance.

Nous tenons également à exprimer notre profonde gratitude à M. le professeur M. NICOLAS qui nous a proposé le sujet de notre thèse et nous a fourni des indications utiles au débit de notre travail.

Nous adressons enfin nos remerciements à MM. les professeurs, membres du jury de notre thèse ainsi qu'à tous les maîtres dont nous avons suivi les cours avec tant d'intérêt.

Etude sur la définition et la situation juridique du fonctionnaire dans le droit administratif français

INTRODUCTION

Qu'est-ce que le fonctionnaire ? Quelle est sa situation juridique ? Telles sont des questions qu'il faut étudier une à une. Nous les abordons non pour le simple plaisir de discuter, mais parce que tous les problèmes concernant le fonctionnaire ne peuvent être résolus sans cet effort préalable.

Pour préciser juridiquement la définition et la situation du fonctionnaire, on doit consulter, au premier lieu, les dispositions législatives intéressées. Mais au cours de notre travail qui a commencé en 1939, nous n'avons trouvé dans les lois aucune notion précise sur ces deux sujets. C'est seulement au moment où notre travail était sur le point d'être terminé qu'apparurent les deux lois du 14 septembre 1941 (une portant statut général des fonctionnaires, l'autre relative à l'organisation des cadres des services publics) qui résolvent les problèmes de la définition et de la situation juridique du fonctionnaire de la même façon que nous.

Quant à la jurisprudence qui est généralement féconde en matière du droit administratif, elle ne nous fournit pourtant pas des renseignements suffisants. Les motifs des arrêts sont toujours brefs et rédigés en des termes parfois équivoques.

En l'absence de texte législatif et devant l'obscurité de la jurisprudence, les auteurs du droit administratif ont énoncé, sur ces deux sujets, des opinions différentes selon leur conception du service public.

En ce qui concerne la définition du fonctionnaire, les uns prétendent l'étendre au point de recouvrir le soldat (1) et les agents permanents du service concédé (2). Par contre, les autres ont l'intention de la restreindre jusqu'à exclure du rang de fonctionnaires ceux qui ne font que des travaux manuels (3), ceux qui n'exercent pas la puissance publique (4), et ceux qui ne sont pas nommés (5) ou rémunérés par l'administration (6).

Sur la nature de la situation juridique du fonctionnaire, la divergence des auteurs s'accuse davantage. Les uns pensent qu'elle est une « réquisition consentie » (7) ; d'autres estiment qu'elle est contractuelle, et d'autres enfin considèrent qu'elle varie selon la nature de la fonction remplie par le fonctionnaire.

Devant ces nombreuses théories dont chacune est construite et soutenue par des esprits solides et informés, nous ne pouvons proposer aucune théorie originale. Nous nous bornerons à indiquer les lacunes de certaines théories qui nous paraissent critiquables et à constater et préciser les théories que nous voudrions adopter.

Pour faciliter notre tâche, le présent travail se divise en deux parties. Dans la première, nous envisagerons la définition du fonctionnaire ; dans la seconde, la situation juridique du fonctionnaire.

(1) Duguit : Traité de droit constitutionnel, III, p. 16 : « Tous les militaires, même les simples soldats, sont des fonctionnaires ». — Jèze : Les principes généraux du droit administratif, 1930, II p. 239 : « A mon avis, il faut aussi décider que les soldats sont des agents publics proprement dits. »

(2) Duguit : Op. cit. III, p. 20 : « Il faut donc affirmer très nettement que les agents normaux et permanents d'un service public, même concédé, sont des fonctionnaires ».

(3) Voir plus loin, p. 18.

(4) Voir plus loin, p. 16.

(5) Voir plus loin, p. 14.

(6) Voir plus loin, p. 13.

(7) Hauriou : Précis élémentaire de droit administratif, 1938, p. 72.

PREMIERE PARTIE

DEFINITION DU FONCTIONNAIRE

« Il est très important de savoir ce qui permet de distinguer le fonctionnaire public de celui qui n'a pas cette qualité, puisque le fonctionnaire est soumis à un régime juridique spécial » (1). Mais, en fait, nous n'avons pas encore une définition générale du fonctionnaire pleinement conforme à la jurisprudence et aux dispositions législatives de nos jours.

Certes, dans le nouveau statut des fonctionnaires tout récemment publié, on trouve la définition du fonctionnaire suivante :

« ARTICLE 2. — Sont fonctionnaires :

1° Celui qui est investi d'un emploi permanent compris dans un cadre, organisé en vertu de l'article 2 de la loi du 14 septembre 1941, d'un service public non industriel ni commercial assuré par l'Etat ou un établissement public de l'Etat ;

2° Celui qui est investi de fonction de direction dans les services publics industriels ou commerciaux exploités en régie ;

3° Le comptable de ces mêmes services lorsqu'il est soumis aux règles essentielles applicables aux comptables publics ;

4° Celui qui, dans le cas exceptionnel où l'administration est amenée à assurer un service non industriel ni commercial par le moyen d'un engagement contractuel de droit

(1) ROLLAND. Précis de droit administratif, 6e éd., p. 63.

public, est lié par un tel contrat à la personne publique dont il dépend. »

Mais cette définition a encore besoin d'être bien étudiée. Car non seulement la notion contenue dans certains termes tels que « emploi permanent », « service non industriel », doit être précisée, mais encore cette définition doit être complétée par l'article premier de la loi du même jour relative à l'organisation des cadres des services publics (2), article qui précise ou diminue la portée du premier alinéa de la définition du fonctionnaire.

De même, dans le domaine doctrinal, nous trouvons facilement les définitions du fonctionnaire. Mais ces définitions sont différentes les unes des autres. D'une part, les uns définissent le fonctionnaire avec deux conditions (tels MM. Duguit, Jèze, Rolland, Hauriou), les autres font appel à trois ou quatre (tels MM. Bonnard, Waline, Berthélemy, Nézard). D'autre part, les interprétations de chaque condition sont également différentes selon les auteurs.

Sachant l'importance de la définition du fonctionnaire et la divergence des opinions à ce sujet, nous devons essayer de construire une définition générale du fonctionnaire. Pour atteindre ce but, nous avons à faire un double travail : tout d'abord, il faut éliminer les conditions qui sont considérées par certains auteurs comme nécessaires pour qu'un individu soit fonctionnaire, mais qui, d'après nous, ne le sont pas en fait ; il faut, ensuite, examiner les différentes interprétations de chacune de ces conditions. Une fois que nous aurons vu quelles sont les conditions indispensables à la notion de fonctionnaire et que nous aurons saisi la vraie signification de chacune de ces conditions,

(2) « Article 1. — L'exécution des services publics non industriels ni commerciaux incombant à l'Etat et aux établissements publics de l'Etat, autres que ceux auxquels il est pourvu par les lois sur l'organisation des armées de terre, de mer et de l'air, est assurée au moyen de cadres organisés comprenant les emplois qui répondent aux besoins auxquels l'administration doit faire face.

« Ces emplois sont occupés, suivant les distinctions établies par les règlements propres à chaque administration, soit par des fonctionnaires, soit par des employés recrutés dans les conditions du droit commun.

« Tous les emplois qui ne répondent pas à l'objet propre du service public et tous ceux qui, par leur nature, sont analogues aux emplois privés sont occupés par des employés.

« Les autres emplois sont occupés par des fonctionnaires. »

une définition générale du fonctionnaire apparaîtra alors d'elle-même.

Ainsi la première partie de notre travail comprend les deux chapitres suivants :

Chapitre premier : Elimination de certaines conditions impropres à définir le fonctionnaire.

Chapitre deuxième : Etude sur les conditions indispensables à la notion du fonctionnaire.

CHAPITRE PREMIER

ELIMINATION DE CERTAINES CONDITIONS IMPROPRES A DEFINIR LE FONCTIONNAIRE

Une bonne définition contient toujours les conditions indispensables de la chose à définir et ne contient que celles-là : toutes les conditions facultatives, c'est-à-dire non indispensables, doivent disparaître. La définition du fonctionnaire ne saurait faire exception à ce principe général.

Pour définir le fonctionnaire, certains auteurs font appel à des conditions qui ne paraissent pas indispensables. Les uns préconisent la nécessité de l'exercice de la puissance publique, d'autres, le caractère intellectuel de la prestation fournie par l'agent et d'autres enfin la nomination ou le traitement payé par l'administration.

Nous ne nions pas que ces diverses conditions puissent s'appliquer à la plupart des fonctionnaires. Mais nous ne pouvons en conclure qu'elles soient les conditions indispensables du fonctionnaire. Car à l'égard de certains fonctionnaires, ces conditions n'interviennent point et pourtant ils sont reconnus comme fonctionnaires par les dispositions législatives et la jurisprudence.

Ainsi nous allons montrer successivement dans le présent chapitre comment les conditions suivantes doivent être éliminées :

1° Nomination par l'autorité publique ;

2° Exercice de la puissance publique ;

3° Caractère intellectuel de la prestation fournie par l'agent ;

4° Traitement payé par l'administration.

SECTION I

NOMINATION PAR L'AUTORITE PUBLIQUE

Bien que la nomination par l'autorité publique ait été rejetée comme condition indispensable à la qualité de fonctionnaire par plusieurs auteurs, certains juristes l'admettent encore dans leur définition du fonctionnaire.

M. Berthélemy a dit : « Les fonctionnaires sont ceux qui ayant accepté *une nomination de l'administration* à un poste déterminé, collaborait d'une manière continue à la gestion de la chose publique » (1). MM. Perroux et Hauriou sur ce point ont une opinion identique. L'un définit les fonctionnaires des « citoyens *nommés par une autorité publique* à un emploi permanent » (2). L'autre considère « comme fonctionnaires tous ceux qui, en vertu d'une *nomination de l'autorité publique,* sous le nom de fonctionnaires, employés, agents ou sous-agents, occupent un emploi dans les cadres permanents d'un service public régi par l'Etat ou les autres administrations publiques » (3).

Nous avons dit que cette condition a été déjà rejetée par plusieurs auteurs. Leur argument réside dans le fait de l'existence des fonctionnaires qui ne sont pas nommés par l'autorité publique. « Il y a, dit M. Nézard, des fonctionnaires élus qui ne tiennent pas leur qualité du pouvoir exécutif. Par exemple, les maires, les juges des tribunaux de commerce. En France, la loi du 14 août 1790 a même posé le principe de l'élection directe de tous les fonctionnaires ; en Suisse et aux Etats-Unis ce principe a reçu une assez large application » (4). M. Jèze pense également qu' « il n'y a plus de doute sur le caractère de fonctionnaires publics des juges des tribunaux de commerce ou des conseillers prud'hommes, bien que tous ces agents soient élus » (5).

(1) BERTHÉLEMY , Traité élémentaire de droit administratif, 1933. p. 51.
(2) François PERROUX : Les traitements des fonctionnaires en France. p. 8.
(3) HAURIOU : Précis de droit administratif, 4e édition, p. 64.
(4) NÉZARD : Théorie juridique de la fonction publique, p. 30.
(5) JÈZE : Les principes généraux du droit administratif, 1930. tome II, p. 240.

Non seulement cette condition de nomination par l'autorité publique se heurte à des objections de fait, mais aussi, elle est en désaccord avec les principes de recrutement des fonctionnaires. Nous savons que pour recruter les fonctionnaires, il existe trois procédés différents : nomination, élection et tirage au sort. « Le fonctionnaire est, dit M. Jèze, avant tout, un individu préposé à un service public. Le meilleur procédé de désignation est celui qui permettra de placer, dans chaque service public, les individus les plus capables d'en assurer le meilleur fonctionnement possible. Les procédés de désignation doivent donc varier : 1° avec les services publics ; 2° avec les rôles que doivent jouer le fonctionnaire dans le fonctionnement du service public : mission générale de direction politique, mission d'exécution technique, expression sur un cas particulier de l'opinion moyenne de la population d'une catégorie d'individus ; 3° avec le degré d'indépendance que le bon fonctionnement du service public exige des agents, ou, au contraire, avec le besoin d'unité et d'énergie dans l'action de forte discipline » (6).

Ainsi, il est évident que cette variation de la forme de désignation ne change point la qualité du fonctionnaire : personne ne peut dénier la qualité de fonctionnaire aux juges du tribunal de commerce qui ne sont pas nommés par l'autorité publique, mais par l'élection.

D'ailleurs, dans le domaine jurisprudentiel, le Conseil d'Etat tient pour de véritables fonctionnaires et reconnaît toutes les prérogatives à ce titre à des agents qui n'ont jamais obtenu de brevet de nomination (7).

Et si la nomination par l'autorité publique était une condition indispensable à la qualité de fonctionnaire, elle devrait être mentionnée, par législateur, dans la définition du fonctionnaire. Or l'article 2 de la loi du 14 septembre 1941 qui définit le fonctionnaire, n'en parle pas.

(6) JÈZE : Les principes généraux du droit administratif, 1930, II, p. 414.
(7) C. E. 2 juin 1916, Auroux. Recueil p. 214.

SECTION II

EXERCICE DE LA PUISSANCE PUBLIQUE

Certains auteurs prétendent que seraient fonctionnaires publics tous ceux qui ont le droit de disposer de la puissance publique.

D'après M. Bonin, « l'administrateur est seul fonctionnaire public puisqu'il a l'exécution directe des lois et qu'il *exerce une autorité :* deux conditions essentielles qui font le fonctionnaire public » (8). M. Bluntschli a dit également: « Il n'y a de fonction publique qu'en vertu d'une *mission spéciale de puissance publique* » (9).

Dans l'affaire Cadot, le Ministre de l'Intérieur a bien adopté, dans ses observations, cette condition en disant que « l'employé n'est pas un fonctionnaire puisqu'il ne détient aucune portion *de puissance publique* » (10). De même, dans l'affaire Guidet, M. Cazalens, commissaire du Gouvernement, a dit : « Il faut distinguer entre les fonctionnaires et les employés. Les fonctionnaires communaux, tels, par exemple, que les gardes champêtres qui reçoivent une délégation *de la puissance publique* » (11).

Ainsi cette condition de l'exerrice de la puissance publique a des partisans aussi bien en théorie qu'en pratique. Il nous semble cependant qu'elle n'est pas une condition indispensable à la qualité de fonctionnaire.

Tout d'abord, on ne doit pas admettre l'existence de la puissance publique alors qu'elle est niée par de grands juristes de nos jours. Dans l'introduction de son « Précis de droit administratif », M. Bonnard a déclaré que « la justification du droit administratif par l'exercice de la puissance publique n'est guère plus soutenue, on fonde la raison d'être de ce droit sur un autre point de vue » (12). Dans

(8) BONIN : Principes administration publique. 2e éd., I, p. 150.
(9) BLUNTSCHLI : Théorie générale de l'Etat traduit par Reidmatter, p. 451. Cité par Nézard: Théorie juridique de la fonction publique, 1901, p. 30.
(10) LEBON : Recueil de la jurisprudence, 1883, p. 29.
(11) Conclusions du Commissaire du Gouvernement dans l'affaire Guidet. Tribunal des Conflits. 27 décembre 1-79. S. 1881, p. 37.
(12) BONNARD : Précis du droit administratif, p. 3.

son « Traité de droit constitutionnel », M. Duguit a plusieurs fois rejeté énergiquement l'existence de la puissance publique. Quand cet auteur a parlé de la situation des agents directs des gouvernants, il a dit : « On ne doit point conclure, comme on le fait quelquefois, qu'ils reçoivent une délégation spéciale de la puissance publique. Cette idée de délégation doit être absolument bannie du droit public..., la puissance publique n'est pas un droit et les gouvernants ne sont point titulaires d'un droit qui n'existe pas » (13).

Dans le chapitre du « Problème de l'Etat », M. Duguit a rejeté cette prétendue puissance publique d'une manière encore plus ferme : « Je tente d'édifier tout le système du droit public sur la négation même de la puissance publique comme droit subjectif et malgré les nombreuses objections qui m'ont été faites, je persiste à penser que j'y ai déjà réussi. J'écris cet ouvrage pour tenter de montrer à nouveau que c'est la seule conception qui corresponde aux faits, la seule qui écarte une série de problèmes insolubles et surtout la seule qui en même temps donne un fondement solide à la limitation de l'Etat par droit » (14).

Et même admettrions-nous l'existence de cette prétendue puissance publique, il serait très choquant de la considérer comme une condition indispensable du fonctionnaire. Ce serait exclure du nombre des fonctionnaires tous ceux qui ne metttent au service public que leurs connaissances techniques tels que les ingénieurs, les professeurs, etc. Or ils sont incontestablement fonctionnaires.

Pour écarter cette contradiction de fait, on dit que ces agents ont une parcelle de l'autorité publique sous la forme de droits disciplinaires sur leurs inférieurs, leurs élèves. Mais, en fait, ces droits ne participent en rien à la puissance publique. Ils ne sont pas différents de ceux qui s'exercent dans une grande administration privée. Il n'y a donc pas là de puissance publique.

Ainsi, soit que la puissance publique n'existe pas ou même qu'elle existe, nous ne pouvons admettre l'exercice de

(13) Duguit : Traité de droit constitutionnel, 3e éd., III, p. 67.
(14) Duguit : Op. cit., p. 542.

la puissance publique comme une condition indispensable à la qualité de fonctionnaire.

Et d'ailleurs, la loi récente du 15 octobre 1940 concernant les associations professionnelles de fonctionnaires nous montre bien que l'exercice de la puissance publique n'est pas indispensable pour tous les fonctionnaires. D'après l'article 3 de cette loi, « toutefois ne peuvent faire partie d'aucune association professionnelle de fonctionnaires les agents dont les fonctions en raison soit de leur nature, soit de leur importance, participent directement à l'exercice du pouvoir ». Il est évident donc que tous les autres fonctionnaires qui peuvent faire partie d'une association professionnelle de fonctionnaires ne participent pas à l'exercice du pouvoir, c'est-à-dire n'exercent pas la puissance publique.

De même, dans l'article premier de la loi du 17 avril 1942, on lit : « Les fonctionnaires, en raison soit de leur importance, soit de la nature de leurs fonctions, participent directement à l'exercice du pouvoir, sont tenus de prêter serment de fidélité à la personne du Chef de l'Etat ». Ainsi les autres fonctionnaires qui ne sont pas tenus de prêter serment de fidélité n'exercent donc pas la puissance publique.

SECTION III

CARACTERE INTELLECTUEL DE LA PRESTATION

Cette condition a été préconisée par un auteur suisse Bluntschli à la fin du XIXe siècle. Il a dit : « Si le travail d'esprit vient à manquer, si leur travail devient *purement mécanique*, on les appellerait mieux des « valets de l'Etat » : tels sont les laquais, les huissiers, les gendarmes » (15).

A l'heure actuelle, en France, M. Hauriou semble être un des partisans les plus décidés de ce système. Dans sa note

(15) BLUNTSCHLI : Théorie générale de l'Etat, traduit par Reidmatten, p. 452.

sur l'arrêt Lacourte, il a distingué « les fonctionnaires administratifs » des « ouvriers administratifs » quit sont, d'après l'auteur, « tous ceux dont les occupations sont *purement matérielles* ou qui pouraient être remplacés sans inconvénient par des salariés à la journée » (16).

Dans son « Précis de droit administratif », il a maintenu cette théorie, mais il l'a exprimée d'une façon indirecte et implicite : « On peut considérer, dit-il, comme fonctionnaires tous ceux qui, en vertu d'une nomination de l'autorité publique, sous le nom de fonctionnaires, employés, agents ou sous-agents, occupent un emploi dans les cadres permanents d'un service public régi par l'Etat ou les autres administrations publique » (17). Pourquoi dans cette énumération ne compte-t-il pas les ouvriers ? Ce serait sans doute, d'après l'auteur, parce que « leurs occupations sont purement matérielles ».

Cette hypothèse peut se vérifier ailleurs : dans la distinction entre fonctionnaire et personnel ouvrier des services publics, M. Hauriou a bien écrit que « c'est la différence naturelle entre *les occupations intellectuelles* et les travaux manuels » (18).

Ainsi, selon MM. Bluntschli et Hauriou, le caractère intellectuel de la prestation serait une condition indispensable à la qualité de fonctionnaire. Mais il nous paraît qu'une telle opinion n'est pas indiscutable. Car au point de vue du service public « qui donne à la fonction publique sa raison d'être » (19), nous ne voyons aucune différence entre le travail intellectuel et le travail manuel. Celui-ci et celui-là sont également indispensables. Un agent qui prête son bras tout comme un agent qui fournit son intelligence, est un rouage de la grande machine qu'est le service public. Sur ce point, notre idée est d'accord avec celle de MM. Duguit et Jèze.

M. Duguit a dit : « Ce qui donne son caractère à l'agent public, c'est le caractère du service public auquel il participe et non pas la nature des actes qu'il fait, ainsi les ou-

(16) Conseil d'Etat, 15 février 1907. S. 1907 3-49.
(17) Hauriau : Précis du droit administratif, 4e éd., p. 64.
(18) Hauriau : Op. cit., p. 67.
(19) Duguit : Traité du droit constitutionnel, 3e éd., III, p. 21.

vriers des services publics, tous ceux qui font un travail simplement manuel sont tous aussi bien des fonctionnaires que les agents qui ne sont pas ouvriers. L'affirmation si souvent répétée que les ouvriers de l'Etat sont des ouvriers comme ceux de l'industrie privée, ayant exactement la même situation, est parfaitement erronée. Il ne peut en être ainsi, parce que, participant d'une manière permanente et normale à un service public, ils ont tous les caractères du fonctionnaire » (20).

Pour M. Jèze, « sont des fonctionnaires non seulement les individus qui accomplissent les actes juridiques, mais encore ceux qui ne font que des agissements matériels; non seulement ceux qui se livrent à des travaux impliquant une grande intelligence, mais encore ceux qui ne fournissent guère que la force de leur bras. Les préfets, les maires, les juges, les instituteurs sont certainement des fonctionnaires, mais ont aussi ce caractère les sergents de ville, les agents des postes, télégraphes et téléphones, les huissiers, les garçons de bureau des administrations publiques... les officiers, les gendarmes sont aussi des fonctionnaires » (21).

Ainsi, cette condition de caractère intellectuel de la prestation a été déjà rejetée par les deux grands maîtres du droit administratif français. Mais quelle est, sur ce point, l'attitude du législateur ? A première vue, il semble que le législateur se rallie à la conception intellectulle. En effet, il parle souvent séparément de fonctionnaires et d'ouvriers, comme s'il faisait entre les uns et les autres une différence.

Mais il ne faut pas se laisser prendre à cette apparence. Effectivement ce même mot « ouvrier » a deux sens différents dans les lois françaises : tantôt il signifie « ouvrier-fonctionnaire », c'est-à-dire fonctionnaire qui ne fournit que des prestations manuelles ; tantôt il signifie « ouvrier-non-fonctionnaire », c'est-à-dire agent qui travaille manuellement au service public et qui n'occupe pas une fonction permanente dans les cadres administratifs. Par exem-

(20) Duguit : Traité du droit constitutionnel, 3ᵉ éd., III, p. 12.
(21) Jèze : Les principes généraux du droit administratif, 1930, II, p. 236.

ple, dans l'article 65 de la loi du 22 avril 1905 — d'après M. Duguit, c'est « la seule disposition légale sur l'état des fonctionnaires s'appliquant par voie générale à tous les fonctionnaires » (22) — nous rencontrons le mot « ouvrier ». Le texte est ainsi conçu : « Tous les fonctionnaires civils et militaires, tous les employés et ouvriers de toutes les administrations publiques ont droit à la communication personnelle et confidentielle de toutes les notes, feuilles signalétiques et autres documents composant leur dossier ». Ici, le mot ouvrier désigne effectivement les ouvriers fonctionnaires. Car cette loi ne s'applique qu'aux fonctionnaires.

Sur ce point, M. Duguit a écrit ainsi : « Il (article 65) ne s'applique qu'aux fonctionnaires, c'est-à-dire aux agents qui sont compris dans les cadres permanents d'un service public... Qu'on ne se laisse pas tromper par ces mots : employés ou ouvriers. Ils désignent les agents publics qui sont fonctionnaires, mais qui font seulement des actes d'ordre matériel que font habituellement des employés ou ouvriers. Il y a d'ailleurs une raison majeure pour que l'article 65 ne puisse s'appliquer qu'aux agents qui ont vraiment le caractère de fonctionnaire quel que soit d'ailleurs le caractère des actes qu'ils accomplissent. C'est qu'eux seuls ont un dossier, par conséquent, la loi ne peut pas exiger la communication d'un dossier qui n'existe pas.

« C'est ainsi que l'article 65 de la loi de 1905 ne s'applique pas aux agents engagés et payés à la journée et non compris dans les cadres normaux et permanents du service public, aux agents des établissements d'utilité publique qui n'ont jamais le caractère de fonctionnaire » (23).

Nous ne nions pas que, outre ces ouvriers-fonctionnaires, il existe, dans les services publics des ouvriers n'ayant pas la qualité de fonctionnaire. Mais s'ils n'ont pas cette qualité, ce n'est pas parce que leur prestation est manuelle, mais c'est parce qu'ils n'ont pas occupé une fonction permanente qui est une des conditions indispensables du fonctionnaire.

Ainsi les ouvriers du service public se divisent en deux

(22) Duguit : Traité du droit constitutionnel, 3e éd., III, p. 163.
(23) Duguit : Traité du droit constitutionnel, 3e éd., III, p. 164.

groupes : l'un est celui des ouvriers-fonctionnaires, l'autre celui des ouvriers non-fonctionnaires. Et la distinction de ces deux groupes réside dans le caractère permanent de la fonction, mais non dans le caractère intellectuel du service rendu. Par conséquent, nous ne pouvons admettre le caractère intellectuel comme une condition indispensable du fonctionnaire.

Quant à la jurisprudence, elle a nié aussi cette condition de caractère intellectuel de la prestation. D'une part, dans l'arrêt du 18 décembre 1925 (24), le Conseil d'Etat a bien reconnu la qualité de fonctionnaires aux ouvriers des services municipaux dépendant directement de la ville de Paris. D'autre part, dans l'arrêt Morques-Hospices Civils de Bordeaux, nous trouvons les considérants suivants : « Considérant qu'il résulte de l'instruction que le sieur Marque avait été engagé par l'administration des Hospices Civils de Bordeaux comme ouvrier électricien et qu'il n'a jamais été compris dans les cadres permanents du personnel administratif hospitalier... qu'il ne se trouve dès lors pas, vis-à-vis de l'administration des Hospices de Bordeaux, dans la situation d'un fonctionnaire » (25). « Il résulte nettement, dit M. Duguit, de l'arrêt du Conseil d'Etat que si le requérant avait été compris dans ces cadres permanents, il aurait été un fonctionnaire, bien qu'il fût un ouvrier électricien et que, par conséquent, ce qui fait le fonctionnaire, ce n'est pas la nature des actes qu'il accomplit » (26).

D'ailleurs, dans la législation toute récente, on ne trouve nul part cette condition dans le nouveau statut des fonctionnaires, c'est-à-dire ni dans l'article 2 de la loi du 14 septembre 1941 portant statut général des fonctionnaires, article qui définit le fonctionnaire ; ni dans l'article premier de la loi du même jour relative à l'organisation des cadres des services publics où l'un établit le critérium distinguant le fonctionnaire de l'employé d'Etat.

(24) D. H., 1926, p. 72.
(25) C. E., 6 mai 1921.
(26) Duguit : Traité du droit constitutionnel, 3e éd., III, p. 22.

SECTION IV

TRAITEMENT PAYE PAR L'ADMINISTRATION

On considère souvent le traitement payé par l'administration comme une des conditions indispensables à la qualité de fonctionnaire. M. Fernand Faure a écrit : « Sont fonctionnaires tous les agents d'ordre civil que l'Etat, les départements et les communes emploient ou ont employés d'une manière permanente et qu'*ils rémunèrent en tout ou en partie* » (27). De même, M. François Perroux a dit : « Par fonctionnaires, on entendra les citoyens nommés par une autorité publique à un emploi public permanent qui constitue leur occupation principale et dont *la rémunération figure d'une façon explicite au budget d'une collectivité publique* » (28). M. Kammerer a dit également : « Dans l'acception usuelle et courante du mot fonctionnaire, on comprend une personne ayant accepté librement une nomination de l'Etat à un poste déterminé ainsi que la charge d'assurer un service public permanent *moyennant un traitement annuel payé par une caisse publique* » (29).

Nous reconnaissons bien que la plupart des fonctionnaires de nos jours sont rémunérés par l'administration. Mais nous pensons qu'il ne faut pas conclure de ce fait que le traitement est une condition nécessaire du fonctionnaire. Car, en fait, il existe encore des fonctionnaires non rémunérés, tels que les juges de tribunaux de commerce qui exercent leurs fonctions gratuitement.

Par contre, la jurisprudence a bien nié la qualité de fonctionnaire à certains agents rémunérés par l'administration. Les arrêts Erard (30) et Marthaud sont en ce sens. Dans le dernier, le Conseil d'Etat a bien déclaré que « la circonstance que la rémunération qui a fait l'objet de l'accord intervenu lui a été payée sur des fonds d'emprunt figurant

(27) *Revue politique et parlementaire*, mai 1901.
(28) François PERROUX : Les traitements des fonctionnaires en France. p. 8.
(29) KAMMERER : La fonction publique d'après la législation allemande, p. 64.
(30) C. d'E., 9 novembre 1931. Lebon, p. 967.

au budget départemental pour l'étude et la construction du réseau n'a pu suffire à lui conférer la qualité susmentionnée (la qualité de fonctionnaire) » [31].

Les fonctionnaires, dira-t-on, par définition, sont ceux qui travaillent au service public. Comment se fait-il que parfois l'administration ne leur donne pas de traitement pour reconnaître le service rendu ? La gratuité du fonctionnaire ne décourage-t-elle pas les personnes consacrant leur activité à la communauté ? Non, au moins pour certaines catégories de citoyens. Car outre le traitement, rémunération pécuniaire, il existe encore la rémunération honorifique qui est aussi précieuse que l'argent pour certaines gens. Il faut tenir compte de la situation spéciale que le fonctionnaire compte acquérir, de l'honneur qu'il en retire et des distinctions honorifiques telles que les décorations qu'il espère recevoir. Pourquoi l'Etat n'épargne-t-il pas les deniers publics en remplaçant le traitement par la rémunération honorifique qui n'est pas une charge pour le contribuable ?

En outre, les titulaires des fonctions gratuites sont généralement ceux qui peuvent mener en même temps une autre activité productive de ressources.

Ainsi, en fait comme en théorie, le traitement payé par l'administration n'est pas une condition indispensable à la qualité de fonctionnaire.

(31) C. d'E., 20 janvier 1928. Lebon p. 99.

CHAPITRE DEUXIEME

ETUDE SUR LES CONDITIONS INDISPENSABLES A LA QUALITE DE FONCTIONNAIRE

Après avoir éliminé les conditions que nous ne trouvons pas indispensables à la qualité de fonctionnaire, nous consacrons le présent chapitre à l'étude des conditions qui nous paraissent spécialement nécessaires pour qu'un individu soit fonctionnaire. Ce sont : le service public non industriel, la permanence, l'acceptation volontaire de la fonction et l'emploi correspondant à l'objet propre du service et sans analogie avec un emploi privé.

Mais comment ces conditions sont-elles nécessaires pour qu'un individu soit fonctionnaire ? Quel est le vrai sens de chacune de ces conditions ? C'est là l'objet de ce chapitre qui se divise en quatre sections : Service public non industriel, permanence, acceptation volontaire de la fonction et emploi correspondant à l'objet propre du service et sans analogie à un emploi privé. Dans chaque section, nous tâchons de constater la nécessité et de préciser le vrai sens de chaque condition.

SECTION I

SERVICE PUBLIC NON INDUSTRIEL

§ 1er. — LE SERVICE PUBLIC NON INDUSTRIEL EST-IL UNE CONDITION INDISPENSABLE A LA QUALITÉ DE FONCTIONNAIRE ?

Au XXe siècle, tout le monde s'accorde à reconnaître que le service public est une condition indispensable à la notion de fonctionnaire. Cela se constate non seulement par la doctrine, mais encore par les dispositions législatives et la jurisprudence qui occupe une place dominante dans le domaine du droit administratif français.

Les auteurs contemporains considèrent toujoürs le service public comme une condition essentielle de la notion de fonctionnaire. M. Duguit a dit : « La distinction des agents fonctionnaires et des agents non fonctionnaires se rattachent directement à la distinction des activités qui ont ou n'ont pas le caractère de *service public* » (1).

Pour M. Jèze, « l'activité personnelle de l'agent consacrée au fonctionnement d'un *service public proprement dit* est un élément essentiel qui permet de connaître le fonctionnaire », par conséquent, « ne sont pas des fonctionnaires les individus préposés à un service administratif qui n'est pas un *service public* » (2).

D'ailleurs, cette condition se trouve également dans les définitions du fonctionnaire données par MM. Bonnard, Hauriou, Waline, Rolland, etc.

Quant à la jurisprudence, les arrêts comptent aussi toujours le service public comme une condition indispensable à la qualité de fonctionnaire. Dans l'affaire Caillaux, pour savoir « si le président d'un Comice agricole était un fonctionnaire public, le Conseil d'Etat a commencé par établir que le Comice agricole, par son organisation et ses attributions... présente le caractère non association privée, mais l'organe de l'administration publique » (3).

La jurisprudence de la Cour de Cassation est du même avis sur ce point. Dans l'affaire de la Chambre de Commerce de Quimper jugée le 13 mars 1939, la haute juridiction judiciaire a décidé ainsi : « Les Chambres de Commerce étant des établissements publics, les agents nommés par elles pour concourir d'une façon permanente à l'exécution des services rentrant dans leurs attributions, ont la qualité de fonctionnaire » (4). Cela montre bien que le ser-

(1) Duguit : Traité du droit constitutionnel, 3e éd.. III, p. 7.
(2) Jèze : Les principes généraux du droit administratif, 1930, II,
(3) Jèze : Les principes généraux du droit administratif, 3e éd., III, p. 426.
(4) R. D. P., 1939, p. 543 à 544.

vice public est une condition nécessaire pour qu'un individu soit fonctionnaire.

Et les opinions du Conseil d'Etat et de la Cour de Cassation sont confirmées par le Tribunal des Conflits. Dans un arrêt du 15 janvier 1938, le Tribunal a bien reconnu la qualité de fonctionnaire au sieur Eric de Mase s'appuyant sur deux faits dont un est que l'Office d'inspection et de cautionnement des produits naturels du Sénégal « présente le caractère d'un service administratif » (5).

Si tout le monde reconnaît que le service public est une condition indispensable à la notion de fonctionnaire, les opinions divergent en ce qui concerne le service public industriel en tant que condition du fonctionnaire depuis l'affaire Lafregeyre jugée par Conseil d'Etat en 1923.

Certains auteurs reconnaissent la qualité de fonctionnaire aux agents du service public industriel tout comme aux agents du service public ordinaire. Parmi ces auteurs, se trouvent MM. Duguit, Bonnard, Rolland et Chavanon. Ils estiment que les agents de tous les services publics, quelle que soit leur nature, sont des fonctionnaires, s'ils remplissent certaines autres conditions nécessaires, permanence par exemple. Ainsi, d'après eux, il faut considérer le service public comme une condition indispensable à la qualité de fonctionnaire sans avoir besoin d'ajouter les termes « non industriel ».

M. Duguit a dit : « Ce qui fait le fonctionnaire... c'est sa participation permanente et normale au fonctionnement d'un service public », « peu importe le mode suivant lequel est exploité le service public » (6). Ainsi, les agents normaux et permanents des services industrialisés sont des fonctionnaires (7) et « cette solution, d'après l'auteur, ne paraît pas contestée » (8).

De son côté, M. Chavanon a, dans son « Etude sur la notion et la nature juridique du service public industriel », écrit ainsi : « Qu'il n'y a pas lieu de distinguer — en ce qui concerne le personnel — entre les services publics indus-

(5) Sirey : 1938-3-28.
(6) Duguit : Traité du droit constitutionnel, 3e éd., III, p. 18 à 19. p. 234 à 235.
(7) Duguit : Traité du droit constitutionnel, 3e éd., III. p. 20.
(8) Duguit : Op. cit., p. 20.

triels et les autres services publics et que, par conséquent, les agents du service industriel ou commercial sont, en principe, des fonctionnaires proprement dits, soumis comme tels au droit public » (9).

M. Bonnard paraît considérer également les agents du service public industriel comme fonctionnaires. Car, d'une part, dans sa définition du fonctionnaire, il voit le service public comme une condition indispensable à la notion de fonctionnaire sans exclure le service public industriel ; et d'autre part, il voit la situation contractuelle des agents du service public industriel comme exception de la situation légale du fonctionnaire : s'il ne reconnaît pas la qualité de fonctionnaire à ces agents, il n'aurait pas besoin de traiter leur situation contractuelle dans les exceptions de la situation légale du fonctionnaire (10).

En opposition avec les auteurs précédents, certains autres ne reconnaissent la qualité de fonctionnaire qu'aux agents du service public ordinaire (ou service public administratif), dès lors, pour eux, les agents du service public industriel sont, en principe (sauf ceux qui occupent les fonctions de direction), des agents non fonctionnaires.

Dans le commentaire de sa définition du fonctionnaire, M. Waline a écrit ainsi : « Lorsque le service public a le caractère commercial ou industriel, le Conseil d'Etat décide que les employés de ce service n'ont pas la qualité de fonctionnaire, à l'exception de ceux qui exercent une fonction de direction » (11).

M. Hauriou a refusé, lui aussi, la qualité de foctionnaire aux agents (sauf les dirigeants du service) d'un service industriel exploité suivant les modes et procédés des entreprises privées (12).

Bien que d'une manière implicite MM. Jèze et Rolland refusent aussi la qualité de fonctionnaire aux agents du service public industriel. Car ils considèrent, d'une part, le *service public proprement dit* comme une condition indis-

(9) Chavanon : Etude sur la notion et la nature juridique du service public industriel, p. 224, 225.
(10) Bomard : Précis. 1941, p. 448 et s. Cf. Rolland, Précis, p. 68.
(11) Waline : Manuel élémentaire de droit administratif, 2e éd., p. 360.
(12) Hauriou : Précis élémentaire de droit administratif, 4e éd., p. 68.

pensable à la notion de fonctionnaire [13] et d'autre part le « régime juridique spécial » comme critère du service public proprement dit [14]. Or la caractéristique du service public industriel consiste justement dans l'absence du régime juridique spécial.

Parmi les auteurs qui nient la qualité de fonctionnaire aux agents du service public industriel, M. Nicolas, professeur de notre Faculté, occupe une position ferme. Il l'a exprimée explicitement dans la définition même du fonctionnaire. Voici le texte de cette définition dans son Cours de droit administratif 1940-1941 : « Sont fonctionnaires ceux qui participent de façon régulière au fonctionnement des services publics non industriels exploités en régie ».

Devant ces deux opinions divergentes, nous partageons volontiers celle qui nie la qualité de fonctionnaire aux agents du service public industriel. Car elle cadre bien, nous semble-t-il, avec les données législatives et jurisprudentielles de nos jours.

Depuis 1923, la jurisprudence constante du Conseil d'Etat refuse toujours la qualité de fonctionnaire aux agents du service public industriel (sauf les dirigeants du service) [15]. Cela se révèle dans le fait que les tribunaux administratifs refusent de connaître les litiges nés entre les services industriels et leurs agents, sauf les dirigeants du service. Car « d'après une jurisprudence constante, les procès nés entre l'administration et les fonctionnaires à l'occasion de la fonction sont de la compétence des tribunaux administratifs » [16] et toujours de la compétence des tribunaux administratifs. Les arrêts en ce sens sont nombreux. Les plus récents sont ceux de Marchand [17], de Cousin [18], de Eric de Mare [19] et de la Chambre de Commerce de Quimper [20]. Dans ces arrêts, le Conseil d'Etat

(13) Jèze : Les principes généraux du droit administratif, 3e éd.. II, p. 235. — Rolland : Précis de droit administratif, 6e éd., p. 64.
(14) Jèze : Les principes généraux du droit administratif, 3e éd. II, p. 15; Rolland : Précisdu droit administratif. 6e éd., p. 17.
(15) Waline : Manuel élémentaire de droit administratif, 2e éd., p. 360.
(16) Duguit : Traité du droit constitutionnel, 3e éd., III, p. 5.
(17) Marchand : Conseil d'Etat, 20 janvier 1928. Lebon, p. 99.
(18) C. d'E., 25 juillet 1934. Lebon, p. 894.
(19) Tribunal des Conflits, 15 janvier 1938. Sirey, 1938-3-28.
(20) Cour de Cassation, 13 mars 1939. R.D.P., 1939. p. 543.

déclare non seulement que les tribunaux administratifs sont compétents pour connaître les litiges nés entre l'administration et leurs fonctionnaires, mais encore que « les différends surgis entre le fonctionnaire et le service public ne peuvent être appréciés que par la juridiction administrative » (21), même dans le cas où le fonctionnaire est lié à l'administration par un contrat de louage du travail » (22).

Si les agents du service public industriel sont des fonctionnaires, les litiges nés entre eux et l'administration doivent être, dès lors, de la compétence de la juridiction administrative. Mais le Conseil d'Etat refuse toujours de les connaître (sauf les dirigeants du service). Les arrêts en ce sens sont nombreux. Nous citons à titre d'exemple les arrêts Verchère et Mlle Dumy.

L'arrêt Verchère : « ...S'agissant d'un litige relatif au droit d'un agent d'un service public industriel exploité dans les conditions du droit commun qui n'exerce pas de fonction de direction, la juridiction administrative est incompétente pour en connaître » (23).

L'arrêt Mlle Dumy : « Considérant que, en raison des conditions dans lesquelles les dits Offices sont appelés à accomplir la mission qui leur est ainsi conférée par la loi et du but dans lequel ces pouvoirs leur sont attribués, les dits Offices doivent être rangés, non pas parmi les services publics industriels, mais parmi les services publics proprement administratifs ; que le Conseil d'Etat est, dès lors, compétent pour statuer sur litiges survenus entre les dits Offices et leurs agents... » (24).

Ainsi le Conseil d'Etat ne considère pas les agents du service public industriel comme fonctionnaires, puisqu'il refuse de connaître les litiges nés entre eux et l'administration. Or les litiges nés entre le fonctionnaire et l'administration sont toujours de la compétence des tribunaux administratifs (25).

(21) Cour de Cassation, 13 mars 1939. Sirey 1939 1-211.
(22) Arrêt Eric de Mare, 15 janvier 1938. Sirey, 1938-3-28.
(23) C. d'E., 22 juillet 1938. Lebon, p. 709.
(24) C. d'E., 4 décembre 1931. Sirey, 1932-3-101.
(25) DUGUIT : Op. cit., III. p. 5.

La jurisprudence du Tribunal des Conflits exclut aussi, bien que d'une manière implicite, du rang de fonctionnaires les agents du service public industriel. Dans l'arrêt Eric de Mare, le Tribunal a reconnu la qualité de fonctionnaire au requérant s'appuyant sur deux faits. L'un des deux est que « le service public dont il est ainsi chargé présente le caractère d'un *service administratif* » (26). D'où l'arrêt montre bien que tous les agents du service public n'ont pas nécessairement la qualité de fonctionnaire. Celle-ci n'appartient qu'aux agents du service administratif qui s'oppose, d'après la jurisprudence, au service public industriel (27).

Et dans la législation toute récente, nous pouvons trouver des arguments décisifs qui nous permettent de conclure que les agents (sauf les dirigeants du service) du service public industriel ne sont pas des fonctionnaires. Dans la loi du 3 avril 1941 relative à l'accès aux fonctions publiques, l'article premier déclare : « Nul ne peut être employé dans les administrations de l'Etat, des départements, des communes et des établissements publics ou exercer des fonctions de direction dans un *service public industriel* exploité en régie » (28). Cela montre bien que les agents du service public industriel, sauf ceux qui occupent une fonction de direction, ne sont pas des fonctionnaires.

Dans la loi du 14 septembre 1941 portant statut général du fontionnaire, le premier alinéa de l'article 2 définit nettement le fonctionnaire « celui qui est investi d'un emploi permanent compris dans un cadre, organisé en vertu de l'article 2 de la loi du 14 septembre 1941 d'un *service public non industriel ni commercial* assuré par l'Etat ou un établissement public de l'Etat ». Il est vrai que les dirigeants et les comptables du service industriel sont reconnus comme fonctionnaires par les deuxième et troisième alinéas du même article. Mais ils ne sont que deux exceptions de la définition générale du fonctionnaire. Car, en principe, tous les agents du service public industriel n'ont pas la qualité de fonctionnaire comme le législateur l'exprime dans le premier alinéa de l'article.

(26) Tribunal des Conflits, 15 janvier 1938. S. 1938-3-28.
(27) Cf. l'arrêt Mlle Dumy. S. 1932-3-101.
(28) DALLOZ : Bulletin législatif, 1941, p. 610.

§ II. — Qu'est-ce qu'un service public non industriel ?

Nous avons constaté, dans le paragraphe précédent, que le service public non industriel est une condition indispensable du fonctionnaire. Il nous faut maintenant préciser la notion de cette condition. Sans quoi, la définition du fonctionnaire reposera sur une base incertaine.

Pour bien saisir la notion du service public non industriel, nous allons préciser successivement la notion du service public et celle du service public industriel.

I. — *Qu'est-ce qu'un service publics ?*

A. — Exposé et critique de la définition du service public donnée par MM. Duguit et Jèze.

Pour M. Duguit, le service public « c'est toutes activités dont l'accomplissement doit être assumé, réglé et contrôlé par les gouvernants, parce que l'accomplissement de cette activité est indispensable à la réalisation et au développement de l'interdépendance sociale et qu'elle est de telle nature qu'elle ne peut être réalisée complètement que par l'intervention de la force gouvernante » (29).

A première vue, cette définition est parfaite et fondamentale. C'est là le principe dont le législateur doit tenir compte. Mais, en pratique, comme l'indique l'auteur lui-même : « Cette notion du service public est bien vague et elle ne permet point d'indiquer quels sont les services publics » (30).

Quelles sont les activités dont l'accomplissement constitue pour le gouvernant une obligation ? A cette question, M. Duguit a répondu nettement : « On ne peut point faire de réponse fixe. Il y a là quelque chose d'essentiellement variable, d'évolution au premier chef. Il est même difficile de fixer le sens général de cette évolution. Tout ce qu'on peut dire, c'est qu'à mesure que la civilisation se développe, le nombre des activités susceptibles de servir de support à des services publics augmente et le nombre des

(29) Duguit : Traité du droit constitutionnel. 3e éd., II, p. 61.
(30) Duguit : Traité du droit constitutionnel, 3e éd., II, p. 61.

services publics s'accroît par là même. C'est logique. En effet, de la civilisation on peut dire qu'elle consiste uniquement dans l'accroissement du nombre des besoins de tous ordres pouvant être satisfaits dans un moindre temps. Par suite, à mesure que la civilisation progresse, l'intervention des gouvernants devient normalement plus fréquente, parce qu'elle seule peut réaliser ce qu'est la civilisation » (31).

Ce développement est un fait indiscutable. Il nous montre bien, au point de vue sociologique, la tendance moderne vers l'extension des services publics et indique les raisons de ce développement. Mais il ne se dégage pas de celui-ci une définition concrète du service public. Or pour nous, il importe de chercher une telle définition.

Chez M. Jèze la définition du service public est plus concrète que celle donnée par M. Duguit. Tantôt il a préconisé le régime juridique spécial comme caractéristique de la notion du service public, tantôt il a prétendu que le critérium du service public est la volonté du législateur. Nous allons exposer et examiner successivement ces deux définitions.

La théorie du régime juridique spécial est soutenue vigoureusement par M. Jèze. Nous trouvons partout cette idée dans ses « Principes généraux du droit administratif » :

« Dire que, dans telle hypothèse, il y a un service public, c'est dire que pour donner satisfaction régulière et continue à telle catégorie de besoins d'intérêt général, les agents publics peuvent appliquer les procédés de droit public, c'est-à-dire *un régime juridique spécial* » (32).

« Il serait désirable que l'expression service public fût réservée au cas où pour la satisfaction d'un certain besoin d'intérêt général, les agents publics peuvent recourir à *des règles exorbitantes du droit privé, aux procédés du droit public* » (33).

(31) DUGUIT : Op. cit., II. p. 62 à 63.
(32) JÈZE : Les principes généraux du droit administratif 3e éd., II, p. 2.
(33) JÈZE : Les principes généraux du droit administratif, 3e éd.. II, p. 7.

« Le service public,*sensu lato*, est un ***procédé juridique*** pour donner satisfaction aux besoins généraux, tel que les ressent, dans un pays donné, à une époque donnée, une population donnée » (34).

Il est évident que cette notion du service public caractérisée par le régime juridique spécial est plus concrète et plus facile à connaître que celle donnée par M. Duguit. Mais elle est aussi critiquable.

Tout d'abord, il nous semble que M. Jèze a confondu la définition et la conséquence du service public (35). L'application de régime juridique spécial n'est qu'une conséquence possible de l'existence d'un service public. Sur ce point M. Jèze est d'accord lui-même avec nous : « Il est, dit-il, très important de savoir s'il s'agit bien d'un service public proprement dit ou non pas seulement d'une gestion administrative, dans le premier cas seulement, il y a faculté d'user des règles spéciales de droit public, exorbitant du droit privé » (36).

« En absence de texte, les juristes recherchent si la tâche dont s'occupe l'administration constitue bien un service public auquel ils appliquent les théories spéciales du droit public, ou bien s'il n'y a pas service public, auquel cas ils appliqueront non pas les théories spéciales, mais les règles et les théories du droit commun ».

« Voici les exemples : en 1910, lorsqu'éclata la grève de chemin de fer, la question capitale que le gouvernement eut à résoudre fut celle de savoir si l'exploitation des Chemins de fer était ou non un service public et c'est seulement après l'avoir résolue par l'affirmative qu'il applique des théories spéciales » (37).

Comme M. Jèze admet bien que le régime juridique spécial n'est qu'une conséquence de l'existence du service public, il ne doit pas en même temps y voir comme un élément essentiel de la définition du service public. On ne peut pas sans être illogique dire, d'une part, que pour décider s'il faut employer ou non le régime juridique spé-

(34) Jèze : Op. cit., p. 206.
(35) Cf. Christian Chavanon : Essai sur la notion et le régime juridique du service public industriel et commercial, 1939, p. 107.
(36) Jèze : Op. cit.. p. 9.
(37) Jèze : Op. cit., p. 10.

cial, il faut savoir si le service est public ou non, et d'autre part, répondre à la question de savoir si le service est public ou non en disant que tout dépend du caractère spécial ou non du régime juridique auquel il serait soumis. C'est un cercle vicieux, ce n'est pas une réponse satisfaisante.

D'ailleurs, cette définition caractérisée par le régime juridique spécial ne cadre pas avec les faits. Tantôt elle est trop large, par exemple, l'expropriation et les travaux publics sont des régimes juridiques spéciaux, or on peut exproprier dans des cas où aucun service public n'est en cause (tel les Chemins de fer miniers) ; l'entretien des églises se fait sous le régime des travaux publics alors que les cultes ont cessé d'être un service public (38).

Tantôt cette définition est trop étroite pour comprendre tous les services publics. Par exemple, depuis la guerre, la jurisprudence a isolé une catégorie de services publics commerciaux et industriels dont la caractéristique est d'être gérés sous un régime de droit privé en ce qui concerne les relations avec une partie du personnel, avec les usagers et même avec le fisc (39).

Pour échapper aux critiques qui se basent sur ces faits apposés, on a invoqué le caractère de simple faculté inclus dans la définition du service public de Jèze. En effet, M. Jèze a parlé du régime juridique spécial en usant toujours du mot « pouvoir » ou du mot « possible ». C'est ainsi qu'il a écrit : « Les agents publics *peuvent* appliquer les procédés du droit public » (40). « Les agents ont *la possibilité* d'user des procédés du droit public » (41). Et, il a précisé que « les agents publics pour faire fonctionner un service public *peuvent* ou doivent se servir des procédés du droit public. Ils n'y sont pas toujours obligés. Ils ont parfois la faculté, s'ils le préfèrent, d'user des procédés du droit privé » (42).

(38) WALINE : Manuel élémentaire du droit administratif, 2e éd., p. 353.
(39) WALINE : Op. cit.. p. 352.
(40) JÈZE : Les principes egénéraux du droit administratif, 3e éd., II, p. 2.
(41) JÈZE : Op. cit.. p. 15.
(42) JÈZE : Op. cit., p. 4.

Cette réponse est ingénieuse, mais elle tombe sous le coup d'une autre critique : une définition fondée sur un élément de possibilité ne mérite pas le nom de définition, car elle n'apporte aucune véritable précision.

Sous le titre « A quoi reconnaît-on qu'il y a service public ? » M. Jèze a préconisé une autre caractéristique du service public : *l'intention des gouvernants.* « A mon avis, dit M. Jèze, il faut rechercher uniquement l'intention des gouvernants touchant l'activité administrative considérée... ». « Sont uniquement, exclusivement services publics les besoins d'intérêt général que les gouvernants dans un pays donné, à une époque donnée, ont décidé de satisfaire par le procédé du service public. L'intention des gouvernants est seule à considérer ; l'opinion de tels ou tels écrivains est sans aucune espèce d'importance. L'avis personnel du juriste qui résoud la difficulté est indifférente » (43).

Mais à quoi reconnaît-on que la volonté des gouvernants a été de satisfaire à un besoin d'intérêt général par le procédé technique du service public proprement dit ? Pour répondre à cette question, M. Jèze a dit : « Il est impossible de donner un critérium unique, cela résulte d'un ensemble de circonstances dont chacune n'est pas, à elle seule, suffisante, mais qui, par leur groupement, font apparaître la volonté d'organiser un service public. Les tribunaux ont de larges pouvoirs d'appréciation » (44). Ainsi, d'après M. Jèze, l'existence du service public dépend de la volonté des gouvernants et celle-ci dépend elle-même des interprétations des juges. Il nous semble que cette notion du service public est bien flottante et trop subjective.

Et même dans le cas où la volonté des gouvernants est nettement exprimée, nous ne pouvons pas admettre l'exclusivisme de ce critérium trop absolu à notre sens. Car, partant de ce critérium, on serait amené à croire que « le service public est une création artificielle du législateur qui seul peut l'instituer et peut donner discrétionnairement ce caractère à une activité quelconque » (45).

(43) Jèze : Op. cit., p. 15 à 16.
(44) Jèze : Les principes généraux du droit administratif, 3e éd.. II, p. 20.
(45) Duguit : Traité du droit constitutionnel, 3e éd., II, p. 74.

A côté de ces définitions du service public données par MM. Duguit et Jèze que nous avons exposées et critiquées séparément à cause de leur originalité et de l'autorité de leurs promoteurs, il existe encore plusieurs définitions différentes du service public. Il est évident que nous ne pouvons les examiner une par une. Nous nous contenterons d'en indiquer les points douteux au cours de l'exposé de notre définition du service public.

B. — Essai d'une définition du service public.

Nous appuyant sur les éléments reconnus par la plupart des auteurs et soucieux d'éviter les expressions équivoques, nous proposons la définition suivante du service public :

Sont services publics les entreprises qui relèvent d'une personne administrative et qui ont pour but de satisfaire les besoins d'intérêt général (46).

Ainsi cette définition du service public comporte les éléments suivants :

1° entreprise ;

2° dépendance d'une personne administrative ;

3° but de satisfaction des besoins d'intérêt général.

Pour préciser et justifier cette définition, nous allons expliquer ces trois idées et en même temps nous indiquerons pourquoi nous rejetons certaines expressions équivoques employées souvent par certains auteurs.

a) *Le service public est une entreprise.* — Car il suppose toujours un agencement de personnel, de matériel, de procédés juridiques et techniques tendant à obtenir un certain résultat (47).

M. Duguit a considéré le service public comme une « activité » (48), M. Jèze l'a vu comme un « procédé juridique » (49). Ces termes nous paraissent imparfaitement choisis. Il est vrai que le service public a toujours ses activités et emploie des procédés juridiques, mais ces activités et

(46) Cette définition du service public s'apparente beaucoup à celle donnée par M. ROLLAND. Mais nous changeons les termes: « sous la haute direction des gouvernants » dont nous indiquerons plus loin les inconvénients, en ceux-ci : « relèvent d'une personne administrative ».

(47) Cf, ROLLAND : Précis du droit administratif, 6e éd., p. 2.

(48) Voir plus haut, p. 36.

(49) Voir plus haut, p. 39.

ces procédés ne sont pas eux-mêmes les services publics. Par exemple, les cours donnés par le professeur est une activité, le fait d'expropriation au profit d'un musée est un procédé juridique pour donner satisfaction à des besoins d'intérêt général. Or on ne désigne pas ces cours ou cette expropriation eux-mêmes sous le nom de service public. Les services publics, en effet, ce sont l'organisation dite « Faculté » où ont lieu les cours et l'organisation dite « musée » au profit duquel on a exproprié.

D'après M. Hauriou, « le service public est un groupement organisé de fonctionnaires mettant en œuvre le pouvoir et la compétence de l'administration pour rendre au public un service régulier, continu et contribuant à la police de la cité » (50). Cette expression de « groupement de fonctionnaires » présente des inconvénients. D'une part, elle conduirait à l'idée erronée que le service public consiste dans l'appartenance des fonctionnaires, alors que ceux-ci ne sont, au contraire, que l'instrument du service public. D'autre part, elle ne cadre pas avec les faits. En effet, il existe des services publics concédés dirigés par des concessionnaires lesquels ne sont pas des fonctionnaires. Même dans les services publics en régie, il existe aussi, à côté des fonctionnaires, des agents non fonctionnaires : les auxiliaires, les employés.

b) *Le service public relève d'une personne administrative.* — C'est en fonction de cette idée que le service public se distingue de l'établissement d'utilité publique qui se propose également de satisfaire les besoins d'intérêt général. Ainsi, les Facultés catholiques, les Caisses d'épargne privées qui poursuivent le même but d'intérêt général que celui des Facultés de l'Etat, d'une part, et de la Caisse nationale d'épargne, d'autre part, ne sont pourtant pas considérés comme services publics. Pourquoi ? parce qu'elles sont des « œuvres privées », qu'elles ne relèvent pas d'une personne morale administrative (51).

(50) HAURIOU : Précis élémentaire du droit administratif. 4e éd., p. 109.
(51) JÈZE : Les principes généraux du droit administratif, 3e éd., II, 36, et 181.

Pour mettre en relief cette idée, M. Waline a dit que « le service public est une entreprise administrative » (52) ; M. Hauriou a écrit qu'il est « une organisation publique de pouvoir, de compétence et de mœurs » (53) ; M. Rolland a dit qu'il est une « entreprise sous la haute direction des gouvernants » (54). Ces termes offrent cependant des inconvénients. Car ce serait une erreur, en se fondant sur ces termes de « entreprise administrative », « organisation publique de pouvoir, de compétence et de mœurs », « entreprise sous la haute direction des gouvernants », de croire que seuls les services publics en régie sont des services publics. Car, en fait, bien qu'ils soient entrepris par un intermédiaire, personne non publique, les services publics concédés sont incontestablement des services publics. C'est précisément pour éviter ce malentendu que nous proposons d'employer le terme « relever ». Car sans parler des services publics en régie qui, par définition, relèvent d'une personne administrative, les services publics concédés, eux aussi, relèvent toujours d'une personne administrative. C'est en vertu de l'acte de concession signé par un concédant, personne administrative, que le concessionnaire a le droit d'entreprendre tel ou tel service public. Comment organiser le service public ? Comment satisfaire les besoins du public ? Comment fixer le tarif ? Tout cela dépend toujours également de la volonté d'une personne administrative compétente. Ainsi si nous ne devons pas dire que le service public n'est qu'une entreprise publique ou administrative, nous devons dire que le service public relève toujours d'une personne administrative.

c) *Le but du service public est de satisfaire les besoins d'intérêt général.* — Sur le but du service public, les auteurs parlent différemment. D'après Hauriou, ce but est de « rendre au public un service régulier, continu, et contribuant à la police de la cité » (55). D'après M. Rolland, il est « la satisfaction à des besoins collectifs du public » (56).

(52) Waline : Manuel élémentaire du droit administratif, 2e éd.. 350.
(50) Hauriou : Précis de droit administratif et de droit public, 11e éd., p. 15.
(54) Rolland : Précis de droit administratif, 6e éd., p. 1.
(55) Hauriou : Précis élémentaire du droit administratif. p. 109.
(56) Rolland : Précis du droit administratif, 6e éd., p. 2.

Pour M. Duguit, le but du service public est « la réalisation et le développement de l'interdépendance sociale » (57). Pour M. Waline, « c'est de pourvoir à une tâche de nécessité ou d'utilité publique » (58). Cette divergence n'est qu'apparente. Au fond, nous pouvons interpréter toutes ces expressions différentes par la formule suivante que nous empruntons à M. Jèze : « Satisfaire les besoins d'intérêt général » (59).

C'est en vertu de cette idée que le service public se distingue des autres entreprises qui relèvent aussi d'une personne administrative. Les manufactures de la porcelaine de Sèvres, des tapisseries des Gobelains ne sont pas services publics. Car l'intérêt général n'a pas besoin des produits de ces manufactures. Les manufactures qui ont le monopole du tabac et des allumettes ne le sont pas non plus, parce que le but de ces entreprises est purement fiscal.

Si l'Opéra-Comique est considéré dans l'affaire Gheusi, comme service public, c'est parce que « l'existence de l'Opéra-Comique (et généralement des théâtres nationaux) répond à une idée beaucoup plus élevée (que d'assurer la gestion d'une partie du domaine d'Etat)... », qu' « elle entre dans la mission civilisatrice de l'Etat au même titre que les musées nationaux ou l'Ecole des Beaux-Arts » (60) et qu'il est « destiné à assurer, dans un intérêt général, la qualité artistique » (61).

M. Bonnard a enseigné que « les services publics sont ces entreprises qui sont assumées par les autorités administratives de l'Etat, du département et de la commune et qui sont destinées à fournir, directement ou indirectement, des prestations aux particuliers » (62). Cette manière de voir est trop large pour exprimer le but du service public. Car les gestions du domaine privé et les manufactures des produits monopoles n'ont pas la qualité de service public. Or elles nous fournissent souvent des prestations.

(57) Duguia : Traité du droit constitutionnel, 3e éd., II, p. 61.
(58) Waline : Manuel élémentaire du droit administratif, p. 349.
(59) Jèze : Les principes généraux du droit administratif, II, p. 2.
(60) Conclusions du Commissaire du Gouvernement, R.D.P, 1923. p. 560 et s.
(61) Arrêt Gheusi. C. d'E., 27 juillet 1927, R.D.P., 1923, p. 560.
(62) B×nnard : Précis élémentaire du droit public, 2e éd., p. 247.

II. — *Quel est le critère du service public industriel ?*

S'il est nécessaire de préciser la notion du service public afin d'éclairer la notion du fonctionnaire, pour atteindre le même but, il est aussi nécessaire de saisir le critère du service public industriel, car celui-ci est entendu différemment selon les auteurs.

Les opinions sur le critère du service industriel peuvent être divisées en trois groupes. Les uns voient le critère de ces services dans le but de réaliser un bénéfice, d'autres dans l'activité commerciale, d'autres enfin dans le régime privé. Nous allons démontrer les défauts des deux premiers critères et expliquer pourquoi nous adoptons le troisième.

Certains auteurs ont vu la frontière entre le service public ordinaire et le service public industriel dans *le but du service*. Dans son « Précis du droit administratif », M. Bonnard a dit ainsi : « Par service commercial ou industriel, on paraît avoir voulu entendre les services qui poursuivent essentiellement un but commercial ou industriel, c'est-à-dire que, en fournissant des services ou des prestations, ils visent principalement comme les entreprises privées, à réaliser des bénéfices. La caractéristique de ces services aurait donc pour but essentiel de constituer une source de revenu pour l'administration et d'avoir été créés en vue de la poursuite de ce but », ainsi « le service public industriel se distingue de la généralité des services publics administratifs en ce que ceux-ci ont pour but essentiel de donner satisfaction aux usagers pour des besoins publics. Si ces services sont payants, il pourra arriver que les recettes couvrent les dépenses et même qu'il y ait du bénéfice net. Mais ce n'est pas dans ce but que l'entreprise a été érigée en service public, c'est en considération des intérêts des usagers que le service public a été institué » (63).

Ce critère dont on se sert pour distinguer le service public industriel du service public ordinaire nous paraît pourtant critiquable. Car « la caractéristique essentielle du service public est de fonctionner en vue de la satisfaction d'intérêts généraux » (64) et le service public industriel n'est

(63) Bonnard : Précis du droit administratif, p. 5 à 6.
(64) Bonnard : Précis du droit administratif, 1940, p. 49.

qu'une espèce du service public. Comment le service public industriel peut-il poursuivre comme but essentiel celui de réaliser des bénéfices, ce qui s'oppose souvent à la satisfaction des intérêts généraux ?

Et, en fait, en entreprenant le service public industriel, l'administration n'a pas entendu réaliser des bénéfices ou plutôt cette considération n'a été qu'accessoire. Ce sont des considérations d'un ordre plus élevé qui l'ont guidée, des considérations désintéressées. « Elle a voulu, soit réaliser certaines idées politiques ou sociales (Société nationale de chemin de fer, entreprise d'armement), soit — très souvent — favoriser certaines catégories d'usagers ou de consommateurs (régie municipale), soit enfin assurer la sauvegarde d'intérêt nationaux (Régie Air Afrique) ». Ainsi, « la réalisation de bénéfices n'est pas inspirée au premier plan au moment de la création du service public industriel ou commercial » (65).

En rejetant le critère du but de la réalisation de bénéfices, certains auteurs ont vu le critère du service public industriel dans *l'activité commerciale du service*. Dans sa thèse sur « La notion et le régime juridique du service public industriel », M. Chavanon, en proposant ce critère, a défini le service public industriel comme « une entreprise placée directement ou indirectement sous la dépendance de l'administration et qui, poursuivant essentiellement un but désintéressé, se caractérise pourtant par l'exercice habituel d'actes de commerce » (66).

En abandonnant le critère du but de la réalisation de bénéfices, M. Bonnard paraît partager cette opinion dans la dernière édition de son « Précis du droit administratif ». « Il faut entendre, dit-il, par service public commercial ou industriel les services publics dont l'activité habituelle et principale est de se livrer à des opérations commerciales ou industrielles en accomplissant ce que le droit commercial appelle des actes de commerce, soit des actes d'achat et revente, de création, fabrication, transformation et vente » (67).

(65) Chavanon : Essai sur la notion et le régime juridique du service public industriel ou commercial, p. 44.
(66) Op. cit., p. 91.
(67) Bonnard : Précis du droit administratif, 1940, p. 49.

Si ce critère de l'activité commerciale est moins critiquable que celui de la réalisation de bénéfices, il cadre mal pourtant, au moins en ce qui concerne la définition du fonctionnaire, avec la jurisprudence du Conseil d'Etat. Car si la caractéristique du service public industriel consistait dans l'activité commerciale, les agents des services des P. T. T. et des Chemins de fer en régie devraient être exlus par nature au rang de fonctionnaires tout comme les agents de Régie municipale et d'autres services industriels. puisque les services des P. T. T. et les Chemins de fer en régie font bien des actes commerciaux. Or la jurisprudence décide que les agents du service Poste, Téléphone et Télégraphe sont des fonctionnaires (68) et que les employés des Chemins de fer en régie ne sont exclus du rang de fonctionnaires qu'après la publication d'une disposition législative, la loi du 21 mars 1905.

La jurisprudence est-elle ici contradiction avec elle-même comme l'affirment MM. Chavanon et Bienvenue ? Oui, si l'on adoptait le critère de l'activité commerciale. Mais ce n'est pourtant pas le critère adopté par la jurisprudence du Conseil d'Etat. Or ce qui nous importe, c'est de saisir quel est le critère adopté par la jurisprudence qui fait autorité en droit administratif français.

Après avoir critiqué les deux critères précédents : le but de la réalisation de bénéfices et l'activité commerciale, nous pensons, avec MM. Waline et Hauriou (69), que le critère du service public industriel consiste dans *le régime juridique privé du service*. Car il nous semble bien par ce critère que la jurisprudence a exclu du rang de fonctionnaires les agents du service public industriel.

La jurisprudence qui exclut du rang de fonctionnaires les agents du service public industriel a pour source les conclusions de M. Rivet dans l'affaire Lafrégeyre. Dans ces conclusions mêmes, le Commissaire du Gouvernement considère bien le régime juridique privé du service comme le critère du service public industriel, puisqu'il y déclare

(68) Chavanon : Essai sur la notion et le régime juridique du service public industriel ou commercial, p. 215 et Note de M. Bienvenu sous l'arrêt Mounier : D. 1930-3-41 et s.
(69) Waline : Manuel élémentaire du droit administratif, p. 64 ; Hauriou : Précis élémentaire du droit administratif, 4e éd., p. 65.

qu' « il faut que les dits services fonctionnent dans les mêmes conditions que s'ils étaient dirigés par un particulier » (70).

Depuis l'arrêt Lafrégeyre ce critère de régime de droit privé se révèle souvent dans les arrêts du Conseil d'Etat. Par exemple, dans l'affaire Dumy, le Conseil d'Etat a reconnu la qualité de fonctionnaire à la requérante s'appuyant sur le fait que : « En raison des conditions dans lesquelles les dits Offices sont appelés à accomplir la mission... les dits Offices doivent être rangés non pas parmi les services publics industriels, mais parmi les services publics administratifs » (71). Ainsi la classification d'un service public dépend des conditions dans lesquelles fonctionne le service. Cela veut bien dire que la distinction entre le service public administratif et le service public industriel consiste dans le régime juridique du service.

De même, dans l'affaire Verchère, le Conseil d'Etat a refusé la qualité de fonctionnaire à la requérante en considérant qu'elle était « un agent d'un service industriel exploité dans les conditions de droit commun » (72) ; dans l'affaire Ambrosini, il a nié la qualité de fonctionnaire à demoiselle Ambrosini, s'appuyant sur le fait que « le service départemental d'électricité est un service industriel exploité par le département du Loir-et-Cher dans les conditions d'une industrie ordinaire » (73).

Ainsi le service public industriel entendu par la jurisprudence du Conseil d'Etat en ce qui concerne la qualité de fonctionnaire doit être interprété comme un service public exploité dans les mêmes conditions juridiques qu'une industrie ou un commerce ordinaire, en bref un service public géré sous le régime du droit privé (74). Par conséquent, « si, au contraire, l'Etat se réserve des prérogatives exorbitantes du droit commun, il n'y a pas alors service industriel » (75).

(70) Conclusions de M. Rivet dans l'affaire Lafrégeyre R.D.P., 1923, p. 238 et s.
(71) L'arrêt Dlle Dumy C. E. 4 décembre 1931, S. 1932-3-101.
(72) L'arrêt Verchère. C. E. 22 juillet 1938. R.D.P. 1938, p. 829.
(73) Arrêt Dlle Ambrosini C. d'E. 24 juin 1938. Lebon 1938, p. 577.
(74) Waline : Manuel élémentaire du droit administratif, p. 64.
75) Laroque : Cité par Chavanon : La notion et la nature juridique du service public industriel, p. 47.

Mais à quel signe reconnaît-on qu'un service est exploité dans les mêmes conditions qu'une industrie ordinaire ? A cette question, M. Waline nous donne une réponse satisfaisante :

« A notre avis, dit l'auteur, il n'est qu'un critérium sûr du service public industriel : c'est la volonté du législateur. Un service public est industriel lorsque l'intention du législateur a été que les relations qui s'établissent entre le service et les usagers ou le personnel fussent assujetties aux règles du droit privé. L'exemple le plus net d'une telle volonté chez le législateur concerne le service de chemins de fer : loi du 15 juillet 1845, article 22 (D. 1845-3-163 à 172) proclamant l'Etat responsable des dommages causés par l'exploitation des chemins de fer dans les mêmes conditions que les concessionnaires ou fermiers ; la loi du 21 mars 1905 attribue compétence aux tribunaux judiciaires pour connaître des litiges entre l'administration des Chemins de fer d'Etat et son personnel » [76].

III. — *Essai d'une définition du service public non industriel.*

De ce que nous avons étudié sur la notion du service public et sur le critère du service public industriel, il nous est permis de définir le service public non industriel comme il suit : *Sont servies publics non industriels les entreprises relevant d'une personne administrative, ayant pour but de satisfaire les besoins d'intérêt général et étant gérées sous le régime juridique spécial exorbitant du droit commun.*

Section II

PERMANENCE

§ 1er. - La permanence est-elle une condition indispensable a la qualité du fonctionnaire ?

Si tous les fonctionnaires sont attachés à un service public non industriel qui est, comme nous l'avons indiqué

(76) Wlline : Note sous l'arrêt Verbauck, D. 19'4-3-11.

dans la section précédente, une condition indispensable à la qualité de fonctionnaire ; mais tous ceux qui travaillent à ce service ne sont pas nécessairement fonctionnaires : la qualité de fonctionnaire n'est attribuée qu'aux agents « dont la présence est intimement liée à la marche de ces services » (77). Mais comment peut-on connaître ces agents? C'est le caractère de permanence que l'on considère comme le signe permettant de les discerner.

M. Duguit a dit : « Cette condition d'une participation permanente et normale se conçoit d'ailleurs aisément. Ceux qui ne participent que d'une manière accidentelle et momentanée au fonctionnement d'un service public ne sont pas indispensables au fonctionnement de ce service et par conséquent, il n'y a pas de raison de leur attribuer un caractère particulier, de leur faire légalement une situation spéciale.

« Ainsi n'ont certainement pas le caractère des fonctionnaires les agents qu'une administration engage accidentellement et momentanément pour assurer l'exécution d'un travail exceptionnel. Par exemple, les employés et ouvriers qu'engagent fréquemment les administrations des travaux publics, des postes et des télégraphes au cas de surcharge du service » (78).

Ainsi la permanence est une condition indispensable à la notion de fonctionnaire. Dans les définitions du fonctionnaire données par MM. Jèze, Duguit, Hauriou, Bonnard, Rolland, Waline, Berthélemy, on trouve toujours le terme de permanence.

En pratique, la jurisprudence, à plusieurs reprises, a mis en plein relief cette condition (79). De même, dans les projets de lois (80) et les dispositions législatives concernant les fonctionnaires, on définit toujours ceux-ci avec cette condition de permanence.

(77) Rolland : Précis du droit administratif, 6e éd., p. 64.
(78) Duguit : Traité de droit constitutionnel, 3e éd., III, p. 15.
(79) Cf. les arrêts en ce sens dans le paragraphe suivant.
(80) Cf. Jèze : Les principes généraux du droit administratif, 3e éd. II, p. 222 à 223. note.

§ II. — QU'EST-CE QUE LA PERMANENCE ?

I. — *Exposé et critique de différentes interprétations.*

Qu'est-ce que la permanence ? Sur quoi ce caractère doit-il être fondé ? A ces questions, les réponses des juristes sont différentes. Les uns prétendent que c'est le mode de participation du fonctionnaire au service public qui doit être permanent. Les autres objectent que la tenure de l'emploi n'est pas nécessairement permanente (81). C'est la fonction occupée qui, d'après eux, doit être permanente. Nous allons exposer ces deux opinions et les examiner successivement.

A. — Théorie de la participation permanente.

Parmi ceux qui soutiennent cette théorie de la participation permanente, on trouve MM. Duguit, Waline et Nézard.

« Les agents, dit M. Duguit, qui participent d'une manière permanente et normale au fonctionnement d'un service public sont des fonctionnaires » (82). Ainsi « ce qui fait le fonctionnaire ce n'est pas la nature des actes qu'il accomplit, c'est sa participation permanente et normale au fonctionnement d'un service public » (83).

Comme M. Duguit, dans sa définition du fonctionnaire, M. Waline écrit : « Cette participation est normale et non occasionnelle-; elle consiste dans l'occupation d'un poste régulier, occcupation qui est elle-même d'une permanence au moins relative » (84). Cette opinion rejoint celle de M. Duguit, mais elle s'affirme d'une manière moins absolue que chez celui-ci.

Quant à M. Nézard, son attitude est aussi incertaine, mais il a exprimé cette théorie d'une manière ingénieuse : « Est fonctionnaire, dit-il, celui qui exerce une fonction d'une manière permanente, ce qui exclut les entrepreneurs,

(81) Voir plus loin, p. 68.
(82) DUGUIT : Traité du droit constitutionnel, 3e éd., III, p. 10.
(83) DUGUIT : Op. cit., p. 18.
(84) WALINE : Manuel élémentaire du droit administratif, p. 359.

les jurés, etc. C'est là un caractère général, mais non absolu du fonctionnaire. Il y a des fonctions à durée déterminée, comme celles des sous-officiers, rengagés, des auditeurs de 2e classe au Conseil d'Etat et autres essentiellement temporaires comme celles des employés auxiliaires de beaucoup d'administrations » (85).

Dans l'affaire Eric de Mare, le Tribunal des Conflits a adopté cette théorie de participation permanente en disant que « le sieur Eric de Mare était appelé a *concourir d'une façon permanente* à l'exécution de ce service... donc il était un fonctionnaire public » (86).

Dans l'arrêt Chambre de Commerce de Quimper, la Cour de Cassation a une opinion semblable : « Les Chambres de Commerce, dit l'arrêt, étant des établissements publics, les agents nommés par elles *pour concourir d'une façon permanente* à l'exécution des services rentrant dans leurs attributions ont la qualité de fonctionnaires » (87).

De même, dans un arrêt du 13 mars 1937, le Conseil d'Etat se sert aussi des termes de « *concourent de façon permanente à l'exécution du service public* » (88).

Bien que cette théorie soit soutenue par des auteurs importants et sanctionnée par certains arrêts, nous la considérons cependant comme critiquable.

Premièrement, elle ne cadre pas avec les faits. Ces faits se divisent en deux groupes. D'une part, il existe des fonctionnaires qui participent au service public d'une manière non permanente : soit qu'ils participent au service public pendant une durée déterminée prévue par la loi, par exemple les doyens de la Faculté, les juges des tribunaux de commerce, les auditeurs de deuxième classe au Conseil d'Etat, etc. ; soit qu'ils participent au service public pendant une durée indéterminée et souvent très courte à cause du caractère politique de la fonction, par exemple, les préfets, les attachés au Cabinet d'un Ministre depuis la loi du 13 juillet 1911 et les autres fonctionnaires politiques.

(85) Nézard : Théorie juridique de la fonction publique, p. 33 à 34.
(86) L'arrêt Eric de Mare. Tribunal des Conflits, 15 janvier 1938, S. 1938-3-28.
(87) Sirey. 1939-1-211.
(88) Arrêt du Conseil d'Etat, 3 mars 1237. Lebon 1937, p. 268.

D'autre part, il existe, par contre, des agents publics qui participent au service public d'une manière permanente, mais qui ne sont pas fonctionnaires. C'est le cas « des individus appelés à participer au fonctionnement d'un service public d'une façon durable, mais pour remplir un emploi qui n'est pas prévu dans les cadres du service » (89). Ces individus, d'après M. Bonnard, sont des « employés auxiliaires » (90). Et d'après M. Latournerie, commissaire du Gouvernement, les auxiliaires se divisent en quatre groupes dont un est celui des « auxiliaires permanents » (91).

La théorie de participation permanente non seulement n'est pas en accord avec les faits, elle ne l'est pas non plus avec les principes qui dominent le régime de la fonction publique. Nous savons que c'est en vue du bon fonctionnement du service public qu'on attribue la qualité d'agents publics à ceux qui participent au service public ; c'est aussi à cause de leurs rôles importants dans le service public que l'on attribue la qualité de fonctionnaire à certains agents publics. Que le rôle que joue l'agent soit important ou non il dépend naturellement de l'importance de la fonction occupée. Il est logique donc que cette condition de permanence doit être interprétée comme permanence de la fonction ; il ne faut pas l'interpréter comme permanence de participation. Car si la fonction est permanente, elle est évidemment importante et indispensable au service public, ainsi, par suite, tous ceux qui occupent normalement cette fonction jouent un rôle important, par conséquent sont des fonctionnaires.

Ainsi, la théorie de participation permanente doit être repoussée en principe comme en fait.

B. — Théorie de la fonction permanente.

A côté des auteurs qui préconisent la théorie de la participation permanente, les autres juristes soutiennent la théorie de la fonction permanente. D'après ceux-ci, pour

(89) Bonnard : Précis du droit administratif, 3e éd., p. 442 et cf. l'arrêt Erard. C. d'E., 9 novembre 1931. Lebon 1931, p. 967.
(90) Bonnard : Précis du droit administratif, 3e éd.. p. 442.
(91) R.D.P., 1938, p. 810 et 811.

être fonctionnaire, sauf les autres conditions nécessaires, il faut que la fonction occupée soit permanente, la participation n'étant pourtant pas nécessairement permanente.

Dans la définition du fonctionnaire, M. Rolland affirme qu'il faut que « cet *emploi soit permanent ou ait tout au moins une certaine permanence* » (92). M. Bonnard dit également : « Sont fonctionnaires publics ceux qui sont attachés à un service public pour y tenir *un emploi* prévu dans les cadres d'organisation du service... » (93). M. François Perroux définit aussi le fonctionnaire en usant des termes d' « *emploi public permanent* » (94).

Quant à M. Jèze, partisan déterminé de cette théorie, son attitude est ferme et nette. Voici le passage essentiel relatif à la permanence :

« Ce qui doit être permanent, dit-il, c'est la fonction et non la tenure de l'emploi. Ordinairement l'agent affecté à un emploi permanent a lui-même une tenure permanente, mais ce n'est pas indispensable. Par exemple, le juré criminel ou d'expropriation, le soldat, sont affectés d'une manière temporaire plus ou moins courte à un emploi public permanent. Ce sont des agents au service public, des fonctionnaires.

« Considérons encore l'individu non agrégé, chargé pour un an d'un cours d'enseignement supérieur dans une Faculté de droit; l'emploi, le cours est permanent, bien que l'individu n'en soit chargé que pour un an, à titre non permanent, il y a certainement là un fonctionnaire public : la fonction, l'emploi qu'il remplit est permanent.

« De même, depuis la loi des finances du 13 juillet 1919, articles 141 et 142 et le décret du 13 février 1912, la jurisprudence du Conseil d'Etat reconnaît au Chef de Cabinet d'un Ministre la qualité de fonctionnaire. Il est peu de fonctionnaires dont la tenure d'emploi soit aussi précaire, aussi temporaire » (95).

Ainsi la permanence doit être interprétée dans le sens de

(92) Rolland : Précis du droit administratif, 6e éd., p. 64.
(93) Bonnard : Précis du droit administratif. 1935, p. 363.
(94) François Perroux : Les traitements des fonctionnaires en France, p. 8.
(95) Jèze : Les principes généraux du droit administratif, 3e éd., II, 234.

fonction permanente. Mais qu'est-ce que les fonctions permanentes ? Les fonctions permanentes sont les fonctions prévues dans le cadre permanent d'un service public (96). C'est justement pour cela que nous rencontrons souvent dans les définitions du fonctionnaire les termes de « cadre permanent » comme synonyme de « fonction permanente ».

Quant à la notion de « cadre permanent », M. Hauriou nous a donné l'explication suivante : « L'appartenance du cadre permanent, dit l'auteur, rappelle la condition de l'inscription sur la liste électorale pour l'acquisition du statut d'électeur, celle de l'inscripion sur la liste d'assistance pour l'acquisition du statut d'indigent. D'une façon plus générale, elle rappelle que l'ordre établi dans l'Etat est en grande partie basé sur l'écriture (des cadres, des listes, des tableaux, des cadastres, des budgets, etc.).

« Pour que l'appartenance aux cadres soit réalisée, deux conditions sont nécessaires : il faut que les cadres des emplois d'une administration publique déterminée (Etat, département, commune) aient été créés par un acte régulier législatif ou réglementaire. Il faut de plus, qu'ils aient été créés à titre permanent en vue d'un service public durable » (97). Par exemple « jusqu'à la loi du 13 juillet 1911, articles 141 et 142, les attachés au Cabinet des Ministres étaient tout à fait hors des cadres, aussi n'étaient-ils pas considérés comme fonctionnaires ; cette loi a créé leur cadre » (98).

La théorie de la fonction permanente non seulement a de nombreux partisans comme nous venons de le voir, mais elle a encore et surtout une influence considérable dans la pratique.

Tout d'abord, la jurisprudence du Conseil d'Etat a, à plusieurs reprises, sanctionné cette théorie. Les arrêts en ce sens sont nombreux, nous nous contentons de citer, à titre d'exemple, les deux arrêts suivants :

Dans l'affaire Minette, le Conseil d'Etat a refusé de con-

(96) Cf. l'article 2 de la loi du 14 septembre 1941 portant statut général du fonctionnaire et Bonnard : Précis de droit administratif, p. 441.
(97) Hauriou : Précis élémentaire du droit administratif, 4e éd., p. 65.
(98) Hauriou : Op. cit., p. 65.

naître le litige relatif au licenciement du sieur Minette en considérant que « le sieur Minette n'a jamais été compris dans les *cadres permanents* du service vicinal du département d'Alger ; qu'il ne se trouvait dès lors pas, vis-à-vis du dit service vicinal, dans la situation d'un fonctionnaire » (99). Dans l'affaire Vauthron, le Conseil d'Etat a déclaré également : « Le sieur Vauthron était employé comme simple journalier à l'administration centrale des colonies... à ce titre, il n'était pas compris dans les *cadres permanents* du personnel de cette administration ; ainsi, il n'exerçait aucune des fonctions prévues par la loi de 1853 » (100).

D'ailleurs, cette théorie de fonction permanente a été adoptée dans certains projets de loi. Par exemple, dans le projet de loi du 25 mai 1909, l'article premier a défini le fonctionnaire par cette formule : « Sont considérés comme fonctionnaires par l'application de la présente loi, tous ceux qui occupent dans un service public de l'Etat *un emploi permanent* ». De même le projet présenté le 14 juin 1909 par la Commission de la Chambre des Députés saisi du projet du Gouvernement met aussi en relief cette idée de fonction permanente. L'article premier est ainsi conçu : « Sont considérés comme fonctionnaires, pour l'application de la présente loi, tous ceux qui *font partie des cadres permanents* d'un service public ».

Et la Charte des fonctionnaires publiée le 14 septembre 1941 nous fournit bien des arguments décisifs à la théorie de l'emploi permanent. C'est avec les termes d' « emploi permanent » que la loi définit le fonctionnaire (l'article 2 de la loi du 14 septembre 1941 portant statut général des fonctionnaires civils de l'Etat et des établissements publics de l'Etat). C'est aussi en vertu de leur non-appartenance aux cadres permanents que l'on distingue les agents, employés et ouvriers des administrations des fonctionnaires proprement dits (101).

(99) L'arrêt Minette. C. d'E. 27 juillet 1927. Lebon, p. 847.
(100) L'arrêt Vauthrox. C. d'E. 24 mars 1901. Lebon p. 308.
(101) L'article 6 de la loi du 14 septembre 1941 portant l'extension de l'article 22 et du titre VIII de la loi portant statut général des fonctionnaires aux fonctionnaires locaux et aux agents.

Malgré sa supériorité sur la théorie de la participation permanente et son influence considérable en doctrine comme en pratique, la théorie de la fonction permanente possède, elle aussi, sa lacune qu'il convient de noter.

Il est vrai que pour être fonctionnaire, il faut toujours que la fonction (ou emploi) occupée soit permanente, mais on doit se garder de dire, par contre, que tous ceux qui occupent la fonction permanente sont fonctionnaires. Généralement, les fonctions permanentes sont occupées par les titulaires qui sont certainement des fonctionnaires, mais il existe aussi des cas où les fonctions permanentes sont occupées, pour une raison ou une autre, à titre provisoire, par des agents qui n'ont pas la qualité de fonctionnaire. C'est le cas pour les intérims. C'est aussi le cas des agents pourvus provisoirement d'un emploi à défaut de candidats classés et c'est aussi le cas d'autres nominations provisoires. Dans ces cas-là, une fonction permanente est occupée, à titre provisoire, par des agents non fonctionnaires qui sont, d'après M. Latournerie, commissaire de Gouvernement, des « auxiliaires non titulaires » (102). Les arrêts en ce sens sont nombreux (103). Parmi eux, nous nous bornerons à citer les deux arrêts suivants.

Dans l'affaire Sahuqué de Goty, le premier considérant de l'arrêt est ainsi conçu : « Considérant que si par arrêté du résident supérieur au Laos, le sieur Sahuqué de Goty... a été désigné pour remplir... les fonctions d'adjoint au Commissaire du Gouvernement, l'arrêté suscité précisait qu'il n'était chargé de ces fonctions qu'à titre provisoire en remplacement et pendant la durée de l'absence du titulaire... Qu'enfin, il n'est pas contesté qu'à aucun moment l'administration n'a manifesté l'intention de transformer au profit du requérant cette situation intérimaire en situation définitive ; qu'il n'est dès lors pas fondé à soutenir que l'arrêté du 13 mars 1925, par lequel, au retour du titulaire, il a été relevé des fonctions qu'il exerçait à Luang-Prabang, aurait dû être précédé de l'accomplissement des formalités édictées par l'article 65 de la loi du 22 avril 1905 » (104).

(102) Conclusions de M. Latournerie dans l'affaire Jacquet, Wicker et autres. C. d'E. 21 février 1938. R.D.P., 1938, p. 805 et s.
(103) R.D.P.. 1938, p. 808.
(104) Lebon, 1927, p. 175.

Dans l'affaire Focy, la décision du Conseil d'Etat est la même : « Considérant que le sieur Focy a exercé, par intérim, les dites fonctions (fonctions de secrétaire de mairie) sans qu'à aucun moment cette situation ait été transformée à son profit en situation définitive, jusqu'au 6 septembre 1921, jour où le sieur Lharmet a repris son emploi, que dans ces circonstances, le sieur Focy ne pouvait être réputé agent permanent de la commune, que, dès lors, il n'est pas fondé à soutenir qu'il aurait dû, avant d'être remplacé dans ses fonctions, avoir, par l'application de l'article 65 de la loi du 22 avril 1905, communication des pièces de son dossier et qu'il ne saurait davantage réclamer une indemnité à la commune de Saint-Haon, à raison de la cessation de ses fonctions » (105).

Ainsi, le Conseil d'Etat a refusé aux sieurs Sahugué de Goty et Focy le droit de bénéficier de l'article 65 de la loi du 22 avril 1905, par conséquent, de les considérer comme fonctionnaires. Ce n'est pas parce que les fonctions de l'adjoint au Commissaire du Gouvernement ou de secrétaire de mairie n'étaient pas permanentes, mais parce qu'ils ne les occupaient qu'à titre intérimaire et que cette situation intérimaire n'était pas transformée en situation définitive.

Ainsi la fonction permanente peut être occupée parfois par un agent non fonctionnaire. Par conséquent, la théorie de la fonction permanente présente aussi des lacunes.

II. — *Essai d'une interprétation de la permanence.*

D'après l'examen que nous avons fait des théories de la participation permanente et de la fonction permanente, nous savons que, d'une part, la notion de la participation permanente n'est pas toujours correspondante à celle du fonctionnaire et que, d'autre part, la fonction permanente n'est pas non plus toujours occupée par un fonctionnaire. Ainsi ces deux théories, malgré leur influence doctrinale et jurisprudentielle, doivent être repoussées ou complétées.

A notre avis, la condition de permanence doit être prise dans le sens d'*occupation à titre définitif d'une fonction permanente*. Il nous paraît que c'est la seule interprétation

(105) L'arrêt Focy. LEBON, 1924. p. 32.

qui puisse combler les lacunes des deux théories envisagées et cadrer le mieux avec la jurisprudence de nos jours. D'une part, cette interprétation exclut du rang de fonctionnaires les auxiliaires permanents et complète ainsi la théorie de la participation permanente, elle exclut encore ceux qui occupent provisoirement une fonction permanente, complétant par là la théorie de la fonction permanente ; d'autre part, elle englobe, par contre, les fonctionnaires qui n'occupent qu'une fonction à durée déterminée et qui sont exclus du rang de fonctionnaires d'après la théorie de la participation permanente.

Et c'est en fonction de cette interprétation que le fonctionnaire se distingue de certains autres individus travaillant, eux aussi, pour le service public. Premièrement, cette interprétation exclut avant la loi du 14 septembre 1941, du rang de fonctionnaires les auxiliaires, soit parce qu'ils n'occupent qu'une fonction non permanente, soit parce qu'ils l'occupent simplement à titre provisoire. Et depuis la publication de la loi du 14 septembre 1941, elle exclut du rang de fonctionnaires les agents, employés et ouvriers des administrations, se fondant sur le fait que ces trois catégories d'agents n'appartiennent pas au cadre permanent d'une administration (106). Ensuite, cette interprétation écarte aussi les concessionnaires du service public et leur personnel, car « il est de l'essence de la concession d'être temporaire » (107). Par conséquent, ceux qui y travaillent quelle que soit leur situation dans l'entreprise n'occupent pas des emplois permanents. « Le concessionnaire, dit M. Rolland, est ainsi bien différent du fonctionnaire. Il n'occupe point un emploi permanent dans les cadres des services. Il demeure juridiquement un simple particulier ou un simple groupement de droit privé » (108).

(106) Voir l'article 6 de la loi du 14 septembre portant extension de l'article 22 et du titre VIII de la loi du 14 septembre 1941 aux fonctionnaires des collectivités locales et aux agents et ouvriers des administrations publiques.
(107) BONNARD : Précis, 3e éd. page 708, et cf. RXLLAND : Précis, p. 107.
(108) ROLLAND : Précis de droit administratif, p. 105 à 106.

SECTION III

ACCEPTATION VOLONTAIRE DE LA FONCTION

§ 1er. — L'ACCEPTATION VOLONTAIRE EST-ELLE UNE CONDITION INDISPENSABLE A LA QUALITÉ DE FONCTIONNAIRE?

Outre les deux conditions indispensables à la qualité de fonctionnaire que nous avons étudiées dans les sections précédentes, il y en a encore une troisième qui est l'acceptation volontaire de la fonction par la personne nommée ou élue.

D'après M. Hauriou, il faut que « le fonctionnaire soit attaché à l'administration par une réquisition *consentie* » (109). Pour M. Berthélemy, « les fonctionnaires sont ceux qui, *ayant accepté une nomination* à un poste déterminé, collaborent d'une manière continue à la gestion de la chose publique » (110). De même, M. Bonnard a défini les fonctionnaires « tous les agents qui sont attachés à un service public, *volontairement de leur part*... ». Et il a écrit ailleurs que « la nomination est un acte unilatéral entâché d'une condition résolutoire. Le *fonctionnaire peut refuser la nomination. Ce refus constitue la condition résolutoire dont la nomination est entachée. Si le fonctionnaire refuse la nomination, la condition joue et la nomination est supprimée* » (112).

Si l'acceptation volontaire de la fonction est considérée comme une condition nécessaire à la qualité de fonctionnaire par ces auteurs, MM. Duguit et Jèze ont tenu cependant une opinion opposée. M. Duguit a cru que « le caractère obligatoire n'est pas du tout exclusif du caractère de fonction publique » (113). Et d'après M. Jèze, « l'élément

(109) HAURIOU : Précis élémentaire de droit administratif. 1938, p. 72.
(110) BERTHÉLEMY : Traité élémentaire de droit administratif, 13e éd., p. 51.
(111) BONNARD : Précis de droit administratif, p. 363.
(112) BONNARD : Op. cit., p. 271.
(113) DUGUIT : Traité du droit constitutionnel, 3e éd.. II, p. 16.

de contrainte peut exister dans la fonction publique proprement dite » (114).

Les arguments de ces grands maîtres semblent pouvoir être groupés sous deux points de vue. Au point de vue du principe, ils croyaient que le régime de contrainte peut se justifier par la nécessité du fonctionnement du service. D'après M. Jèze, « l'intérêt général l'emportant sur les intérêts privés, la nécessité d'assurer le fonctionnement des services publics légitimerait l'emploi de la contrainte »(115). De même, aux yeux de M. Duguit : « L'obligation qui s'impose aux gouvernants d'assurer le fonctionnement des services publics justifie entièrement l'emploi de la contrainte, quand il est nécessaire pour assurer le recrutement des fonctionnaires » (116).

Au point de vue de fait, leurs arguments consistent dans le caractère obligatoire du soldat et du juré qui sont, d'après MM. Duguit et Jèze, des fonctionnaires proprement dits (117).

A notre avis, tous ces arguments sont discutables. Du point de vue du principe, selon l'avis de M. Jèze lui-même, « l'entrée au service public ne doit pas être imposée : l'obligation est un pis-aller. Pour une fonction permanente, l'obligation serait déplorable. On ne pourrait compter sur le zèle et le dévouement d'individus contraints, pour une période indéfinie, à l'exercice d'une fonction publique » (118). Comme une des conditions indiscutables à la notion de fonctionnaire est l'emploi permanent, il est évident que le fonctionnaire doit être toujours recruté avec l'acceptation volontaire de la personne nommée.

Et si l'obligation qui s'impose aux gouvernants d'assurer le fonctionnement des services publics peut justifier l'emploi de la contrainte, en cas de nécessité, pour recruter le

(114) JÈZE : Les principes généraux du droit administratif, 3e éd., II, p. 229.
(115) JÈZE : Op. cit., p. 420.
(116) DUGUIT : Op. cit., p. 16 et 115.
(117) DUGUIT dit : « Quoiqu'on dise, j'estime que tous les militaires, même les simples soldats, sont des fonctionnaires » (Traité du droit constitutionnel III, p. 16). De même, M. JÈZE dit : « l'élément de contrainte peut exister dans la fonction publique proprement dite : service militaire, service de jury criminel, de jury d'expropriation ». (Les principes généraux du droit administratif. II, p. 229).
(118) JÈZE : Op. cit., p. 420.

personnel du service, on ne peut cependant en induire que ce personnel soit composé de fonctionnaires : il est mieux de mettre ceux-ci au rang de réquisitionnés.

Quant aux arguments de fait qui consistent dans le caractère obligatoire de la fonction du soldat appelé et de celle du jury, ils sont aussi insoutenables. Ecartons les lois nouvelles sur l'organisation de l'armée par voie d'engagement volontaire et sur celle de jury, lois qui diminuent sans doute la validité de ces arguments. Or, même avant la publication de ces lois nouvelles, ces arguments de fait étaient déjà critiquables puisque d'après la distinction établie par M. Jèze lui-même entre fonctionnaire et réquisitionné, le soldat et le jury doivent être exclus du rang de fonctionnaires.

« Le réquisitionné, a dit cet auteur, se distingue nettement du fonctionnaire public proprement dit : l'objet de la prestation qui lui est réclamée est bien déterminé » (119). Si M. Jèze a reconnu en vertu de cette distinction, au témoin en justice et au guide à l'armée, la qualité de réquisitionné, nous ne pouvons pas bien comprendre pourquoi il considère le jury et le soldat appelé comme fonctionnaires. L'objet de la prestation fournie par ceux-ci n'est-il pas aussi bien déterminé que l'objet de la prestation réclamée du témoin et du guide ?

Et, d'après la définition du fonctionnaire donnée par M. Jèze, « un premier élément essentiel qui permet de le (fonctionnaire) connaître, c'est le caractère permanent, normal, ordinaire de l'emploi, de la fonction conférée à l'individu » (120). Et M. Jèze a ailleurs reconnu nettement que le service militaire et le service de jury sont des « fonctions temporaires » (121). N'est-il pas illogique de reconnaître la qualité de fonctionnaire au soldat et au juré ?

Ainsi le soldat appelé et le juré ne doivent pas être considérés comme fonctionnaires et, dès lors, il n'existe pas de fonctions obligées comme MM. Duguit et Jèze le croyaient.

(119) Jèze : Op. cit., p. 229.
(120) Jèze : Op. cit, p. 234.
(121) Jèze : Op. cit., p. 420

Ainsi, tous les arguments contre le caractère volontaire ne sont pas convaincants ; par conséquent, nous devons suivre la plupart des auteurs en croyant que l'acceptation volontaire de la fonction est une condition indispensable à la notion de fonctionnaire.

§ II. — A QUEL SIGNE RECONNAÎT-ON L'ACCEPTATION VOLONTAIRE DE LA FONCTION ?

La volonté d'acceptation de la fonction s'exprime de manières différentes selon les cas. Dans le cas de nomination par élection, elle apparaît sous la forme de candidature ; dans le cas de nomination par voie de concours, elle se révèle par l'inscription de l'intéressé au concours d'admission. Ce sont les cas où la volonté du fonctionnaire se manifeste avant la nomination.

D'autre part, il existe encore des cas où cette volonté se fera jour après la nomination. Pour certaines catégories de fonctions, cette volonté d'acceptation se traduit par le fait de prêter serment. Généralement, le fait de prendre possession de la fonction est considéré comme l'acceptation volontaire de la fonction de la personne nommée.

C'est en se fondant sur cette condition tirée de l'existence de l'acceptation volontaire, qu'on distingue le fonctionnaire du réquisitionné. M. Bonnard a dit : « Les agents réquisitionnés sont les agents obligés de participer au fonctionnement du service en vertu d'une réquisition dont ils sont l'objet », alors que « les fonctionnaires sont attachés à un service public volontairement de leur part ». Par conséquent, les guides, les conducteurs pour le service de l'armée, les témoins pour l'administration de la justice et les individus réquisitionnés pour le service civil en vertu de la loi du 11 juillet 1938 (art. 14 et suivants) ne sont pas fonctionnaires, car ils participent au service public par voie de contrainte, en dehors de tout consentement personnel.

SECTION IV

EMPLOI CORRESPONDANT A L'OBJET PROPRE DU SERVICE ET SANS ANALOGIE AVEC UN EMPLOI PRIVE

§ Ier. — L'EMPLOI CORRESPONDANT A L'OBJET PROPRE DU SERVICE ET SANS ANALOGIE AVEC UN EMPLOI PRIVÉ EST-IL UNE CONDITION INDISPENSABLE A LA QUALITÉ DE FONCTIONNAIRE ?

Aux trois conditions indispensables à la qualité de fonctionnaire dont nous venons de parler, la loi du 14 septembre 1941 relative à l'organisation des cadres des services publics ajoute une condition nouvelle : l'emploi correspondant à l'objet propre du service et sans analogie avec un emploi privé (122). C'est en vertu de cette condition que le fonctionnaire se distingue de l'employé d'Etat qui forme une catégorie nouvelle d'agents publics créée par la loi du 14 septembre 1941.

Dans la jurisprudence, avant la publication de cette loi, le seul arrêt que l'on puisse invoquer en faveur de cette condition est l'arrêt Chambre de Commerce de Quimper. Dans cet arrêt, la Chambre civile de la Cour de Cassation a décidé que « les agents nommés par elles (les Chambres de Commerce) pour concourir d'une façon permanente à l'exécution des *services rentrant dans leurs attributions* ont la qualité de fonctionnaires publics » (123).

Certes, en doctrine, les auteurs ont depuis longtemps distingué les agents fonctionnaires des agents employés (124),

(122) Les troisième et quatrième alinéas de la loi du 14 septembre 1941 relative à l'organisation des cadres des services publics sont ainsi conçus :
« Tous les emplois qui ne répondent pas à l'objet propre du service public et tous ceux qui, par leur nature, sont analogues aux emplois privés sont occupés par des employés.
« Les autres emplois sont occupés par des fonctionnaires. »
Dans le rapport sur le statut des fonctionnaires, on lit (*J. O.* 1er octobre 1941, p. 4211) : « ...la qualité de fonctionnaire est seulement reconnue à ceux qui occupent des emplois permanents correspondant à l'objet propre du service public, à l'exclusion de ceux dont les emplois sont analogues aux emplois privés. »
(123) Cour de Cassation, 13 mars 1939. S. 1939-1-211.
(124) DUGUIT : Traité de droit constitutionnel. III, p. 4.

mais les critères proposés sont différents selon les auteurs. Ces critères consistent soit dans la participation permanente (125), soit dans le service public proprement dit (126), soit dans le caractère intellectuel du service rendu (127), soit dans l'exercice de la puissance publique (128). Grâce à l'article premier de la loi du 14 septembre 1941 relative à l'organisation des cadres des services publics, il n'y a plus matière à discuter sur la ligne de démarcation entre le domaine de fonctionnaire et celui de l'employé.

§ II. — Qu'est-ce que l'emploi correspondant a l'objet propre du service et sans analogie avec un emploi privé ?

Si la publication de la loi du 14 septembre 1941 met un terme à ces discussions doctrinales, le sens précis de cette condition reste encore à étudier.

Etant donné l'absence de commentaires officiels et doctrinaux, nous ne trouvons que des explications sommaires dans certains journaux. Ainsi, d'après *Le Temps* (le 2 octobre 1941), l'objet propre du lycée est l'enseignement, donc « le professeur de lycée est et restera un fonctionnaire, mais le concierge de lycée ne le sera plus. D'autre part, tous les emplois qui, comme ceux de dactylographes et gardiens de bureaux, sont, par leur nature, analogues aux emplois privés, devront être occupés par des employés et non par des fonctionnaires ».

Mais si, pour ces emplois typiques suscités, il est facile de s'apercevoir s'ils correspondent ou non à l'objet propre du service ou s'ils sont analogues ou non aux emplois privés, il n'en est pas toujours ainsi pour certains autres emplois. Ainsi un économe de lycée a-t-il un emploi correspondant à l'objet propre du service ? Un comptable d'un établissement public a-t-il un emploi analogue à un emploi privé ? Ce serait encore prématuré de répondre à ces questions d'une manière précise. Il est prudent d'attendre les

(125) Duguit : Op. cit., III, p. 4.
(126) Duguit : Op. cit., III, p. 7.
(127) Bonnard : Précis de droit administratif, 1935, p. 365.
(128) Cazalons : Conclusions dans l'affaire Guidet S. 1881-3-37.

interprétations de la jurisprudence et les règlements d'administration publique qui fixeront l'organisation des cadres des fonctionnaires (129).

Conclusions sur la définition du fonctionnaire et les exceptions de cette définition

Dans le chapitre premier, nous avons éliminé certaines conditions nécessaires à la notion de fonctionnaire qui nous paraissent inexactes. Dans le second, nous nous sommes efforcé d'exposer les conditions indispensables à la notion du fonctionnaire et de saisir leur véritable sens. Ainsi nous pouvons donner du fonctionnaire la définition suivante :

Est fonctionnaire celui qui occupe volontairement et à titre définitif, dans un service public non industriel, un emploi permanent correspondant à l'objet propre du service et sans analogie avec un emploi privé.

Si cette définition convient, en général, à tous les fonctionnaires, il est à remarquer pourtant qu'il y a deux cas exceptionnels concernant les dirigeants et parfois les comptables du service public industriel dont les agents n'ont pas, en principe, la qualité de fonctionnaire. Car « les dirigeants de ces services tiennent leur mandat — véritable mandat de fonction publique — directement de l'Etat » et « leur statut est fixé par les textes organiques constitutifs du service » (130) et car aussi les comptables d'un service public doivent être toujours contrôlés par l'administration.

Ces exceptions sont nettement déclarées par la loi du 14 septembre 1941. Dans l'article 2 de cette loi, après avoir établi la définition générale du fonctionnaire qui constitue le premier alinéa, le législateur reconnaît nettement la qualité de fonctionnaire à « celui qui est investi de fonctions de direction dans les services publics industriels ou com-

(129) Voir l'article 2 de la loi du 14 septembre 1941 relative à l'organisation des cadres des services publics.
(130) Conclusions de M. Rivet dans l'affaire Dillard. R.D.P., 1929, p. 107 et s.

merciaux exploités en régie » et au « comptable de ces services lorsqu'il est soumis aux règles essentielles applicables au comptable public ».

Mais si ces exceptions sont légalement déclarées par la loi du 14 septembre 1941, elles ne sont pas créées par cette loi qui affirme ou précise seulement la jurisprudence du Conseil d'Etat ou les dispositions législatives précédentes.

S'agit-il des dirigeants du service public industriel ? Ils sont considérés comme fonctionnaires depuis l'arrêt Lafrégeyre. Cette idée se révèle dans la jurisprudence où le Conseil d'Etat se reconnaît compétent en cas de litiges survenus entre les dirigeants du service public industriel et l'administration dont ils dépendent. Les arrêts en ce sens sont nombreux, nous nous bornerons à citer l'arrêt Lafrégeyre qui est le premier des arrêts en ce sens et les arrêts Verchère et Ambrosini qui sont deux arrêts plus récents.

L'arrêt Lafrégeyre : « Considérant que, eu égard au *caractère des fonctions de direction* auxquelles le sieur Lafrégeyre a été appelé par l'arrêt du Gouverneur général de la colonie de Madagascar, les difficultés soulevées entre la colonie et le requérant touchant les droits résultant pour ce dernier du contrat qui le liant à la colonie sont de celles sur lesquelles il appartient à la juridiction administrative de statuer, et que s'agissant des fonctions publiques coloniales, le Conseil du Contentieux administratif de Madagascar était compétent pour en connaître... » (131).

L'arrêt Ambrosini : « Considérant que les services départementaux d'électricité sont un *service industriel* exploité par le département Loir-et-Cher, dans les conditions d'une industrie ordinaire ; que l'emploi de secrétaire architecte qui y était occupé par le requérant ne constitue *pas une fonction de direction ;* que par suite le Conseil de Préfecture aurait dû se déclarer incompétent pour statuer sur la demande... » (132).

L'arrêt Verchère : « Considérant que la dame Verchère occupait un poste de secrétaire comptable au service du Chemin de fer Congo-Océan, exploité en régie par l'Afri-

(131) L'arrêt Lafregeyre : C. d'E. 26 janvier 1923. R.D.P., 1923.
(132) L'arrêt Ambrosini : C. d'E. 24 juin 1938. LEBON p. 577.

que Equatoriale Française ; que, s'agissant d'un litige relatif aux droits d'*un agent d'un service industriel* exploité dans les conditions du droit commun *qui n'exerce pas de fonction de direction*, la juridiction administrative est incompétente pour en connaître ; que c'est, par suite, à bon droit que le Conseil du Contentieux administratif s'est déclaré incompétent pour examiner la prétention de la dame Verchère » (133).

« D'après une jurisprudence constante, les procès nés entre l'administration et les fonctionnaires à l'occasion de la fonction sont de la compétence des tribunaux administratifs ; au contraire, les procès entre l'administration et les agents employés sont de la compétence des tribunaux judiciaires » (134). Si le Conseil d'Etat se déclare compétent pour connaître les litiges nés entre les dirigeants du service public industriel et l'administration dont ils dépendent, il est évident que ces dirigeants sont considérés comme fonctionnaires par la jurisprudence.

En outre, la qualité de fonctionnaire des dirigeants du service public industriel peut être aussi constatée par l'arrêt Bonificy dans lequel le Conseil d'Etat reconnaît bien le droit à la communication préalable de son dossier dans les conditions de l'article 65 de la loi du 22 avril 1905 au directeur d'une régie municipale de distribution d'énergie électrique qui est un service public industriel (135).

D'ailleurs, avant la loi du 14 septembre 1941, le législateur a déjà considéré les dirigeants du service public industriel comme fonctionnaires dans une loi aussi récente relative à l'accès aux emplois dans les administrations publiques. L'article premier de cette loi est ainsi conçu : « Nul ne peut, s'il n'est Français et né de père français, être employé dans les administrations de l'Etat, des départements, des communes et des établissements publics ou exercer de fonction de direction dans un service public industriel exploité en régie » (136). Malgré l'absence du

(133) L'arrêt Verchère : C. d'E. 22 juillet 1938. Lebon p. 829.
(134) Duguit : Traité du droit constitutionnel, III, p. 5.
(135) C. E. 29 mars 1933. Recueil p. 336.
(136) Dalloz : Bulletin législatif, 1941, n° 12, p. 610.

terme de fonctionnaire, cette loi considère nettement les dirigeants du service public industriel comme fonctionnaires.

S'agit-il des comptables des services publics industriels. Nous ne trouvons pas d'arrêts intéressants pour constater qu'ils étaient considérés comme fonctionnaires avant la publication de la Charte des fonctionnaires. Mais dans le domaine législatif, le décret du 15 décembre 1934 concernant la comptabilité de l'établissement du service industriel a déjà donné au chef de la comptabilité générale un statut du droit public. Cela montre bien que le législateur de cette loi a déjà reconnu implicitement la qualité de fonctionnaire à ces comptables (137).

(137) Cf. CHAVANON : Essai sur la notion et la nature juridique du service public industriel. p. 228.

DEUXIEME PARTIE

SITUATION JURIDIQUE DU FONCTIONNAIRE

Après avoir essayé de préciser la notion du fonctionnaire, demandons-nous maintenant quelle est la situation juridique du fonctionnaire ? Car si la définition du fonctionnaire peut nous aider à résoudre certains problèmes relatifs au fonctionnaire, il en existe d'autres plus importants que l'on ne peut trancher sans connaître la situation juridique du fonctionnaire. Quelle est l'étendue du droit de révocation de l'administration ? Quelle est la juridiction compétente pour juger les litiges survenus entre l'administration et ses fonctionnaires ? Les fonctionnaires peuvent-ils quitter librement leur poste ? Les dispositions concernant les avantages pécuniaires du fonctionnaire peuvent-elles être modifiées unilatéralement par l'Etat ? etc. Toutes ces questions dépendent étroitement de la solution donnée à la situation juridique du fonctionnaire. Les réponses à ces questions sont tout à fait différentes selon que la situation juridique de ce dernier est légale, ou contractuelle, ou à la fois contractuelle et légale, ou enfin légale pour certains fonctionnaires et contractuelle pour certains autres.

Quelle est la nature juridique de la situation du fonctionnaire ? Pour répondre à cette question, les grands auteurs du droit administratif énoncent plusieurs théories différentes. Car ils cherchent toujours à faire cadrer leur opinion sur la situation juridique du fonctionnaire avec leurs propres systèmes juridiques qui sont eux-mêmes divergents. Ainsi les uns préconisent le dualisme de la situation du fonctionnaire, les autres rattachent la situation du fonctionnaire à une idée de contrat administratif, et d'autres enfin insistent sur le caractère légal de la situation juridique du fonctionnaire.

En présence de ces théories, nous n'avons l'intention de proposer aucune théorie originale. Nous nous bornerons, d'une part, à démontrer les désaccords avec les faits et les lacunes théoriques de certaines théories qui nous paraissent devoir être rejetées ; d'autre part, à constater l'exactitude en fait et en droit de la théorie légale qui nous semble être la meilleure.

Ainsi cette partie se divisera en deux chapitres. Le premier sera consacré aux théories que nous voulons combattre, le second à la théorie légale que nous adopterons.

CHAPITRE PREMIER

EXPOSE ET CRITIQUE DE CERTAINES THEORIES RELATIVES A LA SITUATION JURIDIQUE DU FONCTIONNAIRE

Pour déterminer la nature juridique de la situation du fonctionnaire, c'est-à-dire pour fixer la relation juridique entre le fonctionnaire et l'Etat, de nombreux auteurs proposent des solutions différentes. Les uns y voient une situation contractuelle, les autres, une situaion à la fois légale et contractuelle, les autres enfin soit une situation légale, soit une situation contractuelle selon la nature de la fonction occupée.

D'ailleurs, la manière de voir des partisans d'une même théorie revêt encore des nuances plus ou moins accentuées: Parmi les partisans de la théorie éclectique, M. Berthélemy a cru que la situation juridique du fonctionnaire de gestion relève toujours de l'idée de louage des services, tandis que M. Nézard a divisé la situation juridique de ces fonctionnaires en deux catégories : les loueurs de services et les mandataires. Parmi les partisans de la théorie contractuelle, les uns y voient un contrat de droit privé, d'autres un contrat de droit public, d'autres un contrat mixte. En outre, les partisans de la théorie du contrat privé soutiennent encore des théories différentes.

Dans le chapitre présent, nous nous contenterons de discuter les deux théories contemporaines les plus importantes : la théorie éclectique et celle du contrat administratif.

SECTION I

EXPOSE ET CRITIQUE DE LA THEORIE ECLECTIQUE

§ Ier. — EXPOSÉ DE LA THÉORIE ÉCLECTIQUE

I. — *Son fondement théorique.*

D'après les auteurs de la théorie éclectique, la situation juridique du fonctionnaire ne peut pas être considérée comme toujours identique. Elle varie selon la nature de la fonction occupée. Ces fonctions se divisent en deux catégories : fonctions d'autorité, fonctions de gestion. La distinction de ces fonctions repose sur le dualisme de la nature des actes administratifs, dualisme qui dérive du dualisme de la qualité de l'Etat.

« L'Etat agit tantôt comme puissance publique, tantôt comme personne morale » (1). D'où « une double mission incombe à l'administration » (2). D'une part, l'administration gère les intérêts de l'Etat personne morale, elle perçoit ses revenus, les affecte à un service, passe des contrats avec les particuliers. « Les actes qu'elle accomplit pour remplir cette mission sont ceux que l'on apelle actes de gestion » (3).

« Tout acte de gestion, dit M. Berthélemy, a pour objet de conserver, de diminuer ou d'augmenter un patrimoine ; or il n'y a pas de patrimoine sans propriétaire, puisqu'un patrimoine n'est que l'ensemble des rapports juridiques entre une personne et les biens qui lui appartiennent. Les actes de gestion apparaissent ainsi comme ceux que font les administrateurs en tant que représentants des personnes morales administratives » (4). Les actes de gestion sont donc des actes de l'Etat personne morale, des actes de droit commun.

(1) NÉZARD : Théorie juridique de la fonction publique, 1901, p. 760.
(2) NÉZARD : Op. cit.. p. 545.
(3) LAFERRIÈRE : Traité de la juridiction administrative, 2e éd., I, p. 5.
(4) BERTHÉLEMY : Traité élémentaire du droit administratif. 13e éd., p. 45.

« D'un autre côté, dit Laferrière, l'administration est dépositaire d'une part d'autorité, de puissance qui est un des attributs du pouvoir exécutif. Elle est chargée de faire exécuter les lois, d'édicter les prescriptions secondaires destinées à assurer leur application, de régler la marche des services publics et de procurer aux citoyens les avantages d'une bonne police ; elle intervient par voie de prescriptions générales et individuelles, d'injonctions ou de défenses, adressées à ceux qui s'écartent des règles prescrites ou qui nuisent à l'intérêt général. L'administration agit alors comme autorité, comme puissance et ses actes sont dits actes de commandement ou de puissance publique » (5). Les actes de puissance publique (ou actes d'autorité) ne sont donc plus actes de l'Etat personne morale, mais de l'Etat puissance publique qui ne doit pas être personnifiée (6).

« Cette distinction, dit M. Nézard, entre la personne morale qui fait des actes de gestion et la puissance publique qui accomplit des actes d'autorité est donc générale et absolue. Elle constitue la base du droit administratif ; elle intervient dans les opérations administratives les plus complexes pour attribuer à l'une ou l'autre matière les actes simples qui en dépendent ; elle s'accuse chaque jour davantage avec les progrès du droit et surtout de la jurisprudence qui par l'admission du recours pour détournement de pouvoir, empêche la puissance publique de se mettre au service de la gestion privée. Elle crée ainsi, dans le droit administratif, deux séries de règles dont les unes sont du domaine du droit public et les autres du domaine du droit privé et elle applique cette distinction à toutes les matières administratives » (7).

Comme la fonction publique est matière administrative au premier chef, il est donc naturel et logique, pensait M. Nézard, de chercher la base de la théorie de la fonction publique dans cette distinction fondamentale du droit administratif, distinction qui donne la solution de tant de questions complexes et controversées (8).

(5) LAFERRIÈRE : Op. cit., tome I, p. 5.
(6) Cf. BERTHÉLEMY : Op. cit., p. 47 et s.
(7) NÉZARD : Op. cit., p. 460.
(8) Cf. NÉZARD : Op. cit., p. 460 et s.

D'une part, certains fonctionnaires gèrent des intérêts qui ne peuvent, d'après Berthélemy, appartenir qu'à l'Etat, personne morale, lequel seul a un patrimoine. Quand la personne morale choisit un agent pour gérer ses intérêts, elle fait assurément un acte de gestion. Car elle ne peut faire que des actes de cette nature et n'agit d'ailleurs que comme une société privée qui nomme un employé : la relation qui s'établit entre le fonctionnaire et l'Etat personne morale est donc une relation de contrat privé.

D'autre part, certains fonctionnaires commandent aux citoyens. Ils ne sont en relation qu'avec la puissance publique qui seule est une fonction d'autorité. Quand un organe de l'Etat choisit un agent pour commander aux particuliers, il fait assurément un acte d'autorité puisqu'il n'a que des prérogaives de cette nature ; la relation qui s'établit entre le fonctionnaire d'autorité et la puissance publique est donc un rapport légal de puissance (9).

« Personne morale, acte de gestion, fonctionnaire de gestion correspondent, écrit M. Nézard, dans le domaine du droit privé à la hiérarchie parallèle de puissance publique, des actes d'autorité, des fonctionnaires d'autorité dans le cercle du droit public » (10).

Ainsi, d'après les partisans de la théorie éclectique, il y a deux sortes de situations juridiques du fonctionnaire : celle des fonctionnaires de gestion, laquelle est contractuelle et celle des fonctionnaires d'autorité, laquelle est légale.

II. — *Sa justification des faits*

D'après les auteurs de la théorie éclectique, cette distinction entre la situation légale du fonctionnaire d'autorité et la situation contractuelle du fonctionnaire de gestion non seulement s'accorde très bien avec le dualisme de la

(9) Cf. Nézard : Op. cit., p. 460 à 161.
(10) Nézard : Op. cit.. p. 461.

qualité de l'Etat (l'Etat puissance publique et l'Etat personne morale) et celui de l'acte administratif (l'acte d'autorité et l'acte de gestion) comme nous venons de l'exposer, mais elle serait encore justifiée par des textes législatifs et jurisprudentiels.

Tout d'abord, cette distinction peut être justifiée, d'après M. Berthélemy, par les articles 222 à 224 du Code pénal et l'article 31 de la loi sur la presse. « Il y a certainement lieu, dit l'auteur, d'appliquer les dispositions précitées aux outrages envers les fonctionnaires ou agents d'autorité ; il est douteux qu'elles doivent être appliquées aux outrages envers les fonctionnaires ou agents de gestion. La pensée du législateur, en ce qui touche au moins le Code pénal, est révélée tout à la fois par le titre sous lequel sont groupées ces dispositions et par la raison d'être des mesures prises. Le titre, c'est *outrages et violences envers les dépositaires de l'autorité et de la force publique.* Dira-t-on qu'un concierge de Ministère, qu'un facteur des postes, qu'un instituteur public sont des dépositaires de l'autorité? Quant à la raison d'être des mesures prises, c'est d'assurer le respect des commandements de ceux qui ont pour mission de rendre la justice, de faire la police, d'exercer, en un mot, la puissance publique. Les fonctionnaires qu'a voulu protéger la loi de 1881 sont vraisemblablement les mêmes que le Code pénal protégeait » (11).

En outre, ce dualisme de la situation légale du fonctionnaire d'autorité et de la situation contractuelle du fonctionnaire de gestion se révèle encore dans les lois du travail. La loi du 9 avril 1898 concernant les accidents du travail s'applique, selon la jurisprudence, aux cantonniers, aux sous-agents des Postes et Télégraphes, aux agents des Chemins de fer de l'Etat, aux ouvriers des établissements de guerre qui sont tous fonctionnaires de gestion et en aucune manière aux fonctionnaires d'autorité (12). De même, « la loi du 5 avril 1910 sur les retraites ouvrières et paysannes admettait au bénéfice de ses dispositions : 1° les

(11) Berthélemy : Traité élémentaire du droit administratif, 13e éd., p. 58.
(12) Berthélemy : Op. cit., p. 59.

salariés de l'Etat qui ne sont pas placés sous le régime des pensions civiles et militaires ; 2° les salariés des départements et des communes, pourvu qu'ils n'aient pas un salaire annuel supérieur à 3.000 fr. Or par saladiés, il faut entendre les seuls agents de gestion (gens de service de Ministères, cantonniers, jardiniers, ouvriers municipaux, etc.) et non les fonctionnaires d'autorité » (13).

En parlant des syndicats de fonctionnaires, M. Berthélemy pensait, en 1921, que l'application ou non de la loi du 21 mars 1884 au fonctionnaire doit varier selon la distinction du fonctionnaire. « Si notre théorie est exacte, on doit admettre que les fonctionnaires d'autorité ne peuvent jamais se syndiquer. Les fonctionnaires de gestion, au contraire, placés dans les mêmes conditions que les agents de l'industrie privée sont libres de former des syndicats » (14). Bien qu'il ait abandonné, dans la treizième édition de son « Traité élémentaire du droit administratif », une pareille opinion, l'auteur invoque cependant le fait que la pratique administrative reconnaît les seuls syndicats de fonctionnaires de gestion comme l'argument en faveur de la théorie éclectique (19).

D'autre part, pour soutenir sa théorie, M. Berthélemy a invoqué les articles 123 à 126 du Code pénal concernant l'l'interdiction de coalition des fonctionnaires. « La pensée des rédacteurs, dit l'auteur, s'est conformée à la distinction... On ne punit que les coalitions entre individus ou corps dépositaires de quelque partie de l'autorité publique ». Ainsi, « en droit, il n'existe actuellement aucun moyen légal de frapper comme un délit la cessation de travail dans tous les services publics dont les agents ne détiennent aucune parcelle de l'autorité » (16).

Telle est dans ses grandes lignes l'économie de la théorie éclectique sur laquelle il convient maintenant de porter une appréciation.

(13) Berthélemy : Op. cit., p. 60.
(14) Berthélemy : Traité élémentaire du droit administratif, 1921. p. 57.
(15) Cf. Berthélemy : Traité élémentaire du droit administratif, 1933, p. 63.
(16) Berthélemy : Op. cit., p. 61.

§ II. — Critique de la théorie éclectique

Lorsqu'un problème est l'objet de discussion de la part de deux théories opposées, apparaît souvent une troisième théorie, électique celle-ci. Il est possible qu'une telle théorie corresponde à la réalité, mais il est également possible qu'elle nous conduise, sous une apparence de synthèse, à quelque erreur. Sur le problème de la situation juridique du fonctionnaire, la théorie que nous venons d'exposer nous paraît être une théorie de cette nature. En effet, cette théorie a été déjà maintes fois critiquée et le nombre de ses partisans diminue de plus en plus.

Malgré cela, nous estimons une discussion sur cette théorie encore nécessaire à notre travail. Car non seulement elle a dominé pendant longtemps les opinions sur la nature juridique du fonctionnaire, mais elle est encore soutenue opiniâtrement par son auteur, M. Berthélemy, un des grands maîtres contemporains du droit administratif ; de plus, les critiques qui ont été adressées à cette théorie sont très brèves et dispersées ça et là, il n'est pas inutile de les rassembler, de les développer et de les compléter,

Aussi, dans ce paragraphe, nous allons critiquer cette théorie successivement à deux points de vue, à savoir : au point de vue théorique et au point de vue des faits.

I. — *Critique au point de vue théorique.*

Au point de vue théorique, nous essayerons de démontrer que la situation juridique du fonctionnaire ne doit ni ne peut être divisée en deux catégories selon la nature de l'acte accompli par lui.

A. — *La base de cette théorie est critiquable.*

D'après la théorie éclectique, la nature de la situation juridique du fonctionnaire se base sur un double dualisme: dualisme de la qualité de l'Etat (l'Etat puissance publique et l'Etat personne morale) et dualisme de l'acte administratif (l'acte d'autorité et l'acte de gestion). Or ce double dualisme, base de la théorie, est lui-même discutable (17).

Tout d'abord, le dualisme de la qualité de l'Etat est illogique. « Si l'on admet, écrit M. Duguit, que la personnalité de l'Etat n'existe pas quand il fait un acte de puissance publique, on ne comprend pas pourquoi elle existe, au contraire, quand il fait un acte de gestion. L'Etat est ou n'est pas une personne. S'il est une personne, il l'est toujours et dans tous les cas. S'il n'est pas une personne, il ne l'est jamais et dans aucun cas. Etablir une classification de ses actes sur ce que tantôt l'Etat est une personne et que tantôt il ne l'est pas, c'est une chose qui dépasse mon entendement » (18).

M. Bonnard n'admet pas non plus ce dualisme, « parce qu'il (le dualisme) repose sur ce fait logiquement impossible que l'Etat aurait deux volontés ou une volonté ayant deux caractères différents puisqu'en effet la volonté de l'Etat n'est plus la même suivant que l'Etat intervient par voie de puissance publique ou de gestion » (19).

D'ailleurs, la distinction de l'acte en deux catégories est difficile et même impossible dans certains cas. M. Bonnard a dit justement : « Si certains actes apparaissent comme ayant incontestablement l'un ou l'autre caractère, pour beaucoup aussi le classement était difficile à faire » (20). M. Teissier, commissaire du Gouvernement, a dit également : « La police et la gestion ne sauraient être ventilées; elles se pénètrent sans cesse... Quand on examine les uns après les autres, les actes administratifs que les auteurs ou les tribunaux classent arbitrairement dans une de ces catégories, on se rend compte qu'on les pourrait tout aussi bien comprendre dans l'autre » (21).

En outre, la notion de l'acte d'autorité et de l'acte de gestion, base de la théorie éclectique, est elle-même incertaine et discutable. Les actes d'autorité, d'après M. Berthélemy, sont les « actes de puissance publique par lesquels les administrateurs commandent ou interdisent quelque chose

(17) Cf. ROLLAND : Précis de droit administratif, 6e éd., p. 66.
(18) DUGUIT : Traité du droit constitutionnel, 3e éd., II, p. 349.
(19) BONNARD : Précis de droit administratif, 1935. p. 49.
(20) BONNARD : Op. cit., p. 49.
(21) TEISSIER : Conclusions dans l'affaire Feutry. Tribunal des Conflits. 29 février 1908. Lebon, 1908, p. 216.

aux administrés » (22). Mais « la justification du droit administratif, dit M. Bonnard, par l'exercice de la puissance publique, n'est guère plus soutenue » (23).

Quant à la notion de l'acte de gestion, d'après M. Laferrière, ce sont les actes que l'administration accomplit « pour veiller à la gestion de la fortune publique et à son emploi, assurer la perception des revenus de toute nature et leur affectation au service public » (24). D'après M. Berthélemy, « les actes de gestion sont des actes comme tout le monde en pourrait faire dans l'administration d'un patrimoine particulier et qui n'impliquent en rien l'existence de la puissance publique » (25).

Ces deux définitions de l'acte de gestion ne sont pas indiscutables. Si nous suivions M. Laferrière, nous devrions classer l'arrêté du préfet qui rend obligatoire le rôle des contributions directes ou l'arrêté de débit pris par un Ministre contre un débiteur des deniers de l'Etat dans les actes de gestion. Or ils sont évidemment des actes d'autorité, si du moins on admet la distinction de ces deux catégories d'actes (26). Si nous suivions M. Berthélemy, nous tomberions dans un cercle vicieux. D'après lui, pour savoir si un acte est de gestion ou non, il faut demander si cet acte peut être fait par un particulier. Mais pour savoir si un acte peut être fait par un particulier, on demande justement s'il est un acte de gestion ou non (27).

B. — *Cette théorie est encore critiquable, même si l'on admet sa base.*

Même en admettant le dualisme de la qualité de l'Etat et celui de la nature des actes, nous ne pourrions pas en déduire l'existence d'un dualisme de la situation juridique du fonctionnaire. Il est vrai que les fonctionnaires, tantôt accomplissent des actes d'autorité tels que réquisition, expropriation, répression, actes à propos desquels l'intérêt géné-

(22) Berthélemy : Droit administratif, 5e éd.. p. 43.
(23) Bonnard : Précis du droit administratif, 1935, p. 3.
(24) Lafferrière : Juridiction et contentieux, 2e éd., p. 6.
(25) Berthélemy : Op. cit.. p. 45.
(26) Duguit : Traité du droit constitutionnel, 3e éd., II, p. 347.
(27) Duguit : Op. cit., p. 350.

ral exige l'existence d'un lien d'autorité ; tantôt des actes de gestion tels que achat des marchandises pour tel ou tel service, transport des voyageurs de chemin de fer d'Etat, actes à l'occasion desquels l'intérêt général ne réclame pas l'intervention d'un lien d'autorité. Ainsi les administrés envers l'Etat sont tantôt dans une situation légale tantôt dans une situation contractuelle. Mais si la nature des actes accomplis par le fonctionnaire correspond à celle de la situation des administrés ou à la nature du lien juridique entre l'Etat et ses administrés, il ne s'ensuit point que la situation juridique du fontionnaire doive correspondre à la nature des actes qu'il accomplit. Car, en ce qui concerne l'administré, l'intérêt général n'exige pas toujours que celui-ci soit soumis à une situation légale ; par exemple, quand l'administré est un client des chemins de fer de l'Etat, la relation juridique entre ce voyageur et l'Etat n'a pas besoin d'être légale. Mais en ce qui concerne les fonctionnaires des chemins de fer d'Etat, l'intérêt général exige toujours que ceux-ci soient soumis à une situation légale même s'ils ne font que des actes de gestion. En effet, le voyageur n'est que l'usager du service public, sa situation contractuelle n'affectera point le fonctionnement du service, tandis que pour les fonctionnaires des chemins de fer d'Etat qui sont organes même de ce service, dont le fonctionnement dépend étroitement de leur action, une situation légale est toujours nécessaire pour assurer la bonne marche du service.

Sur ce point, M. Duguit a dit justement : « De ce que l'agent institué n'a pas compétence pour faire un acte dit de puissance publique, de ce qu'il ne fait que des actes de gestion, on n'a pas le droit de conclure que l'acte qui l'institue est nécessairement un contrat » [78].

La même critique se trouve aussi chez M. Jèze : « Croire que la nature des actes accomplis par un individu peut influer sur le régime juridique auquel cet individu est soumis, c'est méconnaître la nature du service public. Dire que la satisfaction des besoins d'intérêt général est érigée en service public, cela signifie que des théories spéciales

(28) Duguit : L'Etat, les gouvernants et les agents. p. 404.

sont élaborées pour que cette satisfaction ait lieu dans les meilleures conditions possibles : rapidité, sécurité, continuité, exactitude, etc. L'une de ces théories spéciales est que les individus chargés de satisfaire ces besoins d'intérêt général sont soumis à un régime juridique spécial qui implique la subordination complète des intérêts particuliers à l'intérêt général et qui peut être modifié à tout instant. En quoi le fait qu'ils font ou ne font pas d'actes juridiques, qu'ils font des actes juridiques unilatéraux ou des actes contractuels, peut-il s'opposer à ce que l'on organise le régime juridique des agents de telle façon que le service public fonctionne le mieux possible ? » (29).

Le dualisme de la situation juridique du fonctionnaire, dit-on, ne résulte pas de la confusion entre la situation juridique du fonctionnaire et celle de l'administré, mais résulte du dualisme du service public : service d'autorité et service de gestion (30). Si c'est sur ce dualisme du service public que s'appuie la pensée des partisans de cette théorie, cette pensée nous paraît aussi critiquable. Il est vrai, d'après l'histoire du développement du service public, que les premiers services créés sont toujours des services publics d'autorité, tels la guerre, la justice et la police (31). De nos jours, les services publics n'ont pourtant plus toujours ce caractère d'autorité, les chemins de fer en régie et l'enseignement public par exemple. Mais ce défaut de caractère d'autorité ne change point leur caractère de service public. « Quand une activité est un service public, elle a toujours les mêmes caractères ; toutes les conséquences qui se rattahent à ce qu'elle est un service public doivent s'appliquer et toute distinction entre de prétendus services publics d'autorité et de gestion doit être définitivement écartée sous peine de tomber dans la confusion et l'erreur » (32). Ainsi les fonctionnaires appartenant à un service de gestion sont obligatoirement soumis à l'autorité supérieure et à un régime spécial tout comme leurs collègues des services d'autorité. Sinon l'intérêt général serait en péril. Peut-

(29) JÈZE : Les principes généraux du droit administratif, 1930, II, p. 238.
(30) DUGUIT : Traité de droit constitutionnel, 3e éd.. II, 65, 78 et s.
(31) DUGUIT : Op. cit., III, p. 64 et s.
(32) DUGUIT : Op. cit., II, p. 81.

on dire que les conséquences résultant d'une interruption du service public des chemins de fer seraient moins importantes que celles résultant de l'interruption d'un service d'autorité ?

D'ailleurs, le domaine public en tant qu'élément du service public tout comme le fonctionnaire [33] est toujours soumis au régime juridique spécial qu'il soit occupé par un service public d'autorité ou par un service public de gestion. En effet, la nature juridique du domaine occupé par un lycée est tout aussi spéciale que celle du domaine occupé par un palais de justice. On n'a jamais préconisé que le domaine utilisé par le premier de ces établissements doit être soumis au régime du droit privé en raison de la nature de gestion du service de l'enseignement. Le fonctionnaire lui aussi est un élément du service public, pourquoi sa nature juridique devrait-elle varier selon le caractère du service ?

M. Nézard a justifié le dualisme de la situation juridique du fonctionnaire par la nature de la puissance publique. D'après lui, le régime légal du fonctionnaire d'autorité et la nature contractuelle du fonctionnaire de gestion sont le résultat de ce que la puissance publique ne peut pas être l'objet d'un contrat [34]. M. Barthélemy a dit également : « Si la théorie de la situation contractuelle n'est pas exacte quand il s'agit de l'appliquer à un préfet, à un juge ou à un général, cela tient à ce que l'exercice de l'autorité ne saurait faire l'objet d'un louage de services » [35].

Si MM. Berthélemy et Nézard croient que l'exercice de l'autorité n'est pas un objet licite du contrat privé, nous pensons avec M. Rolland que le fonctionnement d'un service public dont est chargé le « fonctionnaire de gestion » ne peut être non plus l'objet d'un contrat de louage de services de droit privé [36]. Peut-on dire qu'une inondation résultant du manquement d'un ingénieur soit moins grave

(33) Bonnard : Précis élémentaire de droit public, 1932, p. 247 : Trois choses sont nécessaires au service public et constituent ses éléments essentiels : le personnel ; le biensmobiliers et immobiliers; les finances publiques.

(34) Nézard : Op. cit., p. 335.

(35) Berthélemy : Traité élémentaire du droit administratif, 13e éd., p. 55.

(36) Rolland : Précis du droit administratif, 6e éd., p. 66.

au point de vue de l'intérêt général qu'un jugement erroné résultant du manquement d'un magistrat du tribunal ?

Et la théorie éclectique renferme encore une autre lacune très grave qui apparaît dans le cas où un même fonctionnaire accomplit à la fois des actes d'autorité et des actes de gestion. Si l'on suit la théorie éclectique, la situation juridique de ce fonctionnaire devrait être à la fois légale et contractuelle. Or il est impossible qu'un même fonctionnaire ait deux situations juridiques différentes vis-à-vis de l'Etat. Devant cette impossibilité, on nous a enseigné que la nature de la situation juridique du fonctionnaire se détermine par le but principal de la fonction. Mais cette solution n'est pas satisfaisante.

Tout d'abord, le but de la fonction publique est unique et invariable : assurer le bon fonctionnement du service public. La nature des actes accomplis par le fonctionnaire ne change en rien le but de la fonction.

Même si nous admettons que le but de la fonction soit différent selon qu'il s'agisse ou non de la puissance publique, cette solution est également inadmissible. Ainsi dans le cas où le préfet fait des actes d'autorité et des actes de gestion, selon la théorie éclectique, le but principal du préfet est d'agir en tant que détenteur de la puissance publique, par conséquent, la situation juridique du préfet est légale. Nous nous demandons comment il peut faire des actes de gestion, tel que contracter avec un concessionnaire, puisque les auteurs de la théorie éclectique ont maintes fois enseigné que la puissance publique ne peut pas être partie d'un contrat. Par contre, comment expliquons-nous le cas où un fonctionnaire de gestion fait parfois des actes d'autorité, tel un ingénieur ou un professeur qui accomplissent quelquefois des actes hors de la portée d'un particulier ? Selon la théorie éclectique, ces fonctionnaires sont dans une situation qui appartient à l'idée de contrat de droit privé, soit de contrat de louage de services, soit de contrat de mandat. Mais comment ces fonctionnaires de gestion pourraient-ils disposer d'une partie de la puissance publique pour faire ces actes d'autorité, puisque, d'après cette théorie, la puissance publique ne peut pas être concédée par aucun contrat ?

C. — *Les conséquences logiquement nécessaires de cette théorie sont dangereuses.*

Ce n'est pas tout. Si nous examinons les regrettables conséquences qui découlent logiquement de cette théorie, les défauts de celle-ci se révèlent davantage.

D'après cette théorie, les fonctionnaires de gestion sont toujours dans une situation contractuelle de droit privé. Quelle est la durée de ce contrat ? Si ce contrat qui lie le fonctionnaire à l'administration était de durée déterminée, les deux parties s'obligeraient à accomplir les prestations réciproques jusqu'à l'expiration du contrat, aucune partie ne pourrait changer les clauses de la convention sans le consentement de l'autre partie. Dès lors, l'administration n'aurait pas la liberté de réorganiser le service public ; les fonctions devenues inutiles par les circonstances ne devraient être supprimées qu'à l'expiration du contrat. Et, au cours de l'exécution du contrat, le mode de travail du fonctionnaire ne pourrait être changé par un règlement fait unilatéralement par l'administration ; le taux de traitement ou de pension ne pourrait diminuer, même si cela devient nécessaire. Un système juridique de ce genre doit-il s'appliquer aux fonctionnaires de gestion, aux ingénieurs des ponts et chaussées, aux professeurs de l'enseignement public, aux agents de l'administration des P. T. T. ?

Pour parer à cette critique, on nous répondrait peut-être que le contrat qui lie le fonctionnaire de gestion à l'Etat est un contrat de durée indéterminée. Dans cette hypothèse, chaque partie peut résilier le contrat dès qu'il le veut. L'Etat pourrait alors changer à tout instant les modalités du contrat. Quant au fonctionnaire, il pourrait rester dans son poste s'il acceptait le nouveau règlement ; il pourrait librement quitter le service, s'il trouvait que les nouvelles conditions ne le satisfont pas.

Si ce conrat à durée indéterminée avait l'avantage de permettre à l'Etat de modifier la situation du fonctionnaire selon les besoins du service, il aurait, par contre, des inconvénients que le contrat de durée déterminée n'a pas : c'est que la continuité du service serait compromise. Or la continuité est un des caractères indispensables du service public. Personne n'admet que les fonctionnaires du service des P. T. T. ou des chemins de fer d'État puissent abandonner leurs fonctions dès qu'ils ne trouvent plus la situation à leur goût ou que les fonctionnaires des usines de la Défense Nationale puissent quitter librement ces services dès qu'il leur plait.

Et si le fonctionnaire de gestion était dans la situation du contrat privé, il aurait le droit de se syndiquer et de faire grève, puisque ces droits sont admis depuis 1884 et 1864. En effet, M. Berthélemy, en 1921, a écrit que « si notre théorie est exacte, on doit admettre que... les fonctionnaires de gestion, placés dans les mêmes conditions que les agents de l'industrie privée sont libres de former des syndicats » (37). Et M. Bourguin n'hésitait pas non plus à admettre le droit de grève au profit du fonctionnaire de gestion (38). D'ailleurs cette théorie a été invoquée maintes fois par les dirigeants syndicalistes chez les fonctionnaires.

Le danger de cette opinion est évident. La grève des agents des Postes en 1909 et celles des cheminots en 1910 et 1920 en sont les exemples. D'après la définition du fonctionnaire de gestion donnée par MM. Berthélemy et Nézard, ces fonctionnaires représentent de grandes masses : les employés des Ministères, les employés des services financiers, des Postes et Télégraphes, de l'enseignement, des travaux publics, des chemins de fer... sont tous fonctionnaires de gestion. Une grève de certaines catégories d'agents telles que les grèves de 1910 et 1920 a déjà désorganisé gravement la nation, peut-on imaginer la catastrophe résultant de la grève de tous les fonctionnaires de gestion ou de la répétition des grèves de telle ou telle catégorie de ces fonctionnaires ? C'est peut-être à cause de cette expérience funeste que M. Berthélemy devait changer son opinion dans la treizième édition de son « Traité élémentaire du droit administratif », en refusant désormais le droit de se syndiquer au fonctionnaire de gestion. Or cela est en contradiction nette avec la nature contractuelle du droit privé du fonctionnaire de gestion.

(37) Berthélemy : Traité de droit administratif, 1921. p. 57.
(38) Bourguin : De l'application des lois ouvrières aux ouvriers et employés de l'Etat.

II. — *Critique par rapport aux faits.*

Nous avons critiqué plus haut la théorie éclectique au point de vue théorique. Nous essayons maintenant de démontrer comment cette théorie se heurte aux faits.

A. — *Le dualisme de la situation juridique du fonctionnaire n'existe pas.*

Tout d'abord, dans les dispositions législatives, on ne trouve nulle part un texte déclarant qu'il y a deux sortes de situations juridiques du fonctionnaire : situation légale pour les fonctionnaires d'autorité et situation contractuelle pour les fonctionnaires de gestion.

Quant à la jurisprudence, « en ce qui concerne les fonctionnaires de l'Etat, dit M. Vautrops, la théorie de la distinction de fonctionnaire d'autorité et de fonctionnaire de gestion n'a jamais reçu d'application dans la jurisprudence » et « depuis 1879 la majorité des arrêts refuse de voir un louage de services dans les rapports entre un employé municipal et sa commune » (39).

Malgré cela, M. Berthélemy persiste à soutenir sa thèse en disant que « la distinction entre les fonctionnaires d'autorité et les fonctionnaires de gestion est justifiée par divers textes qui en ont tiré quelques conséquences raisonnables » (40). Nous examinerons successivement ces textes.

D'après l'auteur, les articles 222 à 224 du Code pénal et l'article 31 de la loi sur la presse protégeant le fonctionnaire s'appliquent aux seuls fonctionnaires d'autorité, non point aux fonctionnaires de gestion. En étudiant les textes susvisés, nous ne pensons pas que les termes de « magistrat de l'ordre administratif ou judiciaire » (article 222), de « citoyen chargé d'un ministère de service public » (article 224) et de « fonctionnaire public » (article 31) ne signifient que les seuls fonctionnaires d'autorité. Il est vrai que la jurisprudence n'a pas déclaré que ces lois s'appliquaient au concierge de Ministère, au facteur des Postes (41). Mais

(39) Paul VAUTROPS : Etude sur l'état des fonctionnaires, p. 15.
(40) BERTHÉLEMY : Traité élémentaire de droit administratif, 13e éd., p. 57.
(41) Voir supra p. 100.

d'après des arrêts, l'article 224 s'applique au commandant de sapeurs-pompiers (42), aux notaires (43), aux receveurs des domaines (44), aux employés des Téléphones (45) ; et l'article 31 de la loi sur la presse s'applique également à l'instituteur (46), aux sapeurs-pompiers (47), aux cantonniers (48), aux agents chargés du service des eaux d'une ville (49). Or, tous ces agents ne sont pas, d'après les termes de M. Berthélemy, fonctionnaires d'autorité.

Pour résoudre la question de la portée de ces lois, M. Rolland a très justement écrit que « les partisans de la distinction des fonctionnaires d'autorité et des fonctionnaires de gestion estiment que seuls les premiers sont protégés. Il nous paraît difficile, si l'on examine les textes et même en tenant la distinction des fonctionnaires d'autorité et de gestion comme fondée, d'adopter cette opinion. Il est plus raisonnable de dire que la protection est faite pour tous les fonctionnaires contre les actes qui, en les déconsidérant, seraient par contre-coup susceptibles de nuire au bon fonctionnement du service lui-même » (50).

M. Berthélemy a invoqué comme argument de sa thèse le fait que les cantonniers, les sous-agents des Postes, les agents techniques des chemins de fer bénéficiaient de la loi du 9 avril 1898 relative aux accidents du travail et que les fonctionnaires d'autorité n'en bénéficiant pas. Il nous semble cependant que cet argument est un peu fragile. Il est vrai que tous ces agents sont des fonctionnaires qui ne font que des actes de gestion, mais on ne saurait pas conclure de là que tous les fonctionnaires qui ne font que des actes de gestion soient dans une telle situation. Les professeurs, les ingénieurs des ponts et chaussées relèvent-ils de cette loi ? Certainement non. Si aux cantonniers, aux sous-agents des Postes s'applique la loi de 1898, c'est en vertu de textes spéciaux et à cause de leur situation éco-

(42) Toulouse. 29 juin 1892, D.P. 93-2-41.
(43) Tribunal Corr. de Rennes. 31 décembre 1914. D.P. 1917-2-72.
(44) Cr. r. 19 mars 1908, D.P., 1909-1-367.
45) Tribunal corr. de la Seine 1er juin 1904. R.D.P., 1904, p. 564.
(46) Cr. r. 5 décembre 1901. D.P. 1901-1-372.
(47) Rouen. 27 juin 1901. D.P. 1901-2-507.
(48) Douai, 23 janvier 1882.
(49) Limoge 12 novembre 1908. D.P. 1909-2-172.
(50) ROLLAND : Précis du droit administratif, 6e éd., p. 94.

nomique analogue à celle des ouvriers d'industrie privée ; ce n'est pas parce qu'ils ne font que des actes de gestion, possédant par nature une situation contractuelle envers l'Etat. D'ailleurs, M. Barthélemy a indiqué lui-même que « le Tribunal de Bagnères s'est cependant prononcé en sens contraire : Attendu que la loi du 9 avril 1898 n'a pas entendu viser une administration d'intérêt public telle que l'administration des Postes et Télégraphes qui ne constitue ni une entreprise industrielle, ni une exploitation » (51).

La loi du 5 avril 1910 sur les retraites ouvrières et paysannes admettait vraiment, comme M. Berthélemy le dit, certains fonctionnaires de gestion au bénéfice de ses dispositions. Mais ce ne sont que « 1° les salariés de l'Etat qui ne sont pas placés sous le régime des pensions civiles ou militaires ; 2° les salariés des départements et des communes pourvu qu'ils n'aient pas un salaire annuel supérieur à 3.000 francs » (52). Sans nous demander si ces salariés sont des fonctionnaires, nous savons déjà, par les deux conditions mêmes de la loi, que celle-ci n'est pas applicable à tous les fonctionnaires faisant des actes de gestion. Ainsi, comment peut-on déduire par cette loi l'existence d'un dualisme de la situation juridique du fonctionnaire ?

Parlant de la coalition de fonctionnaires, M. Berthélemy affirme que « la pensée des rédacteurs du Code s'est conformée à la distinction » de sa thèse et que « en droit. il n'existe actuellement aucun moyen légal de frapper comme un délit la cessation du travail dans tous les services publics dont les agents ne détiennent aucune parcelle de l'autorité » (53). En étudiant les textes des articles 123, 124, 125 et 126, il nous semble que l'auteur a confondu l'objet de l'article 126 avec celui des articles 123, 124 et 125. Si ces trois derniers visent seulement les individus ou les dépositaires de quelque partie de l'autorité publique, en revanche, l'article 126 vise « les fonctionnaires publics » et n'exclut pas les fonctionnaires non « dépositaires de quelque partie de l'autorité publique ». Et le but de ces trois derniers articles se différencie de celui de l'article 126. Ils sup-

(51) Berthélemy : Traité élémentaire du droit administratif, 13e éd., p. 59.
(52) Berthélemy : Op. cit., p. 60.
(33) Berthélemy : Op. cit., p. 60.

posent que ce concert a eu pour objet « des mesures contre l'exécution des lois ou contre les ordres du Gouvernement », aucun de ces articles ne prévoit évidemment la grève des fonctionnaires. Ce n'est que l'article 126 qui prévoit le concert entre « fonctionnaires publics » dans le but d' « empêcher ou de suspendre soit l'administration de la justice, soit l'accomplissement d'un service quelconque ». Ainsi, selon cet article, les termes de « fonctionnaires publics », de « service quelconque » montrent bien que la grève est interdite à tous les fonctionnaires sans aucune distinction (54).

En ce qui concerne le droit de se syndiquer, bien qu'il admette volontiers, dans la treizième édition de son « Traité élémentaire de droit administratif », l'illégalité du syndicat pour tous les fonctionnaires sans distinction, M. Berthélemy indique cependant que la distinction des fonctionnaires existe au moins dans la pratique administrative. L'auteur a cité des faits pour le constater (55). Nous ne nions pas que le Gouvernement ait reconnu, en fait, des syndicats formés entre les agents de certains services ; mais cette dérogation n'est pas basée sur la nature de gestion de ces agents, mais plutôt sur leur situation économique. D'ailleurs, le Gouvernement a bien refusé ce droit de se syndiquer à certains agents qui ne font que des actes de gestion. C'est ainsi que le Ministre du Commerce a refusé ce droit aux sous-agents des Postes et Télégraphes en 1905 (56).

On invoque, peut-être, aujourd'hui l'arrêt Société Cotonnière du Sud-Est comme argument en faveur de la théorie éclectique. Dans cet arrêts se trouvent les termes de « fonction à laquelle s'attache un caractère d'autorité ressortissant du domaine du droit public » (57). Mais nous ne croyons pas que cet arrêt puisse vérifier la théorie de M. Berthélemy. Tout d'abord, la qualité de fonctionnaire du surarbitre est douteuse, ce dernier n' « exerce que temporairement une fonction » (58). Or une des conditions indis-

(54) Cf. Duguit : Traité de droit constitutionnel, 3e éd., III, p. 231.
(55) Berthélemy : Op. cit., p. 63.
(56) *Journal Officiel* 5 novembre 1940, p. 5567.
(57) Tribunal des Conflits, le 12 décembre 1938. Lebon 1014.
(58) Tribunal des Conflits, 12 décembre 1938. Lebon. p. 1014.

pensables à la qualité de fonctionnaire est le caractère de permanence. En admettant même que cet arrêt puisse constater que la situation juridique du « fonctionnaire d'autorité » ressortit au domaine du droit public, cela ne saurait pourtant réhabiliter la théorie éclectique. Car les points contestables de cette dernière ne portent pas dans la situation légale du « fonctionnaire d'autorité », laquelle est un fait qui n'est pas discuté, mais portent dans le dualisme de la situation juridique du fonctionnaire et dans la situation contractuelle du « fonctionnaire de gestion ». Or cet arrêt ne touche pas ces deux points contestés. D'ailleurs, l'objet visé de cet arrêt est la nature de l'acte accompli par le surarbitre ou la question de compétence des tribunaux, et il n'est pas la nature de la situation juridique du surarbitre vis-à-vis de l'Etat.

Si les arguments susdits sont discutables pour justifier la distinction de la situation juridique du fonctionnaire, nous devons faire remarquer que la théorie de M. Berthélemy ne manque pas, à d'autres points de vue, de correspondre à la réalité : par exemple, la distinction de la situation légale et de la situation contractuelle des agents publics (mais non des fonctionnaires publics) et aussi la distinction entre les fonctionnaires légaux eux-mêmes au point de vue du degré de la subordination vis-à-vis de l'Etat.

La distinction faite au sujet de la situation juridique des agents publics (mais non des fonctionnaires publics) est une réalité. Les agents publics sont toujours divisés en deux groupes. Les uns ont une situation légale, les autres, une situation contractuelle. Le critère de cette distinction consiste, d'après la législation et la jurisprudence actuelles, dans la nature du service public (service public industriel et service public non indutriel) et la nature de l'emploi (emploi correspondant à l'objet propre du service et sans analogie avec l'emploi privé), mais non pas dans la nature des actes accomplis par l'agent.

Quant à la distinction entre les fonctionnaires légaux eux-mêmes du point de vue du degré de la subordination envers l'Etat, elle est aussi une réalité que nous ne pouvons méconnaître. L'article 3 de la loi relative à l'association des fonctionnaires qui interdit à certains fonctionnaires de s'associer, et l'article premier de la loi du 17 avril 1942 qui exige de certains fonctionnaires le serment de fidélité à la personne du Chef de l'Etat en sont des exemples. Mais cette distinction ne peut pas justifier la théorie éclectique. Car si ces lois placent certains fonctionnaires dans une situation plus subordonnée que celle des autres fonctionnaires, elles ne touchent pourtant pas à la situation légale du fonctionnaire. La situation juridique de ceux qui peuvent s'associer et ne prêtent pas le serment est tout aussi déterminée par la loi ou le règlement que celle de leurs collègues qui n'ont pas le droit de s'associer et sont tenus de prêter serment. Elle ne résulte pas du tout d'un contrat de louage des services comme M. Berthélemy le croyait (59).

B. — *La nature juridique de tous les fonctionnaires est homogène.*

A l'encontre de la distinction de la situation légale du fonctionnaire d'autorité et de la situation contractuelle du fonctionnaire de gestion, la nature juridique de tous les fonctionnaires est homogène.

La situation juridique du fonctionnaire est constituée, d'après M. Duguit, par quatre éléments. Ce sont : la compétence, les avantages matériels, le statut et les obligations (60). Nous aurons l'occasion de voir que tous ces éléments sont toujours déterminés par la loi ou le règlement sans distinction entre fonctionnaire d'autorité et fonctionnaire de gestion. Ceux-ci sont investis, l'un comme l'autre, par un acte de nomination, une sorte d'acte-condition ; ils doivent, l'un comme l'autre, obéir à leurs supérieurs; leurs devoirs et leurs avantages sont, chez l'un comme chez l'autre, susceptibles d'être modifiés à tout instant par une loi ou un règlement ; la juridiction à laquelle ils doivent s'adresser en cas de litiges entre eux et l'administration sont, pour l'un comme pour l'autre, la juridiction administrative. Ainsi la nature juridique de leur situation est toujours la même.

Mlle Bicheffe a dit : « Les principales idées du législateur

(59) BERTHÉLEMY : Traité élémentaire de droit administratif, p. 56.
(60) DUGUIT : Traité de droit constitutionnel, 3e éd., III, 104.

sur la fonction publique se trouvent dans le Code pénal, C'est surtout là qu'il est question des rapports de l'Etat et de ses fonctionnaires » (61). Nous y voyons partout le caractère homogène de la nature juridique de tous les fonctionnaires. « Qu'il s'agisse de coalition de fonctionnaires à l'effet de suspendre la marche d'un service public quelconque ; de destruction suppression ou détournement de titre dont ils sont dépositaires, ou du crime de concussion ou de la corruption de fonctionnaire, la loi punit des mêmes peines tous les agents coupables, qu'ils soient juges, administrateurs ou simples préposés ou commis du Gouvernement. Le droit pénal est bien moins strict et bien moins sévère dans la répression des fautes analogues commises par des particuliers : ce sont ces règles plus douces qui devraient s'appliquer aux fonctionnaires de gestion, puisqu'ils se trouvent dans la même condition que les individus occupant un poste similaire dans les entreprises privées. Donc, la loi résiste à la distinction précitée » (61).

D'ailleurs dans les autres dispositions législatives, nous voyons partout s'affirmer le caractère homogène de la situation juridique de tous les fonctionnaires. L'article 65 de la loi du 22 avril 1905 s'applique à « tous les fonctionnaires civils et militaires ». Le décret du 4 avril 1934 interdit à « tous les fonctionnaires » de remplir les fonctions de direction, d'administration, de conseiller technique, juridique et fiscal dans les sociétés commerciales, industrielles ou financières. La loi du 11 janvier 1936 interdit à « un fonctionnaire » de faire figurer son nom avec sa qualité sur les prospectus et annonces des sociétés ou des établissements à objet commercial, financier, industriel.

Ainsi la théorie éclectique se heurte à l'enseignement des faits puisque les arguments invoqués par les partisans de la théorie sont tous fragiles et que, par contre, le caractère homogène de la situation juridique de tous les fonctionnaires se révèle dans plusieurs dispositions législatives ou réglementaires.

D'après les critiques que nous venons de faire à tous les points de vue, il nous est permis de conclure cette section

(61) Mlle Bichoffe : Qu'est-ce qu'un fonctionnaire 1927, p. 38 à 39.

en empruntant les termes suivants de M. Teissier, commissaire du Gouvernement : « Cette division qui paraît séduisante *a priori* parce que l'esprit la conçoit bien en théorie, s'obscurcit et s'efface par la force même des choses quand on en veut faire l'application au contact des réalités administratives. Sans compter que les auteurs qui acceptent cette distinction ne sont pas d'accord quand il s'agit de préciser la nature de tels ou tels actes et de tels ou tels faits de service, il faut reconnaître que la décomposition de l'Etat en puissance publique et en personne morale agissant dans les conditions du droit privé est une pure conception philosophique, une pure opération d'esprit qui ne correspond pas à une réalité juridique » (62).

SECTION II

EXPOSE ET CRITIQUE DE LA THEORIE DU CONTRAT ADMINISTRATIF

§ Ier. — EXPOSÉ DE LA THÉORIE DU CONTRAT ADMINISTRATIF

Refusant d'adopter la théorie légale et apercevant les lacunes de la théorie éclectique de M. Berthélemy, certains auteurs ont alors édifié une autre théorie intermédiaire : la théorie du contrat administratif. Celle-ci n'est pas basée sur la distinction des fonctionnaires d'autorité et des fonctionnaires de gestion, distinction préconisée par la théorie éclectique , mais sur le mélange ou la compénétration du caractère légal et du caractère contractuel.

I. — *Son fondement théorique.*

D'après cette théorie, la situation juridique du fonctionnaire ne s'analyse ni en fonction de l'idée du contrat de droit privé, ni en fonction d'un statut purement légal, mais en fonction d'un régime de contrat administratif, c'est-à-dire d'un contrat qui est « à la fois de nature contractuelle

(62) TEISSIER : Répertoire de droit administratif V° responsabilité de la puissance publique, n° 145.

et de nature réglementaire » (63). Ces deux natures, loin d'être indépendantes, s'entremêlent, se pénètrent intimement et forment une situation juridique complexe, une situation juridique d' « amalgame » (64). Pour exprimer cette situation juridique, les termes diffèrent selon les auteurs. Pour les uns, il s'agit d'un « contrat administratif », pour les autres d'un « contrat spécial de la fonction publique », pour les autres enfin d'un « contrat du droit public ».

Les partisans de la théorie du contrat administratif ont appuyé, nous semble-t-il, leur théorie sur deux considérations : ils notent tout d'abord que le lien juridique entre le fonctionnaire et l'administration est de nature contractuelle et ils constatent ensuite que ce contrat possède un caractère spécial.

A. — *La situation juridique du fonctionnaire est contractuelle.*

La situation juridique du fonctionnaire est contractuelle, disent les partisans de la théorie du contrat administratif, parce que l'acte de nomination est un acte contractuel. Il contient toutes les conditions de fond d'un contrat.

Tout d'abord, « les deux parties en présence, dit Mlle Bichoffe, l'Etat et l'agent, sont capables l'un et l'autre de s'obliger. L'Etat a la personnalité morale la plus étendue ; il a capacité pleine et entière ; il passe constamment des contrats tantôt soumis aux règles du droit privé, tantôt relevant des règles propres du droit administratif : marché de travaux, concessions de services publics, etc. Rien ne s'oppose, de son côté, à ce qu'il traite avec un particulier, en vue de l'exécution de telle ou telle fonction. D'autre part, tout individu majeur et sain d'esprit peut valablement s'obliger sans aucune autorisation. S'il est mineur, ses représentants légaux doivent intervenir. Pas la moindre difficulté à ce que cette capacité ou ce pouvoir de représentation ou d'autorisation s'exerce en vue de la con-

(63) Rivet : Conclusions dans l'affaire Lafrégeyre. R.D.P., 1923, p. 236.
(64) Bichoffe : Qu'est-ce que le fonctionnaire ? 1927, p. 77.

clusion d'un engagement dans les services publics, même à titre de fonctionnaire » (65).

Ensuite, l'accord de volontés des deux parties existe aussi dans le lien juridique entre l'Etat et ses fonctionnaires. « La fonction publique, dit M. Laferrière, suppose entre l'autorité qui nomme et l'agent qui est nommé, un accord de volontés qui doit également se produire en cas de démission volontaire » (66). En effet, il n'y a pas de loi qui oblige les citoyens à se faire fonctionnaire. C'est ce que fait remarquer Seydel : « L'obligation aux services publics qui n'existe pas en vertu d'une loi ne peut être fondée autrement que par un accord de volontés entre celui qui doit effectuer le service et celui à qui il doit être rendu » (67). « Réciproquement, il n'existe aucune obligation pour l'administration, d'accepter le candidat qui se présente ; elle choisit qui lui convient le mieux dans les limites qu'elle s'est fixée par ses propres règlements » (68).

« Enfin, il y a détermination de l'objet, c'est-à-dire des droits et obligations réciproques de l'administration et du fonctionnaire. L'agent nommé s'oblige à remplir sa mission loyalement, avec zèle et à obéir aux ordres de ses supérieurs. L'Etat s'engage à leur fournir un traitement d'activité, une pension de retraite et à le protéger contre les diffamations et les injures dont il serait atteint dans l'exercice de sa fonction » (69).

Ainsi l'acte de nomination qui lie le fonctionnaire à l'Etat contient bien toutes les conditions de fond d'un contrat : capacité des contractants, accord de volontés des deux parties et obligations contractuelles.

Quant à la condition de forme, les partisans de la théorie du contrat administratif ont donné des explications différentes. Les uns ont soutenu qu' « il peut y avoir contrat sans forme contractuelle : contrat en forme de manifestation unilatérale et officielle de volonté si au fond cette

(65) Mlle Bichoffe : Op. cit., p. 171.
(66) LAFERRIÈRE : Traité de la juridiction administrative, 2e éd., I, p. 619.
(67) SEYDEL : Bayerisches staatsrecht II, p. 183. Cité par NÉZARD. Théorie juridique de la fonction publique, p. 242.
(68) BICHOFFE : Op. cit, p. 171.
(69) BICHOFFE : Op. cit., p. 171 à 172.

manifestation procède d'un accord entre les parties intéressées » [70]. « Dailleurs, dit un auteur, un contrat n'a pas besoin d'être écrit, rien ne s'oppose à ce qu'il soit formé sans consentement exprès, pourvu qu'il y ait consentement tacite certain ; rien ne s'oppose à plus forte raison à ce que le contrat se forme par un acte unilatéral d'une des parties pourvu que l'autre soit consentante » [71]. Et M. Laband a soutenu aussi la thèse du contrat tacite en disant que « la nomination est bien l'acte d'une seule des parties, mais elle n'est pas à elle seule l'acte constitutif de la fonction ; il faut que, antérieurement ou postérieurement, se produise l'acceptation du fonctionnaire. La nomination que l'on considère comme un décret ou une loi spéciale n'est que la manifestation écrite de l'accord tacite intervenu entre l'Etat et le fonctionnaire » [72].

Ainsi, d'après les partisans de la théorie du contrat administratif, dans la forme comme au fond, la relation juridique entre l'Etat et ses fonctionnaires serait contractuelle.

Ce n'est pas tout : Le caractère contractuel se perpétuerait aussi, selon eux, après l'entrée en fonctions du titulaire. « Une fois nommé, dit Mlle Bichoffe, le fonctionnaire garde toujours la possibilité de quitter l'administration de son plein gré, pourvu que sa démission ne soit pas intempestive ou donnée de mauvaise foi et que l'autorité hiérarchique l'accepte. Lorsque les changements apportés par l'administration au fonctionnement du service ne lui conviennent pas... il lui reste la ressource de démissionner pour ce motif comme pour toute autre raison de convenance personnelle. L'administration, en droit, peut refuser de recevoir la démission, si elle juge que les services du fonctionnaire lui sont encore nécessaires. Mais une telle situation ne peut durer longtemps ; l'administration a, la première, intérêt à la faire cesser au plus tôt ; car un agent forcé à une fonction en remplit mal les obligations.

(70) BICHOFFE : Op. cit., p. 170 à 171.
(71) KAMMERER : La fonction publique d'après la législation allemande. p. 93.
(72) LABAUD, cité par NÉZARD : La théorie juridique de la fonction publique, p. 246.

L'Etat est appelé tôt ou tard à se séparer de son collaborateur, ne vaut-il pas mieux accepter la démission dès l'instant qu'elle n'a pas été donnée dans l'intention de nuire à la marche du service ? » [73]. Et « chaque fois que l'administration impose de nouvelles sujétions aux fonctionnaires, elle leur accorde une compensation sous forme d'augmentation de traitement ou de gratification » [74].

En cas de suppression d'emploi, l'Etat accorde souvent au titulaire de la fonction supprimée une contre-partie, soit par une réglementation générale telle la loi de finances du 17 avril 1906 imposant aux communes, en cas de suppression de leur octroi, de prendre des mesures propres à sauvegarder la situation du personnel (article 67) ; soit par une disposition spéciale, tel le cas de suppression en 1926 des emplois de secrétaires généraux, de magistrats de l'ordre judiciaire, de receveurs particuliers des finances, le Gouvernement a décidé que le titulaire d'un poste supprimé reste dans les cadres de l'administration correspondante : il est rattaché soit à la préfecture, soit au tribunal le plus proche, à la trésorerie générale. S'il remplit les conditions d'âge ou de service, il peut être mis à la retraite [75].

Ainsi la situation juridique du fonctionnaire est bien contractuelle puisque les conditions et les conséquences d'un contrat se rencontrent dans le lieu juridique entre l'Etat et le fonctionnaire.

B. — *Le contrat qui lie le fonctionnaire à l'Etat est un contrat administratif.*

Comme la fonction publique relève du service public et par conséquent de l'intérêt général, le contrat qui lie le fonctionnaire à l'Etat est différent d'un contrat de droit commun.

D'après M. Rouvière, la caractéristique de ce contrat consiste dans la nature spéciale de l'obligation assumée par l'Etat. « Les obligations assumées, dit l'auteur, n'ont point la rigidité de celles qui découlent du droit civil, en-

(73) et (74) Bichoffe : Op. cit., p. 187 à 188.
(75) Cf. Bichoffe : Op. cit., p. 188 et 193.

core que celles-ci aient quelque souplesse. D'une part, l'administration peut réduire les avantages stipulés, d'autre part, elle peut exiger du fonctionnaire une plus grande activité sans qu'aucune de ces deux hypothèses puisse être cause d'une rupture du contrat au préjudice de l'administration. Cette situation n'a pas son équivalent en droit civil » (76).

Selon Mlle Bichoffe, le contrat de la fonction publique « ne diffère — avec les autres contrats administratifs — des contrats privés d'adhésion qu'à raison de la prééminence plus caractérisée de la partie *quae dictat legem* et de la qualité particulière de l'idée par laquelle il est dominé : le service public ; d'où la faculté de modification unilatérale de la loi du service » (77).

Dans ses conclusions de l'affaire Winkel, M. Tardieu, commissaire du Gouvernement, a décrit longuement les particularités du contrat de la fonction publique. Voyons ce passage :

« Assurément, dit-il, ce n'est pas là purement et simplement le contrat de travail du Code civil. A la différence de ce qui se passe en droit privé, les parties ne traitent pas sur un pied d'égalité. L'Etat fixe à son gré et en vue du meilleur fonctionnement possible du service public, les diverses clauses du contrat. Il détermine seul, sans discussion et sans entente préalable avec les candidats fonctionnaires, les devoirs et l'obligation qu'il impose à chaque agent. Il fixe également les avantages qu'il leur accorde, le taux de leurs traitements, les conditions et la quotité de leurs pensions, les règles suivant lesquelles ils recevront de l'avancement, les conditions suivant lesquelles leurs écarts seront réprimés, les peines disciplinaires qu'ils peuvent encourir et la procédure suivant laquelle ces peines seront prononcées, enfin les garanties qui les protègeront contre l'arbitraire. Non seulement l'Etat fixe seul ces conditions, mais encore il se réserve le droit de les modifier en cours d'exécution. Enfin, il reste toujours libre de supprimer le service et, par suite, l'emploi... C'est cet accord de volontés

(76) Rouvière : A quels signes reconnaître les contrats administratifs, p. 75.
(77) Bichoffe : Op. cit., p. 253.

qui se produit lors de la nomination acceptée par le fonctionnaire, accord générateur d'obligations réciproques qui constitue ce que l'on appelle le contrat de fonction publique » (78).

Ainsi il est naturel de conclure que la situation juridique du fonctionnaire est celle d'un contrat administratif puisque le lien juridique entre le fonctionnaire et l'Etat est un contrat et que ce contrat est soumis à un régime spécial du droit administratif.

II. — *Sa justification des faits.*

A. — *La situation juridique du fonctionnaire ressemble à celle du concessionnaire.*

Pour repousser les objections adressées à la théorie du contrat administratif et vérifier cette théorie, ses partisans ont souligné la ressemblance entre la situation juridique du fonctionnaire et celle du concessionnaire du service public dont on reconnaît sans conteste qu'il se trouve dans une situation de contrat administratif.

En répondant à l'objection qu'on ne rencontre pas dans la relation entre le fonctionnaire et l'Etat un élément analogue à celui de « la loi des parties », Mlle Bichoffe a dit : « En cette sorte de contrat ce qui fait la loi des parties, c'est l'idée qui doit se réaliser et pour laquelle elles se sont entendues : effectivement, le fonctionnaire pas plus que le concessionnaire, ne peut être astreint à un autre service que celui en vue duquel il s'est engagé » (79). « Jamais loi ni règlement ne pourront forcer un colonel d'artillerie à enseigner les mathématiques dans un lycée ou un président de tribunal à se faire professeur de droit civil dans une Faculté : ce serait sortir de l'idée de leurs fonctions ; c'est en ce sens que la convention fait la loi des parties » (80). Et « on peut entendre aussi que le contrat fait la loi des parties dans un sens beaucoup plus absolu... mais seulement dans l'intervalle de temps compris entre deux réglemen-

(78) C. d'E., 7 août 1909. R. 1909. p. 1302.
(79) et (80) BICHOFFE : Op. cit., p. 259.

tations successives du service : d'où suit l'annulabilité de toute mesure particulière dérogeant, au détriment d'un agent, à la réglementation existante à un instant donné. Il y a lieu de faire, sur ce point, au contrat de fonction publique, l'application des principes posés ci-dessus à propos des contrats administratifs en général. Si nul ne conteste l'exactitude juridique de cette disposition lorsqu'il s'agit du concessionnaire, nous voudrions bien savoir pourquoi elle deviendrait inexacte lorsqu'il s'agit du fonctionnaire ? » [81].

Quant à l'objection que l'administration peut modifier unilatéralement les obligations du contrat, Mlle Bichoffe y répond de la manière suivante : « L'administration a pour premier devoir d'asssurer le fonctionnement des services publics conformément aux exigences légitimes du public dans un état donné du développement économique, politique, scientifique, etc. A la satisfaction de ces exigences, elle n'a pas le droit de se dérober derrière qui que ce soit — un concessionnaire par exemple — ou derrière quelque autre obligation que ce soit, serait-ce l'obligation de respecter les conventions qu'elle a passées avec son cocontractant » [82]. Mais celui-ci, selon l'auteur, reste cependant dans une situation contractuelle. Car le fonctionnaire, tout comme le concessionnaire, possède une grantie qui le protège contre les modifications apportées à la loi du service dans deux hypothèses. Dans le cas où une mesure administrative tendrait à le faire sortir du service et du poste qu'il a accepté, le fonctionnaire, tout comme le concessionnaire, est armé du recours pour excès de pouvoir. Dans le cas de revision quelle qu'elle soit, dont le véritable objet ne serait pas le bien du service et qui ne poursuivrait qu'un but étranger, le recours pour excès de pouvoir serait également ouvert pour le fonctionnaire [83].

Enfin, lorsqu'il s'agit de « l'équilibre financier » inclus dans le contrat de fonction publique, la situation du fonctionnaire, d'après la théorie du contrat administratif, serait bien comparable à celle d'un concessionnaire. En ef-

(81) Bichoffe : Op. cit., p. 260 à 261.
(82) Bichoffe : Op. cit., p. 239 à 240.
(83) Bichoffe : Op. cit., p. 239 et suiv.

fet, le fonctionnaire obtient une compensation pour tout événement de nature à modifier sa situation professionnelle. A cet égard, deux hypothèses peuvent être envisagées. Dans le cas où « l'administration, sans transgresser les limites de la légalité et de la moralité administrative, établit une réglementation nouvelle du service qui accroît la sujétion du fonctionnaire, si elle n'accorde pas une compensation pécuniaire, elle risque fort de mécontenter son personnel ; nombre d'agents seront tentés de chercher ailleurs un emploi plus lucratif ; les plus intelligents et les plus actifs trouveront les premiers ; l'administration conservera les autres : l'intérêt public, le bien de la collectivité dont l'administration a la charge et d'où découlent tous ses pouvoirs et ses devoirs juridiques, n'y trouve évidemment pas son compte. L'administration n'a-t-elle point le devoir juridique de parer à cette débandade ? » (84). Ainsi, « en fait, l'administration se comporte donc, vis-à-vis de ses fonctionnaires comme vis-à-vis de ses concessionnaires : à travail supplémentaire, rémunération supplémentaire » (85).

Dans le cas où les conditions économiques sont bouleversées par un cas fortuit dont les conséquences passent toutes les prévisions, la jurisprudence du Conseil d'Etat oblige l'administration a rétablir au profit du concessionnaire l'équilibre financier du marché. Cette théorie de l'im prévision joue-t-elle également au profit du fonctionnaire? A cette question, les partisans de la théorie du contrat administratif n'hésitent pas à répondre affirmativement. « L'administration, dit Mlle Bichoffe, en fait, tient compte des charges imprévues et imprévisibles que ses agents se trouvent supporter — non seulement comme le concessionnaire pour assurer le fonctionnement de leur service, mais pour boucler leur propre budget. Indemnité de cherté de vie, de résidence ou relèvement de traitement indépendants de toute aggravation de service : ce ne sont que des procédés de rétablissement d'équilibre entre les obligations corrélatives de l'administration » (86). « Bref, le con-

(84) Bichoffe : Op. cit., p. 265.
(85) Bichoffe : Op. cit., p. 267.
(86) et (87) Bichoffe : Op. cit., p. 268 à 269.

trat de fonction publique assure à tout agent l'ajustement de ses appointements à l'étalon envisagé lors de son engagement, soit à un train de vie en rapport avec son rang dans la société. Ces obligations, l'administration les tient et elle les tient parce qu'elle a le sentiment du devoir : voilà le contrat » (87).

Ainsi toutes les objections qu'on a adressées à la théorie du contrat administratif seraient sans valeur puisque la situation juridique du fonctionnaire ressemble bien à celle du concessionnaire et celui-ci est reconnu unanimement être dans une situation de contrat administratif.

B. — *La théorie du contrat administratif est celle de la jurisprudence du Conseil d'Etat.*

Cette théorie ne s'appuie pas seulement sur les considérations que nous venons d'exposer, mais encore, aux yeux des partisans de la théorie, sur l'opinion même de la jurisprudence du Conseil d'Etat (88). Mlle Bichoffe a exprimé cette idée dans les termes suivants : « Malgré des flottements, des obscurités et des retours en arrière, on peut dire que la jurisprudence administrative qui, la première, a employé le terme de contrat de fonction publique est restée fidèle à son idée » (89). D'après l'auteur, comme les arrêts sont souvent brefs et très concis et se gardent la plupart du temps d'énoncer les doctrines propres du Conseil d'Etat, il nous faudrait chercher cette théorie du contrat administratif « dans les conclusions des commissaires du Gouvernement comme on cherche l'intention probable du législateur dans les travaux préparatoires lorsqu'un article reste obscur et semble équivoque » (90). En effet, Mlle Bichoffe a cité, comme arguments à l'appui de cette théorie, certaines conclusions des commissaires du Gouvernement et quelques observations des Ministres concernant la situation juridique du fonctionnaire dans lesquelles on trouve les termes « convention administrative de deux côtés » (91), « contrat administratif » (92), « con-

(88) Cf. Bichoffe : Op. cit., p. 68 à 81.
(89) et (90) Bichoffe : Op. cit., p. 69 à 70.
(91) Conclusions de M. Cazalens dans l'affaire Guidet. S. 1881--36.
(92) Conclusions de M. Teissier dans l'affaire Bigot. S. 1909-3-125.

trat de fonction publique » (93), et « contrat *sui generis* » (94).

§ II. — Critique de la théorie du contrat administratif

Nous envisagerons dans ce paragraphe la théorie du contrat administratif en nous plaçant à deux points de vue. Nous verrons tout d'abord que les partisans de cette théorie ont méconnu la notion du contrat administratif, et nous constaterons ensuite comment la situation juridique du fonctionnaire diffère en fait de celle résultant d'un contrat administratif.

I. — *Critique de la notion du contrat administratif telle que la conçoivent les partisans de la théorie du contrat administratif.*

Nous voyons, tout d'abord, les définitions du contrat administratif données par les partisans de la théorie du contrat administratif et les autres grands auteurs.

D'après Mlle Bichoffe, « la structure juridique du contrat administratif est un contrat d'adhésion composé de deux éléments : l'un statutaire et l'autre conventionnel » (95).

D'après M. Laferrière, « quand elle contracte, l'administration agit tontôt pour la question de bien productifs de revenus, tantôt comme préposée à la gestion du service public, tantôt enfin comme puissance publique faisant des actes qui ont l'empreinte de cette puissance publique et qui ont en même temps un caractère contractuel... dans ce dernier cas seulement le contrat est administratif par sa nature » (96).

Dans son « Etude sur la notion du contrat administra-

(93) Conclusions de M. Tardieu dans l'affaire Winkel. C. d'Etat, 7 août 1909. *Recueil*, 1909, p. 1302.
(94) Observations du Ministre dans l'affaire Cadot. C. d'E., 12 janvier 1883. *Recueil*, 1883, p. 29.
(95) Bichoffe : Op. cit., p. 243.
(96) Laferrière : La juridiction administrative. 2e éd., I, p. 587 à 588.

tif », M. Rouvière a écrit : « Les contrats conclus pour l'exécution du service public appellent en général un régime juridique particulier ; ce régime est désigné par le terme « administratif » accolé au mot contrat, de même qu'il est question de « contrat commercial » pour caractériser le régime spéial que les actes de commerce entraînent avec eux » (97).

Dans l'affaire Guidet, M. Cazalens, le commissaire du Gouvernement, s'est exprimé ainsi : « La convention discutée est une convention admniistrative de deux côtés » parce qu' « il suffit de considérer que l'une des parties contractantes est ici le maire de la commune stipulant pour assurer l'exécution de services publics communaux (98).

Telles sont les notions du contrat administratif données par les partisans de la théorie en question. Voyons maintenant quellles sont les définitions de ce contrat données par les autres grands juristes.

M. Rolland a défini le contrat administratif comme « le contrat passé par l'administration en vue du fonctionnement du service public et régi par des règles spéciales du droit administratif » (99). M. Waline a considéré comme contrats administratifs « les contrats soumis à un régime juridique conférant à l'administration des droits ou à ses agents des pouvoirs dérogeant au droit commun » (100). D'après M. Bonnard, le contrat est administratif « lorsqu'il contient des clauses autres que celles qui figurent dans les contrats entre particuliers » (101).

Ainsi les définitions du contrat administratif données par ces grands juristes se rapprochent bien de celles données par les partisans de la théorie du contrat administratif. Dans la notion de ce contrat, ils voient, les uns comme les autres, deux éléments : l'un est le contrat, l'autre le caractère spécial de ce contrat.

Si la définition du contrat administratif donnée par les partisans de la théorie en question s'apparente, en apparence, à celle donnée par d'autres grands auteurs, il n'en

(97) Rouvière : Etude sur la notion du contrat administratif, p. 23.
(98) Sirey : 1881-3-36.
(99) Rolland : Précis du droit administratif, 6e éd., p. 57.
(100) Waline : Manuel élémentaire du droit administratif, p. 615.
(101) Bonnard : Précis du droit administratif, 1935, p. 369.

va pas de même quant à la nature de la situation juridique du fonctionnaire, les uns y voient une situation juridique qui relève de ce contrat tandis que les autres ne reconnaissent pas une relation de ce genre.

Quel est le nœud de cette divergence ? Quel est le défaut de la théorie du contrat administratif ? Ce défaut résulte, semble-t-il, d'une part, de la confusion entre la notion de contrat et celle de consentement de volontés et, d'autre part, de l'exagération du caractère spécial de ce contrat. Nous allons essayer de le montrer.

(A). — *Cette théorie confond la notion du contrat avec celle de l'accord de volontés*

Aux yeux des partisans de la théorie, le contrat n'est pas autre chose que l'accord de volontés des deux parties. Cette idée se trouve souvent chez eux, soit d'une façon explicite, soit d'une façon implicite.

Mlle Bichoffe a dit « un accord de volontés tendant à la production d'effet juridique est un contrat » (102). Ailleurs, en parlant de la situation juridique de l'engagé, elle a dit « certes, entre la thèse du contrat administratif et la thèse anticontractuelle, la nuance semble assez mince. Les avantages réservés à l'engagé sont fixés par la loi et susceptibles de modifications; une fois l'engagement souscrit, le volontaire est assimilé à un appelé; la seule différence, c'est l'acte initial de libre volonté qui caractérise l'engagement et qui fait défaut dans l'appel sous le drapeau... cette différence est capitale » (103). Ainsi la frontière séparant la situation légale et la situation du contrat administratif consisterait uniquement dans l'intervention de l'accord de volontés et tous les actes volontaires seraient toujours des contrats.

De son côté, M. Rouvière a exprimé une opinion pareille : « Administrativement, dit-il, l'Etat est chargé de l'exécution des services publics. Il a besoin dans ce but de biens et de services. Il se les procure suivant deux modes dis-

(102) Bichoffe : Op. cit., *p.* EPB.
(103) Bichoffe : Op. cit.. p. 108.

tincts : volontaires et forcés. Les modes volontaires sont les contrats » [104].

D'ailleurs, la confusion entre la notion de contrat et celle d'accord de volontés s'est révélée également dans les observations du ministre dans l'affaire Cadet d'après lesquelles « le contrat en lui-même résulte d'un arrêté de nomination et de l'acceptation de l'emploi par le titulaire désigné » [105].

M. Tardieu, Commissaire du gouvernement a vu, semble-t-il, lui aussi, le contrat comme synonyme de l'accord des volontés. Car dans ses conclusions où il a exposé la théorie du contrat de la fonction publique, il nous montrait, en tous points, le caractère légal de la situation juridique du fonctionnaire, il concluait cependant que « c'est cet accord de volontés qui se produit lors de la nomination acceptée par le fonctionnaire, accord générateur d'obligations réciproques qui constitue ce que l'on appelle le contrat de fonction publique » [106].

Il est vrai que l'accord de volontés est une condition indispensable du contrat, mais celui-ci n'est pas synonyme de celui-là. « Tout contrat est un accord de volontés, mais tout accord de volontés n'est pas un contrat » [107]. « Il faut en finir avec cette grossière illusion encore trop répandue dans le monde des praticiens que tout accord de volontés sur un objet de droit forme un contrat » [108]. Car, d'une part, il existe, dans le domaine du droit privé comme dans le domaine du droit public, des cas où les actes résultant de deux volontés ne sont que des actes-conditions mais non un contrat [109] comme nous aurons l'occasion de le voir; d'autre part, pour que le contrat existe, sauf l'accord de volontés des deux parties, il faut encore que, à l'origine de la convention, les obligations mutuelles soient déterminées et qu'en ce qui concerne l'exécution, ces obligations soient revêtues d'une force obligatoire pour les deux parties, et sanctionnée au besoin par les tribunaux.

(104) Rouvière : Op. cit., p. 23.
(105) Conseil d'Etat, 12 janvier 1883. *Recueil*, p. 29.
(106) C. d'E., 7 août 1909. *Recueil*, p. 1302.
(107) Jèze : Les principes généraux du droit administratif, 3e éd., 1926. p. 156.
(108) Renard : Cours élémentaire de droit public, p. 70.
(109) Duguit : Traité du droit constitutionnel, I, p. 311 et s.

En ce qui concerne la détermination des obligations contractuelles, M. Hauriou a dit : « On peut définir le contrat un échange de consentements avec détermination de l'objet » (110). M. Duguit de même : « Il n'y a contrat que lorsqu'à la suite d'un accord de volontés, il naît une situation subjective de créancier et de débiteur dont l'accord détermine la portée » (111). Ainsi « un acte qui n'a pas pour objet de faire naître une obligation n'est pas un contrat » (112). Bref, dans un contrat, il faut toujours déterminer les obligations respectives de deux parties. Nous devons insister sur ce point. Car c'est ici le critérium des domaines respectifs du contrat et de l'acte-condition. C'est ainsi que l'acte de mariage est bien un accord bilatéral de volontés, mais il n'est pas un contrat; il n'est qu'un acte-condition. Car cet acte ne détermine pas les obligations incombant aux deux conjoints, lesquelles sont fixées par la loi (113).

En ce qui concerne la force obligatoire du contrat, M. Capitant a dit ainsi : « Les conventions légalement formées tiennent lieu de loi à ceux qui les ont faites (article 1134 du code civil), cette formule vigoureuse exprime très exactement la force du lien obligatoire créé par la convention » (114). « Si donc une des parties contrevient à ses clauses, l'autre peut s'adresser aux tribunaux et leur demander soit l'exécution forcée de la convention, soit des dommages-intérêts » (115).

Ainsi la notion du contrat telle que la conçoivent les partisans de la théorie du contrat administratif est incomplète puisque la notion du contrat n'est pas synonyme de celle de l'accord de volontés qui n'est un des éléments indispensables du contrat.

(B). — *Cette théorie exagère le caractère spécial du contrat administratif.*

Par suite de la confusion entre la notion de contrat et

(110) Hauriou : Précis élémentaire de droit administratif, 4e éd., p. 69.
(111) Duguit : Op. cit.. III, p. 118.
(112) Duguit : Op. cit., I, p. 384.
(113) Cf. Duguit : Op. cit.,I, p. 311 à 312.
(114) et (115) Colin et Capitant : Cours élémentaire de droit civil français, 1924, II, p. 309.

celle de l'accord de volontés, les partisans de la théorie du contrat administratif devaient exagérer le caractère spécial de celui-ci en étendant par trop le domaine du contrat adminisratif.

Mlle Bichoffe dit : « Contrat d'égal à égal, contrat civil d'adhésion, contrat administratif, contrat de concession, contrat de fonction publique... C'est une gamme continue au terme de laquelle, nous avons déjà fait apercevoir la situation purement légale et réglementaire : celle de l'homme de troupe » (116). Elle a suggéré par conséquent d'établir un contrat extraciviliste « beaucoup plus souple qui permettrait d'y faire rentrer le cas de la fonction » (117) et qui échapperait aux articles 1101, 1128, 1134 du code civil (118). Nous pensons qu'un tel système ne mériterait plus la dénomination de contrat. « Le contrat est une catégorie juridique déerminée » (119). « Ses caractères sont et restent toujours les mêmes, les conséquences qui s'y rattachent sont et restent toujours identiques, toute autre solution conduit forcément à l'arbitraire » (120). Nous concevons difficilement un contrat dans lequel les parties ne s'obligeraient pas (cf. l'article 1101 du Code civil) et où la convention ne serait plus la loi des parties (cf. l'article 1134 du Code civil).

Il est vrai que le contrat administratif possède des caractères spéciaux. Car il s'agit du fonctionnement du service public qui a, par nature, des exigences particulières : le service public doit être ininterrompu, donc celui qui a souscrit à un contrat administratif ne peut suspendre le service sous aucun prétexte; le service public doit toujours s'adapter aux besoins du public, donc l'administration peut imposer à son cocontractant les charges nouvelles qu'elle croit nécessaires pour l'intérêt général; et en cas d'inexécution des obligations contractuelles de la part de son cocontractant, au lieu de recourir aux autorités judiciaires,

(116) Bichoffe : Op. cit., p. 254.
(117) Bichoffe : Op. cit., p. 81.
(118) Bichoffe : Op. cit., p. 80 : « Si l'on admet que seul peut porter le nom de contrat, l'accord de volontés que définissent et réglementent les articles 1101, 1128, 1134 et suivants du Code civil, la doctrine triomphe : les fonctionnaires sont dans une position statutaire. légale et réglementaire ».
(119) Duguit : Op. cit., III, p. 434.
(120) Duguit : Op. cit., I, p. 699.

l'administration peut le contraindre administrativement à remplir ses obligations. Cette prédominance de l'administration constitue bien une différence avec un contrat ordinaire, de là, l'appellation de contrat administratif. Mais ces caractères spéciaux n'affectent pas les caractères fondamentaux du contrat que nous avons indiqués plus haut. En effet, les contrats administratifs contiennent toujours la détermination des obligations des deux parties et le caractère obligatoire du contrat. Ainsi, dans le contrat administratif de concession, on trouve toujours un cahier des charges et en cas de charges supplémentaires, le concessionnaire a le droit de demander une contrepartie proportionnelle, et dans le cas de l'inexécution des obligations de la part de l'administration, le concessionnaire a le droit de recours devant les tribunaux administratifs.

Ainsi au point de vue de la notion du contrat administratif, nous reprochons aux auteurs de cette théorie d'avoir confondu l'accord de volontés avec le contrat, et d'avoir exagéré par trop le caractère spécial du contrat administratif de sorte qu'ils font rentrer dans le domaine de celui-ci des actes-conditions qui comportent eux aussi un accord original de volontés.

II. — Critique par rapport aux faits

(A). — *La situation juridique du fonctionnaire ne relève pas, en fait, d'un contrat administratif.*

Après avoir critiqué la théorie du contrat administratif au point de vue de la notion de celui-ci, nous allons examiner maintenant comment la situation juridique du fonctionnaire ne s'accorde pas, en fait, avec la notion du contrat administratif, ni au point de vue du fond ni au point de vue de la forme.

1. — Au point de vue du fond, le lien juridique entre le fonctionnaire et l'administration n'est pas celui d'un contrat administratif.

Tout d'abord, nous ne voyons pas dans le lien juridiqpe entre l'administration et ses fonctionnaires la détermination des obligations des deux parties, détermination qui est une des conditions essentielles à la formation du contrat. Mais d'après Mlle Bichoffe, les obligations pour le fonctionnaire sont « de remplir sa mission loyalement avec zèle et d'obéir aux ordres de ses supérieurs » et celles pour l'Etat sont « de lui (le fonctionnaire) fournir un traitement d'activité, une pension de retraite et de le protéger contre les diffamations et les injures dont il serait atteint dans l'exercice de sa fonction » (121).

Tout cela est vrai, mais il ne s'agit point là de la détermination des obligations juridiques naissant d'un contrat. Pour déterminer les obligations contractuelles, il faut fixer précisément les obligations de deux parties. Par exemple, dans le contrat administratif de concession, on détermine toujours le service à faire et les rémunérations accordées de la part de l'administration. Mais dans l'acte de nomination, le seul acte juridique qui lie le fonctionnaire à l'Etat, on n'aperçoit pas des clauses de ce genre : ni les services que doit rendre le fonctionnaire ni les avantages qui lui sont réservés.

Les obligations des deux parties, dira-t-on peut-être, quoique ne se trouvant pas dans l'acte de nomination, ne sont-elles fixées cependant unilatéralement par la loi tout comme les obligations de l'ouvrier et du patron, par le règlement d'atelier ? (122).

Mais cette ressemblance n'est que partielle. Car si les obligations contractuelles peuvent être fixées unilatéralement parfois par une des parties, par contre, les obligations déterminées par une seule partie ne sont pas toujours obligations contractuelles : les obligations fixées unilatéralement par le législateur sont incontestablement des obligations légales. En l'espèce, les obligations du fonctionnaire et de l'Etat qui sont fixées toujours par une loi ou un règlement ne sont point des obligations contractuelles, mais des obligations légales.

A ce que nous venons de dire on objecte cependant que les obligations contractuelles du concessionnaire sont également déterminées par la loi ou le règlement. Comment

(121) Bichoffe : Op. cit.,p. 171.
(122) Bichoffe : Op. cit., p. 74.

distinguer alors l'obligation d'un concessionnaire de celle d'un fonctionnaire ? N'a-t-on pas raison d'assimiler la situation juridique de ce dernier à celle d'un concessionnaire ?

Mais s'il est vrai qu'on trouve, dans l'acte de concession, une partie légale, on y trouve également une partie contractuelle dans laquelle on détermine la durée de la concession, les avantages consentis par l'administration au concessionnaire, tels que subventions en nature et en argent et un équilibre financier de l'entreprise (123). C'est justement en raison de ce caractère complexe de l'acte de concession que ce dernier porte le nom de contrat administratif. Mais dans l'acte de nomination, il n'y a aucune partie contractuelle. C'est la loi ou le règlement seul qui fonde les obligations du fonctionnaire et de l'Etat.

Ainsi dans le lien juridique entre le fonctionnaire et l'Etat, nous ne trouvons pas la détermination des obligations contractuelles qui est une des conditions indispensables à la formation d'un contrat quelconque.

Admettons que les obligations soient déterminées par la loi ; le caractère obligatoire, effet indispensable du contrat, ferait aussi défaut vis-à-vis de l'Etat. Cette absence de caractère obligatoire se manifeste dans le fait que la situation du fonctionnaire peut toujours être modifiée unilatéralement par l'Etat, et dans le fait qu'il n'y a pas de recours au fond à l'encontre de l'Etat.

Si nous admettions que les obligations contractuelles des deux parties sont fixées dans la loi ou le règlement en vigueur au temps de la nomination, comme les partisans de la théorie du contrat administratif le prétendent, ces obligations devraient toujours s'imposer à l'Etat comme au fonctionnaire. Mais M. Rouvière, partisan de la théorie du contrat administratif, écrit : « Les obligations assumées n'ont point la rigidité qui découle du droit civil encore que celles-ci aient quelque souplesse. D'une part, l'administration peut réduire les avantages stipulés, d'autre part, elle peut exiger du fonctionnaire une plus grande activité sans qu'une de ces deux hypothèses puisse être cause d'une rup-

(123) Bolnard : Précis du droit administratif, 1935, p. 552.

ture de contrat au préjudice de l'administration » (124). Et M. Tardieu, un autre partisan de la théorie, affirme « non seulement l'Etat fixe seul ces conditions, mais encore il se réserve le droit de les modifier en cours d'exécution » (125).

En effet, « la situation de la carrière, dit M. Hauriou, telle qu'elle existait au moment de l'acceptation du fonctionnaire nommé, ne reste pas immuable à son profit pas plus qu'à son détriment. Il n'a aucun droit acquis de nature contractuelle à ce qu'elle subsiste, elle ne constitue pas la loi contractuelle des parties ; cette situation était réglée par les dispositions de loi et de règlement qui peuvent être modifiées légalement et réglementairement et il est obligé de subir ces modifications à moins de donner sa démission.

« La qualité du travail, les assujettissements peuvent être augmentés après coup, par des règlements sans que le fonctionnaire ait droit acquis à refuser la besogne (C. d'E., 25 juin 1913, Fédération des Amicales d'Instituteurs, R., p. 922). Les règles sur la pension peuvent être rendues moins avantageuses (C. E., 22 avril 1865, Millard, R., p. 447). Le traitement existant au moment de l'acceptation des fonctions qui, s'il y avait contrat, serait stipulé et constituerait droit acquis, peut être impunément réduit ou supprimé par les dispositions légales ou réglementaires posérieures (cf. par exemple loi, 23 décembre 1933, art. 10, D. D., 28 mars 1934, portant réduction ou suppression d'indemnité pour divers fonctionnaires. D., 4 avril 1934, établissant un prélèvement sur les traitements) » (126).

Mais, dira-t-on, il existe aussi des contrats qui peuvent être modifiés unilatéralement par une des parties, tels que ceux entre la Société des chemins de fer et le voyageur. Il est vrai que le tarif des billets est modifié toujours unilatéralement par la Société sans consentement de ses clients. Mais cette modification n'atteint pas le caractère obligatoire du contrat. Car pendant la durée d'exécution du con-

(125) Conclusions dans l'affaire Winkel. C. d'E.. 7 août 1909. *Lebon*,
(126) Hauriou : Précis élémentaire de droit administratif, 1938, p. 71.
(124) Rouvière : A quels signes reconnaître les contrats administratifs, p. 75 et s.

trat envers tel ou tel client, la Société des chemins de fer ne lui demande pas à mi-chemin un supplément sous prétexte de la modification du tarif.

Les tenants de la théorie objectent enfin que les obligations respectives fixées dans l'acte de concession ne sont pas moins susceptibles d'être modifiées unilatéralement par l'Etat que celles du fonctionnaire. Or cet acte de concession est reconnu unilatéralement comme un contrat administratif. Mais voyons la chose de plus près, cette ressemblance n'est qu'apparente. Car si la partie réglementaire de l'acte de concession est modifiable unilatéralement par l'administration, il existe encore une partie contractuelle dont les clauses ne peuvent être modifiées que par un nouvel accord entre l'administration et le concessionnaire. Celle-là ne peut les modifier unilatéralement sous peine de commettre une faute contractuelle, engageant à ce titre sa responsabilité (127). C'est justement parce que l'acte de concession contient à la fois une partie légale et une partie contractuelle qu'on lui reconnaît le caractère contractuel. C'est aussi pour cela qu'on l'appelle contrat administratif. Mais dans le lien qui unit le fonctionnaire et l'administration, on ne trouve point la partie contractuelle, par conséquent point d'obligation contractuelle contraignant l'administration : ni en ce qui concerne la compétence, ni en ce qui concerne les avantages, le fonctionnaire n'a le droit de former un recours contre la modification faite par une loi ou un règlement.

Il est vrai que la modification de la partie réglementaire de l'acte de concession causée par l'administration entraîne parfois l'aggravation des obligations du concessionnaire. Ainsi le préfet peut légalement imposer à son concessionnaire la mise en circulation d'un nombre de rames de tramways supérieur à celui qui avait été prévu à l'acte de concession en cas du développement de l'agglomération (128). C'est bien là la caractéristique du contrat administratif. Mais ce caractère spécial ne touche pas, au fond, le carac-

(127) Cf. Bonnard : Op. cit, p. 557.
p. 1302.
(123) C. E., 11 mars 1910. Compagnie Générale Française des Tramways. *Sirey*, 1911-3-2. Cf. Waline : Manuel élémentaire, p. 432.

tère obligatoire du contrat. Car toutes les pertes résultant de l'aggravation au détriment du concessionnaire lui donnent droit à une indemnité compensatrice. Sur ce point, M. Bonnard a interprété la jurisprudence actuelle de la manière suivante : « Si ces modifications imposent au concessionnaire des charges nouvelles, rendant sa situation plus difficile ou plus onéreuse, s'il en résulte pour lui non seulement des pertes, mais aussi une diminution de ses bénéfices normaux, si enfin il y a ainsi non seulement bouleversement de l'économie de l'entreprise, mais simplement rupture de l'équilibre financier prévu par l'acte de concession, le concessionnaire a droit à être indemnisé par l'administration de façon à ce que l'équilibre financier rompu soit établi. Par conséquent, il a droit non seulement à la couverture du déficit, mais aussi au rétablissement de ses bénéfices normaux ; il a droit à la restitution non seulement des pertes subies, mais aussi du gain manqué » (129).

Le fonctionnaire a-t-il le droit de faire augmenter son traitement en cas d'augmentation des charges résultant de la fonction ? Sur ce point, Mlle Bichoffe a pensé que le fonctionnaire s'apparente là aussi au concessionnaire. D'après l'auteur, cette ressemblance se manifeste dans le fait que « l'administration alloue des indemnités, des allocations ou des suppléments de traitement ainsi que l'Etat paye à différents professeurs les cours complémentaires que ceux-ci consentent à faire en sus du service de leurs chaires » (130). Car sinon, « elle risque fort de mécontenter son personnel » (131). Et, d'après l'auteur, la théorie de l'imprévision s'applique aussi au fonctionnaire. Car l'administration paye une indemnité de cherté de vie, de résidence au fonctionnaire dans certains cas. Ainsi le contrat de fonction publique, tout comme le contrat de concession, assurerait sinon une contre-partie invariable quant à sa quantité, au moins une indemnisation correspondante aux éléments de comparaison envisagés lors de l'engagement de l'agent (132).

(129) Bonnard : Précis du droit administratif, 3e éd., p. 737, et cf. Berthélemy : Traité élémentaire de droit administratif, 13e éd., p. 717.
(130) Bichoffe : Op. cit., p. 173.
(131) Bichoffe : Op. cit., p. 265.
(132) Cf. Bichoffe : Op. cit., p. 255.

Nous n'ignorons pas tout cela ; mais ces considérations ne prouvent pas l'existence d'un contrat administratif. Les points communs qui peuvent exister entre le fonctionnaire et le concessionnaire ne possèdent aucune portée vraiment juridique. Il est vrai que l'administration s'expose à mécontenter son personnel dans le cas d'un accroissement de travail sans augmentation correspondante de traitement, mais un tel mécontentement ne saurait obliger juridiquement l'administration à élever le traitement de ses agents. Il est vrai que l'administration accorde quelquefois des indemnités de cherté de vie ou d'autres indemnités, mais ce ne sont pas là les conséquences d'un contrat administratif, à l'instar des indemnités accordées au concessionnaire: c'est le résultat d'une loi ou d'un règlement unilatéralement rédigé par les autorités compétentes. Si ces indemnités sont accordées à telle ou telle catégorie de fonctionnaires, c'est parce que le législateur les trouve opportunes pour le bon fonctionnement du service public ou qu'elles sont réclamées par l'équité ; mais non parce qu'il y est obligé en vertu d'un contrat administratif. La preuve en est que « le concessionnaire a une action en justice pour obtenir le rétablissement de l'équilibre financier de son marché, s'il vient à être brisé par la volonté de l'administration ou par cas fortuit et imprévisible » (133). Alors que « le fonctionnaire, lui, n'a même pas l'action en justice à l'appui de son droit au réajustement de ses appointements » (134).

Il est vrai que le fonctionnaire a le droit d'exercer le recours pour excès de pouvoir dans plusieurs cas comme Mlle Bichoffe l'indique ; mais ce recours, par sa nature même, fait apparaître que la situation juridique du fonctionnaire n'est pas contractuelle. Car le recours pour excès de pouvoir est un recours objectif ; la situation contractuelle est une situation subjective. Comment pourrait-on se servir d'un recours objectif pour revendiquer une situation subjective ?

D'après Mlle Bichoffe, cette « objection tendrait au maximum à prouver que, dans la gamme des contrats adminis-

(133) et (134) Bichoffe : Op. cit., p. 272 et 273.

tratifs, le contrat de fonction publique occupe une place extrême, plus éloignée encore du contrat civil que la concession de service public ; comme celle-ci occupe une place plus éloignée que l'entreprise de travaux publics ou de fournitures et celle-ci une place plus éloignée encore qu'une foule de contrat innommés » (135).

Il ne s'agit pas, à notre avis, de la gamme des contrats administratifs comme Mlle Bichoffe le croyait : mais il s'agit de savoir si nous sommes dans le domaine des contrats ou hors de ce domaine. Car un contrat contient toujours la force obligatoire, c'est-à-dire que la partie créancière qui n'est pas rentrée dans son droit possède un recours à cette fin. Ainsi, si le concessiinnaire est dans une situation contractuelle, le fonctionnaire, quant à lui, relève d'une situation non contractuelle.

Bref, le lien juridique entre le fonctionnaire et l'administration ne possède ni la déterminltion des obligations des deux parties qui est une des conditions indispensables du contrat, ni la force obligatoire de la convention qui est l'effet nécessaire d'un contrat.

2. — Au point de vue de la forme, le lien juridique entre l'Etat et le fonctionnaire n'est pas non plus celui d'un contrat administratif.

Un contrat administratif, tout comme un contrat quelconque, suppose toujours certaines procédures et formalités. Si la fonction publique appartenait à un régime de contrat administratif, une certaine procédure serait suivie et quelques formalités seraient nécessairement remplies. Mais, en fait, les formalités qui sont respectées à l'occasion des autres contrats administratifs ne trouvent pas leur application vis-à-vis de la fonction publique.

Quand l'administration contracte avec un concessionnaire ou passe un marché de fournitures, il existe toujours un acte écrit dans lequel on détermine d'une part les services ou les marchandises à fournir et d'autre part, les avantages accordés par l'administration. S'agissant de la fonction publique, le seul acte liant le fonctionnaire à

(135) Bichoffe : Op. cit., p. 173.

l'Etat est l'acte de nomination dans lequel on ne trouve aucune énumération des obligations mutuelles de l'Etat et du fonctionnaire.

On a dit « le contrat qui intervient lors de la nomination est tacite la plupart du temps » (136). Nous ne discutons pas ici la question de l'existence de contrat tacite. Mais nous estimons qu'il serait préférable d'éviter ce terme pour le cas où une situation juridique est en voie de discussion. En parlant de la fonction publique, M. Hauriou a observé que « la supposition d'un contrat tacite ne conduit à rien » (137). De son côté, M. Duguit dit : « J'ajoute que c'est une fiction et qu'il faut enfin une fois pour toutes débarrasser le droit des fictions toujours inutiles et souvent dangereuses » (138).

Un contrat administratif nécessite soit une ratification, soit une délibération. Par exemple, la concession d'un service d'Etat nécessite la ratification d'un décret ou d'une loi ; la concession d'un service départemental ou municipal n'est valable qu'après délibération du Conseil général ou du Conseil municipal. Mais la nomination d'un fonctionnaire ne suppose aucune procédure de ce genre.

Pour le concessionnaire du service public ou tout autre contractant d'un contrat administratif, la date de l'entrée en fonction est toujours celle du jour où le contrat est signé par les deux contractants. Quant au fonctionnaire, la date de son entrée en service part du jour où la nomination est publiée ou notifiée. Sur ce sujet, M. Waline a écrit ainsi : « Si en effet la nomination d'un fonctionnaire public était un contrat, il en résulterait : 1° que le fonctionnaire ne serait investi de sa compétence et grevé des obligations de sa fonction qu'à dater de l'acceptation de la nomination ; 2° qu'en cas de refus par la personne nommée à une fonction publique, l'administration n'aurait pas à rapporter une nomination qui serait devenue de plein droit caduque comme toute offre non acceptée. Or tout au contraire, la jurisprudence décide : 1° que l'investiture de la fonction a lieu à dater de la nomination publiée ou no-

(136) Bichoffe : Op cit., p. 74.
(137) Hauriou : Droit administratif, édition 1921, p. 175.
(138) Duguit : Op. cit., III. p. 128.

tifiée (139) et que dès ce moment, le fonctionnaire est titulaire de ses droits et devoirs ; 2° qu'en cas de refus de la fonction par la personne nommée, la nomination ne tombe pas de plein droit, mais seulement à la suite d'une décision formelle : révocation, démission ou tout au moins rapport de la nomination. La nécessité d'un acte formel pour mettre à néant les effets de la nomination prouve que l'acte unilatéral de nomination avait suffi pour conférer la fonction » (140).

B. — *La théorie du contrat administratif n'est pas celle de la jurisprudence du Conseil d'Etat ni celle de la législation.*

Dans sa thèse intitulée « Qu'est-ce qu'un fonctionnaire ? », Mlle Bichoffe, partisan important de la théorie en question, a interprété la théorie du contrat administratif comme celle de la jurisprudence. Nous voyons cependant qu'il en va autrement dans la réalité.

Tout d'abord, les arguments invoqués par l'auteur sont tirés des conclusions développées par les Commissaires du Gouvernement et non point des arrêts eux-mêmes. Sans doute existe-t-il entre celles-là et les décisions un rapport analogue à celui que l'on trouve entre les travaux préparatoires et la loi, et on peut chercher dans les conclusions les intentions probables du Conseil d'Etat quand l'arrêt reste obscur ; mais il ne faut pas considérer les termes employés par certains Commissaires du Gouvernement comme la théorie du Conseil d'Etat.

Et même dans les conclusions des Commissaires du Gouvernement, le terme de « contrat administratif » s'est rarement trouvé. Tout cela ne témoigne-t-il pas de l'insuffisance des arguments de la théorie du contrat administratif ?

Par contre, en face de ces arguments fragiles et rares, nous trouvons facilement des arguments contraires dans

(139) Cf. Bonnard : Précis du droit administratif, p. 373, en note.
(140) Waline : Manuel élémentaire du droit administratif, p. 370 à 371.

les arrêts mêmes. Par exemple, dans les arrêts du Conseil d'Etat relatifs aux litiges entre l'Etat et le fonctiondaire, on rencontre très souvent les termes suivants : « Attendu qu'il ne justifie d'aucune convention qui serait intervenue entre lui et la ville de Marseille » (141), « à aucun moment il n'est intervenu de contrat entre la ville et le requérant » (142) ; « attendu que le sieur Nil ne justifie d'aucune convention qui serait intervenue entre lui et la ville de Pont-à-Mousson » (143). Ainsi il est évident que « le Conseil d'Etat se refuse à analyser la situation du fonctionnaire (qui n'a pas fait de convention particulière) en une situation contractuelle » (144).

Le Conseil d'Etat a aussi refusé le caractère contractuel à l'acte de nomination qui est considéré comme un contrat administratif par les partisans de la théorie : « En l'absence de toute disposition spéciale contraire, dit l'arrêt Burgot, il appartient au maire de révoquer le sieur Burgot. Ce dernier n'est pas fondé à se prévaloir de ce que sa nomination a eu lieu à la suite d'un concours public pour soutenir qu'elle avait un caractère contractuel » (145).

Si les arrêts ont nettement déclaré qu'il n'y a « aucune convention », qu' « à aucun moment il n'est intervenu de contrat » et s'ils ont refusé même de reconnaître le « caractère contractuel » de l'acte de nomination, il en résulte avec évidence que la jurisprudence n'admet pas l'existence du contrat administratif puisque ce dernier, malgré son caractère spécial, reste tout de même un contrat.

Ainsi les arguments jurisprudentiels cités par les partisans de la théorie du contrat administratif ne sont pas solides et ils paraissent encore plus critiquables lorsqu'on considère les arguments contraires que l'on trouve dans plusieurs arrêts de la haute juridiction administrative.

D'ailleurs, la législation toute récente nous offre des arguments décisifs pour rejeter la théorie du contrat administratif. Dans les lois fondamentales concernant le fonctionnaire publiées le 14 septembre 1941, le législateur dé-

(141) C. E., 13 décembre 1889. *Sirey*, 1892-3-23.
(142) C. -., 11 décembre 1903. *Villenave-Lebon*, 1903, p. 767.
(143) C. E., 11 juillet 1894. *Sirey*, 1896-3-108.
(144) HAURIOU : Note dans *Sirey*, 1894-3-33.
(145) C. E., 8 août. *Lebon*, 1899, p. 593.

clare, à deux reprises [146], que c'est seulement « dans les cas exceptionnels » que le fonctionnaire est lié pour un contrat de droit public. Cela montre bien que la situation juridique du fonctionnaire, dans le cas normal, ne relève pas d'un contrat administratif.

Des observations qui précèdent, nous pouvons conclure que pour ingénieuse qu'elle soit, la théorie du contrat administratif n'est guère soutenable pour expliquer la situation juridique du fonctionnaire.

(146) Quatrième alinéa de l'article 2 de la loi du 14 septembre 1941 portant statut général des fonctionnaires et l'article 5 de la loi du même jour relative à l'organisation res cadres.

CHAPITRE II

LA PORTEE DE LA THEORIE LEGALE

Ne pouvant nous rallier ni à la théorie électique de Berthélemy ni à celle du contrat administratif que nous avons déjà critiquées tant au point de vue de la théorie qu'au point de vue des faits, nous adoptons volontiers la position de la théorie légale qui nous paraît la meilleure. En effet, cette théorie non seulement est soutenue depuis longtemps par la plupart des auteurs et s'accorde avec la jurisprudence, mais encore elle est surtout confirmée tout récemment par l'article 4 du statut des fonctionnaires qui est ainsi conçu : « Le fonctionnaire est soumis, dès son entrée dans les cadres, aux dispositions législatives et réglementaires régissant la fonction publique... »

Si la plupart des auteurs ont adopté la théorie légale, leur manière de la concevoir diffère cependant : les uns voient dans la situation juridique du fonctionnaire une « réquisition consentie », les autres la considèrent à l'instar de celle des personnes mariées, les uns classent l'acte de nomination dans les actes purement unilatéraux, les autres pensent, au contraire, que cet acte est un acte plurilatéral et d'autres enfin un « acte unilatéral affecté d'une condition résolutoire ». D'ailleurs les termes dont ils se servent pour exprimer cette situation légale sont aussi différents : situation légale, situation statutaire,, situation abjective, situation légale et réglementaire. Ces différentes opinions sont-elles contradictoires et inconciliables? Quelle est la plus soutenable ? Quelle est celle qui s'accorde le mieux avec les faits ? Toutes ces questions doivent être bien envisagées.

En outre, la théorie légale ne se présente que d'une manière dispersée dans les traités du droit administratif et les revues et souvent elle se traduit d'une manière sommaire tandis que la théorie du contrat administratif et celle de la théorie éclectique ont été systématiquement étudiées par certains auteurs (1). Il serait utile, au regard de la théorie légale que nous adoptons, de rassembler en un seul ensemble les différents arguments sur lesquels elle s'appuie. Et les adversaires de la théorie légale ont adressé et adressent encore des critiques à celle-ci. Il serait bon d'essayer de répondre aux critiques qui n'ont pas encore été écartées et de rassembler les réponses déjà données de nos prédécesseurs.

Enfin, si, en principe, la situation juridique du fonctionnaire est légale, il existe cependant exceptionnellement des fonctionnaires contractuels. Nous devons marquer ces exceptions et préciser la nature de ce contrat.

Tel est le travail auquel sera consacré le présent chapitre. Ce dernier se divise en trois sections, dans la première nous essayons d'expliquer le fondement de la situation légale du fonctionnaire ; dans la seconde, nous tâchons de constater le caractère légal de la situation juridique du fonctionnaire par l'origine, les caractères de celle-ci et par la nature juridique de la nomination ; et enfin, dans la troisième nous parlons des exceptions à la situation légale du fonctionnaire.

Section I

LE FONDEMENT DE LA SITUATION LEGALE DU FONCTIONNAIRE

La raison d'être de la situation légale consiste toujours dans le besoin de l'intérêt général à satisfaire. C'est au besoin de la défense nationale que les soldats appelés sont dans une situation légale. C'est au besoin des finances pu-

(1) Pour la théorie du contrat administratif : « Qu'est-ce que le fonctionnaire ? » de Mlle Bichoffe ; pour la théorie éclectique : « Théorie juridique de la fonction publique » de Nézard.

bliques que les contribuables sont dans une situation légale. La défense nationale et les finances publiques sont, toutes les deux, dintérêt général. La situation légale du fonctionnaire se justifie aussi par ce principe.

Etant donné que les fonctionnaires sont les organes essentiels du service public, il est évident que leur situation juridique doit s'accorder avec les exigences particulières du service public. Nous voyons comment ces exigences particulières du service public réclament la situation légale du fontionnaire.

Tout d'abord, en vue de l'adaptation du service à l'intérêt public, « l'autorité compétente doit pouvoir à tout moment remanier l'organisation du service de façon à la mieux adapter à sa tâche d'utilité publique et pour cela procéder, sans être gênée par les droits acquis, à toutes suppressions d'emploi. augmentation du travail, déplacement dans l'intérêt du service, diminution du traitement dans un but d'économie budgétaire que l'intérêt public peut exiger (2).

Nous avons indiqué que la situation contractuelle ne peut jamais être modifiée unilatéralement par l'administration. Par conséquent, la situation contractuelle du fonctionnaire ne peut s'adapter à cette exigence de modification. D'autre part, les situations juridiques ne se groupent qu'en deux catégories : contractuelle et légale. Dès lors, obligatoirement la situation juridique du fonctionnaire doit être d'une situation légale. Celle-ci est l'émanation directe de la loi, par conséquent, elle peut être modifiée à tout moment et ainsi elle peut s'accorder facilement avec les besoins du service.

En outre, pour le bon fonctionnement du service public, le fonctionnaire doit subir quelques restrictions par rapport à son statut général de citoyen. C'est ainsi que pour sauvegarder la discipline militaire, les officiers ne peuvent se marier qu'après avoir obtenu l'autorisation écrite de leurs supérieurs ; c'est ainsi encore que par crainte que la

(2) WALINE : Manuel élémentaire du droit administratif, p. 361.

dignité de l'agent ne soit atteinte, certains fonctionnaires sont privés de la liberté de faire le commerce.

A côté de ces restrictions d'ordre civil, il en est d'autres sur les droits politiques. Pour protéger l'indépendance des électeurs, certains fonctionnaires doivent être inéligibles dans la circonscription où ils exercent leurs fonctions. Pour maintenir la discipline militaire, les militaires doivent perdre leur droit de vote.

De tels droits appartenant au statut du citoyen qui est certainement une situation légale, il s'ensuit que les restrictions qui y sont apportées se réfèrent nécessairement aussi à la situation légale.

Enfin, pour le bon fonctionnement du service, il est nécessaire que les autorités compétentes aient le droit de congédier, au besoin, les fonctionnaires, même s'ils n'ont pas commis de faute et de les garder, même s'ils démissionnent. Ces deux hypothèses sont incompatibles avec la notion du contrat. Si l'on rattachait la première à une idée de contrat à durée indéterminée, la démission devrait être immédiatement suivie de l'abandon du service. Si l'on reliait la seconde à une idée de contrat à durée déterminée, l'administration ne pourrait pas congédier le fonctionnaire avant l'expiration du contrat. Ainsi en raison de ces exigences particulières du service, la situation légale est également nécessaire.

Craignant que le système de la situation légale ne soit « dangereux pour les services techniques », M. Nézard a écrit : « La théorie unilatérale confère au Gouvernement un pouvoir absolu et arbitraire de révocation qui n'est limité que dans la forme par la loi tandis que la théorie contractuelle lie l'Etat par un engagement qu'il ne peut rompre injustement sans s'exposer à des dommages-intérêts » (3). Il nous paraît que M. Nézard ait confondu ici le système légal et le système arbitraire. Or il y a une différence entre ces deux systèmes. L'arbitraire, c'est un pouvoir sans contrôle tandis que le régime légal est celui qui

(3) NÉZARD : Théorie juridique de la fonction publique, p. 351.

résulte de la loi et qui est toujours contrôlé. Il est vrai que le supérieur possède souvent quelque droit discréditionnaire à l'égard de son inférieur, mais ce droit n'est point arbitraire. Non seulement il est limité par les procédures, mais il est encore et surtout contrôlé par le recours pour excès de pouvoir, à l'occasion duquel les juges exercent un large contrôle sur les actes.

Et d'après M. Nézard, le pouvoir qui n'est limité que dans la forme par la loi serait moins assuré que par un contrat de louage de services. L'expérience nous fait croire pourtant le contraire. Les professeurs, les juges dont la situation est protégée par la loi ne le sont-ils pas mieux qu'un simple employé protégé par un contrat de louage de services ? Il est vrai que la plupart des fonctionnaires français ne possèdent pas encore une situation qui ait une protection aussi parfaite que celle des juges ou des professeurs. Mais ce n'est pas parce qu'ils ne sont pas protégés par un contrat de louage de services, c'est parce qu'ils ne le sont pas par la loi proprement dite.

Ainsi il nous est permis de conclure que la situation juridique du fonctionnaire doit être légale.

Section II

LA SITUATION JURIDIQUE DU FONCTIONNAIRE EST LEGALE

Nous venons de parler du fondement de la situation légale du fonctionnaire. Nous allons constater maintenant que cette situation juridique est légale. A cet effet, nous verrons tout d'abord comment les différents éléments constitutifs de la situation juridique du fonctionnaire se rattachent bien par leur origine et leur caractère aux données de la situation légale ; nous dirons ensuite, pour dissiper toute confusion, comment l'acte de nomination n'est qu'un acte-condition par lequel le fonctionnaire est soumis à la situation légale.

§ Ier. — L'ORIGINE ET LES CARACTÈRES DE LA SITUATION JURIDIQUE DU FONCTIONNAIRE SONT CEUX DE LA SITUATION LÉGALE.

I. — *L'origine de la situation juridique du fonctionnaire est celle de la situation légale.*

Etant donné que la situation légale résulte toujours des besoins d'intérêt général, il est évident qu'elle ne doit pas être réglée ou déterminée librement par les particuliers à l'instar des situations contractuelles qui sont déterminées par la volonté seule des contractants. La situation légale est donc toujours fixée par la loi (4), c'est-à-dire par les règlements rédigés par les autorités représentant l'intérêt général du pays.

Ainsi pour savoir si la situation juridique du fonctionnaire est légale, il nous faut examiner tout d'abord si elle est fixée par la loi. Comme la situation juridique du fonctionnaire est constituée par quatre éléments : 1° la compétence ; 2° les avantages matériels ; 3° le statut et 4° les charges et obligations (5), nous les examinerons un par un, et nous constaterons que tous ces éléments constitutifs résultent toujours de la loi.

En premier lieu, *la compétence* du fonctionnaire est fixée par la loi. Car la compétence, c'est, par définition, ce qui permet au fonctionnaire de faire légitimement un certain nombre d'actes en vue du fonctionnement du service public. Sa notion est identique à celle de la capacité. Comme la capacité, la compétence résulte toujours d'une loi. La compétence des gouvernants résulte de la loi constitutionnelle, de même, la compétence du fonctionnaire résulte de

(4) Il est à noter que l'on ne doit pas entendre ici la loi au sens formel comme on a l'habitude de le faire, c'est-à-dire « tout acte émané du Parlement quel qu'en soit le contenu juridique » (BARTHÉLEMY : Traité de droit constitutionnel. 1933, p. 728). On doit l'etendre ici au sens matériel. Car les situations légales (ou situations objectives) ne sont pas toujours le résultat de la loi au sens formel du terme, mais elles sont toujours le résultat de la loi au sens matériel du mot. Par exemple, les règlements de police et les règlements d'organisation des services publics créent bien des situations légales (ou situations objectives). Ces règlements ne sont pas rédigés par le Parlement, il ne s'agit point là, par conséquent, de lois formelles (Cf. DUGUIT : Traité du droit constitutionnel, 3e éd., II, p. 214). mais ils sont des actes-règles (Cf. DUGUIT : Op. cit., II, p. 213).

(5) DUGUIT : Op. cit., III, p. 104.

la loi ordinaire. Cest en vertu de la loi que le juge rend les jugements, que les officiers commandent leurs soldats, que les gendarmes arrêtent les coupables. Comme la compétence du fonctionnaire a pour but l'intérêt général et qu'elle est grosse de conséquences pour les citoyens, on conçoit facilement qu'elle soit toujours fixée par la loi. Il n'en pourrait être autrement.

Sur ce sujet, M. Duguit a écrit ceci : « La compétence est un pouvoir de vouloir conformément à la loi, pouvoir appartenant à un fonctionnaire » (6). « Ce pouvoir est incontestablement créé par la loi du service et uniquement » (7).

On a objecté que certains fonctionnaires ont reçu parfois leur compétence de leurs supérieurs par voie de délégation. Mais cela n'est pas contradictoire avec ce que nous avons dit. Car si les inférieurs reçoivent parfois une compétence que la loi ne leur a pas donnée pour la généralité des cas, c'est parce que cette délégation est bien prévue par la loi pour tel ou tel cas particulier. La preuve en est que, sauf permission expresse contenue dans la loi, aucun fonctionnaire ne peut légalement transférer sa compétence à un autre.

Les traitements, les pensions de retraite et tous les autres avantages matériels sont aussi fixés par la loi. Ils n'existent pas vraiment en raison des prestations fournies par le fonctionnaire comme les partisans de la théorie contractuelle l'ont pensé, mais simplement pour donner au fonctionnaire une situation matérielle et morale en rapport avec la fonction qu'il remplit et qui lui permette d'assurer le bon fonctionnement du service public sans avoir à se préoccuper des besoins de la vie. Ainsi la loi qui détermine le traitement est la même que celle qui établit les cadres du service. Cest la loi du service (8).

C'est aussi « les lois ou les règlements qui fixent discrétionnairement toutes les conditions dans lesquelles le traitement sera servi aux agents publics : point de départ, quan-

(6) Duguit : Op. cit., III, p. 153.
(7) Duguit : Op. cit.. II, p. 105.
(8) Duguit : Op. cit., III, p. 107.

tum, échéances, interruption, suspension, déchéance quinquenale ou prescription insaisissabilité, cumul, etc. » (9).

« Le Conseil d'Etat au contentieux, dit M. Jèze, applique purement et simplement les règles légales ou réglementaires; il ne cherche pas s'il est ou non équitable d'allouer un certain traitement. Il se préoccupe uniquement de la volonté du législateur, telle qu'elle résulte du texte ou des travaux préparaoires ou des circonstances dans lesquelles la règle a été posée. C'est essentiellement et avant tout une question d'exégèse des textes.

« La volonté du législateur une fois dégagée, le chef de service aussi bien que l'agent public doivent s'y conformer strictement. En conséquence, d'autre part, le chef de service ne peut pas refuser d'allouer un traitement lorsque l'agent public remplit toutes les conditions légales ou réglementaires. Il ne peut pas ajouter quoi que ce soit à ces conditions. D'autre part, l'agent public ne peut pas exiger un traitement autrement que dans les conditions légales ou réglementaires » (10).

Quant au *statut* du fonctionnaire, ce n'est que « la situation qui est faite au fonctionnaire en application des dispositions légales et réglementaires qui sont édictées pour le protéger dans ses intérêts moraux et pécuniaires en tant que fonctionnaire contre les actes arbitraires de gouvernants ou de leurs agents » (11). Cette définition du statut montre bien que le statut du fonctionnaire est toujours créé et réglé par la loi. C'est la loi du 22 avril 1905 (article 65) qui décide que le fonctionnaire, objet d'une mesure disciplinaire, a le droit de communication de son dossier; c'est la loi du 27 février 1880 (article 7), modifiée par la loi du 10 juillet 1896 (article 3), qui décide que les professeurs titulaires ne peuvent être révoqués, frappés de retrait d'emploi ou suspendus que par jugement du Conseil de l'Université confirmé en appel par le Conseil supérieur de l'Instruction publique par une décision prise aux deux tiers des suffrages.

(9) JÈZE : Les principes généraux du droit administratif, 1930, II, p. 792.
(10) JÈZE : Op. cit., p. 794 à 795.
(11) DUGUIT : Op. cit., III. p. 110.

Les *charges et obligations* du fonctionnaire sont aussi toujours fixées et réglées par la loi. En effet, pour que le fonctionnaire puisse accomplir utilement le travail qu'il doit accomplir dans la grande machine qu'est un service public, la loi apporte, en ce qui le concerne, quelques restritions à son statut général de citoyen. Comme celui-ci procède toujours de la loi, les restrictions qui y sont apportées en procèdent nécessairement. C'est en vertu du décret du 28 août 1835 que la liberté de commerce est restreinte aux magistrats; c'est en vertu de la loi du 30 novembre 1875 que l'éligibilité est restreinte pour certains fonctionnaires qui pourraient être soupçonnés d'avoir exercé une influence illicite sur les électeurs. Quant aux obligations qui s'imposent au fonctionnaire d'assurer le fonctionnement du service public dans certaines conditions, elles résultent aussi directement de la loi. Le fonctionnaire est toujours placé dans les cadres légaux du service. C'est à cause de cela qu'il doit remplir une certaine besogne conformément à la loi du service. Il n'est pas débiteur de ces prestations en retour de la rétribution que lui paie l'Administration. Il est attaché d'une manière permanente au service; il en est un des instruments indispensables. C'est la loi qui détermine son rôle, l'étendue et la nature de son activité. Par exemple, c'est la loi ou le règlement qui détermine, pour le professeur, ses heures ou ses jours de cours ou de classe; pour l'inspecteur des finances, l'époque et le rayon territorial de ses tournées d'inspection.

Ainsi tous les éléments constitutifs de la situation juridique du fonctionnaire sont toujours créés et réglés par la loi. Par conséquent, la situation juridique du fonctionnaire est créé et réglée tout entière par la loi (12). Cela montre bien que l'origine de la situation juridique du fonctionnaire est justement celle de la situation légale.

(12) Sur ce point, la loi du 14 septembre 1941 nous fournit un argument décisif. L'article 2 de cette loi déclare nettement : 2 Le fonctionnaire est soumis, dès son entrée dans les cadres, aux dispositions législatives et réglementaires régissant la fonction publique ».

II. — La situation juridique du fonctionnaire possède tous les caractères de la situation légale

Après avoir constaté que la situation juridique du fonctionnaire est créée toujours par la loi qui est l'origine de la situation légale, nous allons voir maintenant comment elle contient également tous les caractères de la situation légale : à savoir, le caractère général, le caractère permanent et le caractère modifiable unilatéralement par le législateur à tous moments.

A. — *La situation juridique du fonctionnaire est générale*

D'après M. Duguit, la situation légale qui est la conséquence même de la norme appliquée, est elle aussi, et dans la même mesure, nécessairement générale (13) par exemple, « la loi électorale française décide que tous les Français majeurs de 21 ans, du sexe masculin et n'étant pas frappés des déchéances prévues sont électeurs. Par application directe et immédiate de cette loi, tout Français arrivé à l'âge légal devient électeur... Cette situation est générale comme la loi » (14).

La situation juridique du fonctionnaire contient bien ce caractère général. Car une des caractéristiques de la situation juridique du fonctionnaire est d'être « uniforme pour les agents d'une même catégorie » (15).

Le caractère général se présente dans tous les éléments constitutifs de la situation juridique du fonctionnaire. La compétence du fonctionnaire est incontestablement générale : personne ne pense que la compétence de tel maire pourrait être différente de celle de tel autre maire ou que la compétence d'un juge pourrait être plus étendue que celle d'un autre juge du même rang. Quant aux autres éléments constitutifs de la situation juridique du fonctionnaire, tels que les avantages dont il profite et les obligations qui lui incombent, ils sont également généraux et identiques pour tous ceux qui sont investis d'une même fonction.

(14) Cf Duguit : Op. cit., I. p. 309.
(13) Duguit : Op. cit., I, p. 108.
(15) Conclusions de M. Latournerie dans l'affaire Jacquet-Winkel et autres. C. E., 25 février 1938. *R. D. P.*, 1938, p. 809.

Ce caractère de généralité se manifeste aussi dans le fait qu'il est impossible qu'il existe des situations particulières pour tel ou tel fonctionnaire. « L'amovibilité ou la perpétuité du titre, la nature des services à rendre, le taux de traitements, les conditions du droit à la pension sont fixés pour tous les emplois de l'Etat par les actes législatifs ou réglementaires auxquels il ne pourrait être suppléé ou dérogé par des contrats » (16). Et c'est précisément dans ce sens que s'affirme la jurisprudence du Conseil d'Etat, d'après laquelle, non seulement un fonctionnaire ne peut prétendre se faire, lors de son investiture, une situation différente de celle des agents occupant un emploi identique (17), mais encore sa situation ne peut pas être, postérieurement à son investiture, modifiée par contrat passé entre lui et la personne morale (18).

B. — *La situation juridique du fonctionnaire est permanente*

Le caractère permanent est aussi reconnu unanimement comme caractère inhérent à la situation légale. M. Duguit a dit : « Ces situations sont permanentes. Comme la norme juridique dont elles dérivent. Elles ne s'épuisent point par l'accomplissement indéfiniment répété des actes que la loi permet en interdisant ceux qui leur portent obstacle. Ces situations consistent essentiellement en ce que la loi réprime certains agissements et certaines attitudes qui leur portent atteinte et ouvre à cet effet une voie de droit. Celle-ci reste ouverte d'une manière permanente, et, de ce qu'elle aura été exercée une ou plusieurs fois, il ne s'ensuit pas qu'elle ne puisse pas l'être encore. Elle reste ouverte tant que subsiste la norme juridique dont la situation considérée est l'émanation » (19). Par exemple, la loi électorale française décide que tout Français majeur de 21 ans du

(16) LAFERRIÈRE : Traité de la juridiction administrative, 2e éd., I, 619.
(17) C. d'E., 19 mars 1924 ; *D. H.*, 1925, p. 46. C. E., 4 août 1916 ; *Pingol-Lebon*, p. 363. C. E., 29 mars 1923 ; *Bourdix-Lebon*, p. 281. C. E., 19 novembre 1924 ; *Quilichini-Lebon*, p. 908 ; Tribunal des Conflits, 27 décembre 1897. *Bergeon*.
(18) C. E., octobre 1929, Portebois, *D. P.*, 1929-3-37.
(19) DUGUIT : Op. cit., I, p. 308 à 309.

sexe masculin et n'étant pas frappé de déchéances prévues est électeur. Cette situation légale d'électeur est permanente comme la loi : l'électeur ne perd point sa situation quand il a une ou plusieurs fois exercé ses prérogatives électorales. Il les conservera tant que durera intacte la loi qui les crée (20).

Nous allons voir si tous les éléments constitutifs de la situation juridique du fonctionnaire contiennent bien ce caractère permanent. Tout d'abord, la compétence du fonctionnaire résulte toujours de la loi, comme la loi, elle, est toujours permanente. En effet, la compétence du fonctionnaire ne s'épuise pas par l'exercice accompli une ou plusieurs fois. Elle existe, continuellement renouvelée, pendant tout la durée de la fonction. Les avantages, le statut et les obligations du fonctionnaire sont évidemment aussi permanents. Personne n'imagine qu'ils puissent être modifiés par le titulaire de la fonction ou les autorités supérieures avant de l'avoir été par une loi nouvelle. La jurisprudence constante nous apprend que « les droits ou avantages pour le fonctionnaire résultant d'une réglementation sont subordonnés au maintien de cette réglementation ». Ainsi, tant que la réglementation est maintenue, les droits ou avantages qui en résultent le seront également.

C. — *La siuation juridique du fonctionnaire est modifiable unilatéralement par l'autorité compétente à tous les instants*

Outre ces deux caractères de permanence et de généralité habituellement reconnus inséparables de la situation légale, il nous apparaît qu'il faudrait encore marquer un autre aspect également inhérent à la situation légale : celle-ci peut être modifiée unilatéralement par les autorités compétentes à tout moment.

En parlant de la situation objective (ou situation légale) et de situation subjective (ou situation contractuelle), M. Duguit a bien souligné ce caractère modifiable de la situation légale : « Une loi ne peut jamais être rétroactive, dit l'auteur, elle ne s'applique jamais qu'à des actes à venir

(20) Duguit : Op. cit., I, p. 309.

et elle ne peut modifier une situation juridique subjective; mais une loi modifie toutes situations juridiques objectives, même celles nées antérieurement puisque ces situations ne sont que la loi elle-même en application et en cela la loi ne produit point un effet rétroactif. La situation est modifiée ou supprimée tout simplement parce que la loi dont elle est une pure émanation est modifiée ou abrogée » (21).

« La situation légale créée directement par la loi, ajoute M. Duguit, peut toujours être modifiée par une loi nouvelle. En cela, il n'y a point d'effet rétroactif. Il en est de même évidemment quand la situation légale, au lieu de naître directement de la loi, prend naissance après qu'un acte juridique a été accompli. Elle n'en reste pas moins une situation légale. Elle peut être modifiée par la loi nouvelle sans qu'on puisse dire que celle-ci ait un effet rétroactif. L'acte qui a été accompli n'est pas touché par la loi nouvelle, mais seulement la situation légale qui lui est consécutive. Née de la loi et non de l'acte, elle suit toutes les modifications de la loi » (22). Par exemple, malgré l'acte de mariage, la situation des personnes mariées est une situation légale. Toute loi qui modifie le régime légal du mariage s'applique, sans qu'il y ait pour cela effet rétroactif, à tous les gens mariés, même à ceux qui sont mariés antérieurement à la loi nouvelle. Il en a été ainsi de la loi du 27 juillet 1889 rétablissant le divorce et aussi des lois sur le mariage, par exemple d'une loi étendant les causes du divorce. Il faut bien comprendre que l'état de gens mariés est une situation légale objective, qu'elle dérive de la loi et non du mariage — convention qui n'est que la condition de l'application de la loi aux conjoints (23).

La situation juridique du fonctionnaire peut-elle être modifiée par le législateur à tous les moments ? Pour nous et les partisans de la théorie légale, la réponse est affirmative puisque nous considérons que la situation juridique du fonctionnaire est créée et réglée par une loi qui est elle-même modifiable à tout moment. Mais les partisans de

(21) Duguit : Op. cit., I, p. 315.
(22) Duguit : Op. cit., II. p. 240.
(23) Duguit : Op. cit., II, p. 246.

la théorie contractuelle sont obligés de formuler des critiques contre ce caractère modifiable, car celui-ci atteint grandement la notion du contrat et les conséquences fondamentales de celui-ci. Nous avons déjà rejeté la théorie contractuelle dans les chapitres précédents, nous nous bornerons ici à constater successivement, à l'aide des faits et de la jurisprudence, que tous les éléments constitutifs de la situation juridique du fonctionnaire peuvent être modifiés à tout instant par la loi ou le règlement.

1. — *La compétence.* — « Pour la compétence, dit M. Duguit, la chose est évidente : la loi qui modifie la compétence d'un fonctionnaire s'applique à tous les fonctionnaires et s'applique même à ceux qui ont été nommés avant la promulgation de la loi » [24]. Car étant créée et déterminée dans sa portée par la loi, la compétence doit être modifiable législativement comme la loi sans entraîner aucun effet rétroactif. En effet, personne ne peut imaginer que les préfets et les ministres puissent avoir le droit de revendiquer leur ancienne compétence alors que la loi a diminué celle-ci au profit des autorités décentralisées; ou que, par contre, ces autorités décentralisées aient le droit de refuser la compétence accrue qu'elles ne possédaient pas avant la décentralisation. « Aucune disposition de notre droit positif, dit M. Duguit, aucune solution de notre jurisprudence administrative ne reconnaît au fonctionnaire un moyen quelconque de revendiquer sa compétence ». Tout cela montre bien que la compétence du fonctionnaire est modifiable unilatéralement par l'autorité compétente à tous les instants.

2) *Le statut.* — On dit très souvent que le statut constitue un droit acquis pour le fonctionnaire. Ainsi le statut du fonctionnaire ne pourrait être modifié librement par les autorités législatives ou réglementaires. Cette idée n'est pas en accord avec les faits. Car selon la législation actuelle, le statut du fonctionnaire peut être modifié ou supprimé légalement par les autorités compétentes pourvu que

(24) Duguit : Op. cit., II, p. 250.

cette modification ait suivi les procédures prescrites. « Si les règles du statut sont modifiées ou supprimées par une loi nouvelle, celle-ci s'applique à tous les fonctionnaires du service, non seulement à ceux qui seront nommés postérieurement, mais à ceux qui avaient été nommés antérieurement et qui étaient en place au moment de la promulgation de la loi nouvelle... Il n'y a pas, il ne peut pas y avoir de discussion sur ce point. Seuls des ignorants ou des démagogues pourraient prétendre le contraire » (25). En effet, les mesures de ce genre ont été bien prises par le législatur dans des circonstances nécessaires. Tels le décret-loi du 18 novembre 1939 qui a supprimé les garanties concernant l'intervention des conseils disciplinaires en cas des mesures disciplinaires, le décret-loi du 19 septembre 1939 qui a supprimé la garantie concernant la communication du dossier en cas de mesure disciplinaire pour l'armée de terre et de mer (26).

La jurisprudence sanctionne aussi constamment ce caractère modifiable de la situation juridique du fonctionnaire. Dans l'arrêt Riou, le Conseil d'Etat en a ainsi jugé : « Le sieur Riou se fonde, pour demander l'annulation des mesures prescrivant son licenciement, sur ce qu'elles auraient été prises en violation des dispositions de la circulaire du 3 août 1908 qui réglemente, dans le service des poudres, l'embauchage et le licenciement des ouvriers régis par le décret du 26 février 1897... Le ministre n'a fait qu'user de ses pouvoirs en modifiant cette réglementation résultant de la dite circulaire du 3 août 1908, par une nouvelle circulaire en date du 26 février 1920... ; par suite, le sieur Riou n'est pas fondé à soutenir que son licenciement a été prononcé dans des conditions portant atteinte aux droits qui lui assuraient les règlements en vigueur » (27).

Le statut du fonctionnaire non seulement peut être supprimé, il peut également être suspendu pendant un certain délai par les autorités compétentes (28). Ainsi la garantie

(25) DUGUIT : Op. cit., p. 160.
(26) Cf. BONNARD : Précis de droit administratif, 1940. p. 522.
(27) C. E., décembre 1923. *Recueil,* p. 895.
(28) Si la suspension des garanties de la communication de dossier résultant d'une loi ou un décret-loi est légale, la suspension de cette

concernant les conseils d'enquête pour l'armée de terre, de mer et de l'air avait été suspendue par les décrets du 8, 20 et 26 septembre 1939 pendant la guerre de 1939-1940 et la garantie relative à la communication du dossier avait été suspendue pendant la guerre de 1914-1918 par le décret du 10 septembre 1914 et pendant la guerre de 1939-1940 par le décret-loi du 1er septembre 1939. Et la jurisprudence du Conseil dEtat a bien reconnu légales toutes les mesures de ce genre (29). D'ailleurs, dans la législation récente, la loi du 17 juillet 1940, prolongée successivement par les lois du 23 octobre 1940, du 29 mars 1941 et du 14 septembre 1941 (article 122), a bien suspendu toutes les garanties en faveur du fonctionnaire révoqué.

La loi ou le règlement peut modifier non seulement le statut ordinaire du fonctionnaire, mais aussi le statut dit « statut légal spécial » de certains fonctionnaires privilégiés : statut des professeurs, des officiers, des juges, etc. C'est à tort qu'on s'imaginait qu'à la faveur d'un pareil statut, leur situation était inamovible, celle-ci reste, en fait, parfaitement modifiable à tout moment par les autorités législatives ou réglementaires. A cet égard, M. Duguit a dit : « La situation du fonctionnaire inamovible peut être à chaque instant modifiée par la loi sans qu'il y ait rétroactivité de cette loi. D'un avis unanime, l'inamovibilité d'un fonctonnaire subit toutes les modifications qu'il plaît au législateur d'y apporter. Les modifications aux règles de l'inamovibilité de la magistrature introduites par la loi du 30 août 1883 se sont appliquées à tous les magistrats sans qu'on songeât à parler de rétroactivité, à tous les magistrats déjà en fonction au moment où cette loi a été promulguée » (30). Un autre exemple est fourni par le décret du 18 juin 1936 : un décret du 20 février 1934 avait établi des garanties pour les magistrats consistant surtout en l'inter-

garantie résultant d'une autorité administrative en cas de grève est pourtant très critiquable. Car une situation juridique dérivant d'une loi ne peut être modifiée que par une autre loi : l'autorité administrative est incompétente pour le faire. Les arrêts qui affirmaient la suspension de la garantie de la communication de dossier en cas de grève par l'autorité administrative sont vigoureusement critiqués par plusieurs auteurs.

(29) L'arrêt Heyries : *S.* 1922-3-49 ; *D.*, 1920-3-31.

(30) Duguit : Op. cit., III, p. 206.

vention d'une commission composée de magistrats pour les nominations aux divers postes. Ces garanties ont été supprimées par le décret du 18 juin 1936.

3) *Les obligations et charges.* — Le caractère modifiable apparaît aussi dans les obligations et les charges du fonctionnaire. « La qualité du travail, les assujettissements peuvent être augmentés après coup par des règlements sans que le fonctionnaire ait droit acquis à refuser la besogne supplémentaire (C. E. 25 juin, Fédération des Amicales d'instituteurs, Recueil p. 922) (31). De même les restrictions peuvent toujours être multipliées. Il est absurde de croire que les fonctionnaires qui étaient entrés en fonction avant le décret du 28 août 1935 puissent faire du commerce sous prétexte que ce décret ne doit s'appliquer qu'aux fonctionnaires nommés après sa promulgation.

4) *Les avantages matériels.* — Malgré les objections des partisans de la théorie contractuelle, les avantages matériels du fonctionnaire sont modifiables unilatéralement par l'autorité compétente. « Le législateur peut les modifier pour l'avenir. Il peut augmenter ou réduire les tarifs (C.E. 24 mars 1912, Risso. R. 408; C.E. 9 novembre 1917. Thureau R. 709); il peut même les supprimer complètement. Désormais, les agents publics investis de ce statut ne pourront plus les réclamer du tout » (32). Les dispositions législatives de ce genre sont nombreuses. Par exemple, les décrets du 4 août 1934, du 16 juillet 1925 et 25 juin 1936 ont établi successivement un prélèvement sur le traitement des fonctionnaires variant du 5 à 14 pour cent. La loi du 23 décembre 1933 et le décret du 28 mars 1934 ont réduit ou même supprimé certaines indemnités pour divers fonctionnaires. En ce qui concerne la pension, la loi du 14 avril 1924 « a été aussi l'objet de plusieurs modifications, d'abord pour augmenter le chiffre de pension et ensuite, avec les décrets-lois du 4 avril 1934 et du 10 mai 1934 pour le réduire et enfin pour le rétablir avec le décret-loi du 25 juin 1936 » (33).

(31) Hauriou : Précis élémentaire du droit administratif. 1938, p. 71.
(32) Jèze : *R. D. P.*, 1923, p. 205 à 206.
(33) Bonnard : Précis du droit administratif, 1940, p. 502.

Ces modifications sont sanctionnées constamment par la jurisprudence. Les arrêts en ce sens sont nombreux (34). Nous nous contentons de citer l'arrêt Oragon comme exemple : « Considérant que les divers avantages résultant pour les fonctionnaires d'une réglementation établie par des décrets sont subordonnés au maintien de ces décrets ; que l'administrateur a donc pu valablement, par les décrets du 6 novembre 1934 et 18 août 1935, supprimer, pour les fonctionnaires du ministère des travaux publics détachés en Indochine, l'indemnité de réinstallation qui leur était allouée en vertu du décret du 16 décembre 1915 modifié par le décret du 29 mai 1920 » (35).

Ainsi la situation juridique du fonctionnaire contient bien le caractère modifiable puisque ce caractère se trouve dans tous les éléments constitutifs de la situation juridique du fonctionnaire.

D'ailleurs, la loi nouvelle concernant le statut du fonctionnaire confirme bien ce caractère. Sous le titre de « principes généraux », l'article 4 de cette loi est ainsi conçu : « Les modifications ultérieures lui sont applicables dès leur publication sans que l'intéressé puisse se prévaloir de prétendus droits acquis résultant des textes antérieurement en vigueur » (36).

§ II. — L'ACTE DE NOMINATION EST UN ACTE-CONDITION

Nous avons examiné à maints égards le caractère légal de la situation juridique du fonctionnaire. Il nous faut étudier maintenant encore la nature juridique de l'acte de nomination, acte qui s'accorde bien avec la situation légale, et qui a prêté et prête encore à une grande confusion avec le contrat au regard de maints auteurs, acte dont les interprétations sur sa nature restent encore fort différen-

(34) C. E., 17 mars 1911 : Blanchet, *R. P.*, 333) ; C. E., 16 février 1922 : Darrodes, *R.* 214 ; C. E. 8 mars 1912 : Picquenot, *R.* 318 ; C. E. 17 mai 1912 : Touchard, *R.* 563 ; C. E. 13 juillet 1917 : Muller, *R.* 565 ; C. E. 7 juillet 1916 : Moreau. *R.* 276 ; C. E. 19 janvier 1927 : Elèze, *R.* 62 ; C. E. 21 janvier 1927 : Perrier, *R.* 81 ; C. E. 28 janvier 1926 : Mathieu, *R.* 126 ; C. E. 23 mars 1927 : Barlerin, *R.* 364 ; C. E. 27 mai 1927 : Delanaud, *R.* 623.

(35) C. E. 23 juillet 1938. *Recueil,* 1938, p. 722.

(36) *Journal officiel,* 1er octobre 1941, p. 4211.

tes. Ainsi pour éviter toute confusion, pour préciser la nature de cet acte, il est indispensable de distinguer cet acte du contrat et de bien en définir la nature.

I. — *L'acte de nomination n'est pas un contrat*

Comme les auteurs de la théorie contractuelle ont pensé que tous les actes juridiques volontaires étaient des actes contractuels et comme en fait la fonction publique d'aujourd'hui résulte toujours d'une libre démarche du candidat, il est naturel qu'ils aient considéré l'acte de nomination comme un contrat. Nous avons déjà, à plusieurs reprises, critiqué cette manière de voir.

Le grand défaut de la théorie contractuelle est de ne pas tenir compte de toutes les conditions du contrat. Dans la note de l'arrêt Concy, M. Jèze a bien souligné ce point : « Pour les fonctions, dit l'auteur, qui ne sont pas déclarées obligatoires par la loi, l'une des conditions, pour que la désignation... produise un effet juridique, est l'acceptation de l'individu désigné », mais « la nécessité de ce consentement, de cette acceptation ne transforme pas la nomination ou l'élection à une fonction en un contrat. Pour qu'il y ait contrat proprement dit, il faut en effet deux élémens essentiels : 1° un accord de volontés; 2° la création d'une situation juridique individuelle. C'est pour avoir négligé cette deuxième condition essentielle que, trop souvent, on parle de contrat alors que la première condition (accord de volontés) est seule remplie. Dans le cas de désignation à une fonction, soit par nomination, soit par élection, il y a bien un accord, mais cet accord de volontés n'a pas pour effet de créer une situation juridique individuelle. La nomination à une fonction publique n'est donc pas un contrat, pas plus qu'une élection n'est un contrat. Nomination et élection ont la même nature juridique »(37).

II. — *L'acte de nomination n'est pas indépendant de la situation juridique du fonctionnaire*

En tenant compte du caractère légal du régime de la

(37) Jèze : Note de la jurisprudence. *R. D. P.* 1910, p. 64.

fonction publique, et confondant la notion de contrat avec celle de l'acte de volonté, certains auteurs ont proposé une théorie mixte successive. D'après celle-ci la nomination et le régime de la fonction seraient deux faits juridiques indépendants. C'est ainsi que M. Schulze qui la défend, cite comme exemple d'un semblable rapport de droit, le mariage qui, selon l'auteur, se forme par contrat, mais qui une fois formé continue à produire des effets indépendamment de la volonté des parties contractantes et engendre un rapport de puissance du mari sur la femme. De même, pour la fonction publique, jusqu'à l'entrée en fonction, il n'existe entre l'Etat et le fonctionnaire que des liens contractuels; ce sont ceux créés par la nomination, contrat constitué par l'offre et l'acceptation de la fonction. Jusque là, c'est donc le droit contractuel qui est applicable aux relations du fonctionnaire et de l'Etat. Mais avec l'entrée en fonction, par l'installation du fonctionnaire, se trouve accomplie la dernière condition préliminaire dont la réalisation est nécessaire pour que puisse s'effectuer la formation juridique nouvelle. Dès lors, c'est le régime légal de puissance publique qui va régir la fonction. On prétend ainsi expliquer fort bien pourquoi il est nécessaire que les deux volontés de l'Etat et du fonctionnaire concourent à la formation de la fonction et pourquoi cependant la fonction publique est un régime juridique unilatéral de la puissance publique dont le maintien, l'abrogation, la modification ne dépendent plus que de la volonté de l'Etat qui peut arbitrairement déplacer, suspendre, révoquer, priver de traitement le fonctionnaire. Ainsi, il y a deux régimes juridiques successifs et indépendants (38).

Malgré son aspect ingénieux, cette théorie mixte n'est pas admissible. Car il n'est pas possible que la nomination et le régime juridique de la fonction soient deux faits indépendants. S'il n'y a pas d'acte de nomination, le régime de la fonction publique ne peut s'appliquer au fonctionnaire. Par contre, si la nomination n'entraînait pas une situation juridique, l'acte de nomination n'aurait plus aucun sens

(38) Cf. Nézard : La théorie juridique de la fonction publique, p. 308 à 309.

juridique. Si l'on ne peut considérer l'acte de nomination et le régime juridique du fonctionnaire comme deux faits indépendants, c'est-à-dire si l'on ne peut pas nier que l'un soit la cause de l'autre, comment pouvoir dire que la nature juridique de ces deux faits soit différente ? Si nous reconnaissons que la nomination est un contrat passé par l'administration et le fonctionnaire, le régime de la fonction qui est l'effet de ce contrat, serait nécessairement contractuel. Car d' « un accord contractuel ne peut résulter qu'un régime contractuel » (39). Inversement, si le régime de la fonction était légal, ce régime ne devrait pas résulter d'un contrat. Car le régime légal est créé par la loi et exclusivement par la loi.

III. — *L'acte de nomination est un acte-condition*

Si la nature juridique de l'acte de nomination n'est pas un contrat et que si le régime de la fonction publique ne peut avoir une nature différente de celle de la nomination, comment s'expliquer la nature de l'acte de nomination ? A cette question, notre réponse est que l'acte de nomination est un acte-condition, une troisième catégorie d'actes juridiques dégagée et systématisée par les deux grands maîtres : MM. Duguit et Jèze.

Que sont les actes-conditions ? D'après M. Jèze, « ce sont des manifestations de volontés qui constituent la condition mise par la loi pour qu'un individu soit placé dans une situation juridique légale et réglementaire » (40) Sur ce point, la notion de l'acte-condition de M. Duguit est plus claire : « Certaines règles du droit objectif, dit l'auteur, quoique étant certainement des dispositions par voie générale et abstraite, ne s'appliquent pas indistinctement à tous les membres du groupement social, mais seulement à ceux qui se trouvent dans certaines conditions, à ceux qui seront déterminés par un acte fait conformément à la règle ellemême. Tout acte qui détermine un individu, de telle ma-

(39) LIEBE : Staatschtliche Studien, p. 17, cité par NÉZARD : Théorie juridique de la fonction publique, p. 311.
(40) *R. D. P.*, 1910, p. 67.

nière qu'une norme juridique qui ne lui était pas antérieurement applicable lui devienne applicable, tout acte à la suite duquel naît pour un individu un statut qu'il n'avait pas auparavant, rentrent dans une nouvelle catégorie d'actes juridiques. A leur suite une modification est apportée à l'ordonnancement juridique existant, puisqu'une règle de droit objectif s'appliquera désormais à un individu auquel elle ne s'appliquait pas ou inversement, puisqu'un statut individuel apparaît qui n'existait pas auparavant. L'acte est objectif en ce sens qu'il n'a d'autre résultat que de conditionner l'application de certaines dispositions du droit objectif. Mais il a quelque chose de subjectif puisqu'il conditionne l'application à un sujet déterminé de la norme considérée. Je donne à ces actes un nom qui est déjà d'ailleurs passé dans la terminologie courante des publicistes. Je les appelle des actes-conditions » (41).

Les exemples de l'acte-condition sont nombreux dans le droit privé comme dans le droit public. L'acte de permission sur une dépendance domaniale est un acte-condition. Parce que la situation de celui qui reçoit une permission accordée sur la dépendance domaniale est déterminée par la loi et contient tous les caractères de la situation légale; mais cette situation légale n'existe cependant que lorsque la permission a été expressément accordél par l'autorité compétente (42). Dans le droit privé, l'acte de mariage est un acte-condition. Car l'état des gens mariés déterminé par la loi est bien une situation légale et cet état ne prend naissance qu'après l'acte de mariage (43).

D'après la notion de l'acte-condition que nous venons de signaler, l'acte de nomination doit être bien considéré comme un acte de ce genre. Car, d'une part, la situation légale du fonctionnaire ne prend naissance qu'après la nomination et d'autre part, la situation juridique du fonctionnaire n'est pas créée ni réglée par cet acte de nomination, mais par la loi ou le règlement.

(41) Duguit : Op. cit., I, p. 328.
(42) Duguit : Op. cit., I, p. 311.
(43) Duguit : Op. cit., I. p. 311 à 312.

D'ailleurs, on peut vérifier par les faits suivants que l'acte de nomination est un acte-condition.

« 1° Les différents éléments de la situation qui est offerte au futur fonctionnaire ne peuvent pas être discutés par lui. Il ne peut qu'accepter ou refuser en bloc la situation » (44).

« 2° Il ne peut pas être conclu en annexe de l'acte de nomination entre l'administration et le fonctionnaire, une convention spéciale stipulant pour le fonctionnaire des avantages particuliers ou des charges spéciales et modifiant ainsi le régime légal ou réglementaire de la situation. Cette convention serait sans valeur comme voulant introduire un élément individuel dans une situation qui doit rester entièrement légale ou réglementaire (C.E. Pingol, 4 août 1916, R. 363) » (45).

3° « ...tout acte de nomination est susceptible d'être attaqué par le recours pour excès de pouvoir, lequel est une voie de droit objective; elle n'est, en principe, recevable que contre les actes objectifs. Si la nomination de fonctionnaire était un acte subjectif à la suite duquel naîtrait une situation de créancier ou de débiteur, le recours pour excès de pouvoir ne serait certainement point recevable contre elle. Elle donnerait lieu à un contentieux subjectif. Or tel n'est pas le cas » (46).

4° La nomination est parfois réalisée par voie de tirage au sort. Faite ainsi, elle apparaît très clairement comme la condition à laquelle est subordonnée la naissance de la situation fonctionnelle. En cas de tirage au sort, on ne peut évidemment voir dans la nomination un acte subjectif créant la situation de fonctionnaire. Il ne peut en être différemment de la nomination proprement dite, ni de l'élection »(47).

Ainsi l'acte de nomination est-il bien un acte-condition à tous les points de vue.

(44) BONNARD : Précis du droit administratif, 1935, p. 372.
(45) BONNARD : Précis du droit administratif, 1935, p. 372.
(46) DUGUIT : Op. cit., III, p. 123.
(47) DUGUIT : Op. cit., III, p. 123.

IV. — *L'acte de nomination est un acte-condition unilatéral conditionné*

Si au point de vue matériel, la plupart des auteurs sont d'accord que l'acte de nomination est un acte-condition, ils divergent cependant lorsqu'ils envisagent celui-là au point de vue formel. Ils y voient alors soit un acte unilatéral pur, soit un acte plurilatéral, soit enfin un acte unilatéral conditionné.

Certains auteurs ont vu dans l'acte de nomination un acte unilatéral. M. Hauriou a dit : « La nomination est essentiellement un acte de puissance unilatéral; sans doute, le fonctionnaire accepte sa nomination et souvent même il l'a sollicitée; mais il l'accepte comme une loi ou une ordonnance et non pas comme la pollicitation d'un contrat » (48). Pour constater cela, l'auteur a invoqué le fait que cet acte est soumis aux conditions formelles de validité des actes d'autorité (49). M. Giorgi a écrit aussi : « L'acceptation du fonctionnaire n'est pas demandée pour rendre parfait l'acte de nomination; dès que celui-ci est rendu dans la forme constitutionnelle, il est pleinement valable en son entier » (50). D'ailleurs dans la jurisprudence, on peut lire « l'acte par lequel l'Etat nomme un fonctionnaire à un emploi public ne saurait être assimilé à une convention... Un acte de cette nature n'est que l'exercice de la puissance publique » (51).

Les actes d'autorité, les actes de puissance publique sont par définition des actes unilatéraux.

Cette manière de voir est cependant critiquable. M. Hauriou lui-même a estimé ailleurs que le fonctionnaire est rattaché à l'administration par une « réquisition consentie » (52). « Consentie », il est clair que la nomination n'est pas un acte unilatéral pur.

Dans sa note sur l'arrêt Concyles-Eppes, M. Jèze a fait remarquer que l'acte de nomination n'est pas un acte uni-

(48) HAURIOU : Note *Sirey*, 1899-3-106.
(49) HAURIOU : Note *Sirey*, 1894-3-33.
(50) GIORGI : Cité par NÉZARD dans Théorie juridique de la fonction publique, p. 280.
(51) Tunis, 9 août 1894.
(52) HAURIOU : Précis élémentaire du droit administratif, 1938, p. 72.

latéral : « En France, dit l'auteur, en principe, le service public est facultatif... Du principe qui précède découle cette conséquence : pour les fonctions qui ne sont pas déclarées obligatoires par la loi, l'une des conditions pour que la désignation produise un effet juridique est l'acceptation de l'individu désigné. Au cas où l'individu désigné sans son consentement pour occuper une fonction publique refuse de l'accepter, ce refus ne constitue pas un acte de démission. Il faut dire que l'une des conditions légales, pour que l'individu entre au service public, fait défaut. L'individu désigné n'a été à aucun moment investi de la fonction » (53).

Et, d'après l'observation de M. Bonnard sur la jurisprudence de ce sujet, « le refus de la nomination de la part du fonctionnaire, après avoir été considéré comme une démission et comme soumis aux règles concernant l'acceptation de la démission, est accepté maintenant comme un refus pur et simple qui de lui-même fait tomber la nomination » (54).

M. Duguit, d'abord partisan de la théorie de l'acte unilatéral s'est aperçu lui aussi que cette théorie n'était pas parfaitement exacte. « On a essayé quelquefois, dit l'auteur, et moi-même, dans la première édition de ce Traité, de démontrer par des considérations plus ou moins subtiles, que la nomination des fonctionnaires était un acte unilatéral. Je reconnais bien volontiers que je me suis trompé. Une pareille tentative va contre les faits. Il n'est pas douteux qu'en réalité, il y a dans la nomination des fonctionnaires de nos jours deux actes de volonté. Aucun raisonnement, quelque subtil qu'il soit, ne peut démontrer le contraire » (55).

Comme la nomination est un acte plurilatéral et qu'elle n'est pas un contrat, selon M. Duguit, elle entre donc dans une des deux autres catégories d'actes plurilatéraux : l'acte collectif (le gesammatakt) ou l'union (le vereinbarung). Dans laquelle des deux ? Dans son premier volume de Trai-

(53) *R. D. P.* 1916, p. 67. Note de la jurisprudence.
(54) Bonnard : Précis du droit administratif, 1940, p. 455, et cf. l'arrêt Brandsteller, 20 février 1924. *Lebon*, 1924, p. 194.
(55) Duguit : Op. cit., III, p. 125.

té de droit constitutionnel publié en 1927, M. Duguit pensait que « la nomination du fonctionnaire constitue certainement un exemple d'union (56) dont la notion s'analyse ainsi : « Deux ou plusieurs personnes entrent en relation et s'accordent sur un point déterminé; mais à la suite de cet accord, on ne voit pas apparaître une situation juridique subjective, un rapport particulier individuel et momentané de créancier et de débiteur; on aperçoit, au contraire, la naissance d'une règle permanente ou bien une situation juridique objective d'un état (statuts) » (57).

Mais M. Duguit a changé d'opinion dans le tome troisième du même Traité : « J'ai dit que la nomination du fonctionnaire, dit-il, est un acte-union, une verienbarung, je me demande si je ne me suis pas trompé et s'il ne serait pas plus exact d'y voir un acte-collectif, un gesammtakt. L'union implique une convention, une convention qui n'est pas un contrat. Peut-on dire qu'il y ait ici convention ? Il me semble que l'analyse qui précède montre que non. Aussi je crois maintenant qu'il est plus exact de dire que la nomination du fonctionnaire est un acte-collectif un concours de volontés, mais non pas une convention » (58).

Il est vrai que l'acte de nomination ressemble, à certains points de vue, à l'acte-union ou à l'acte-collectif; mais il existe une grande différence entre ces actes et l'acte de nomination. C'est que l'acte-union et l'acte-collectif sont, tous les deux, des actes plurilatéraux, c'est-à-dire qu'ils se forment nécessairement par la déclaration de deux volontés, tandis que l'acte à la suite duquel s'applique la situation légale du fonctionnaire à la personne nommée, ne se forme pas nécessairement par deux déclarations de volonté : il produit son effet juridique dès que la volonté unilatérale de l'administration est légalement exprimée.

En effet, la différence entre l'acte-union et l'acte-collectif d'une part et l'acte de nomination d'autre part, apparaît nettement dans les faits. D'après M. Duguit, l'acte de mariage est acte-union, le statut d'une association est un

(56) DUGUIT : Op. cit., I, p. 423.
(57) DUGUIT : Op. cit., I, p. 409.
(58) DUGUIT : Op. cit., III, p. 127.

acte-collectif. Selon les faits, l'acte de mariage n'est établi que dès le moment où il est signé par les deux futurs mariés. De même, le statut d'une association n'est valable que dès le moment où il est voté par l'assemblée générale de l'association. Quant à l'acte de nomination, il produit immédiatement les effets juridiques dès qu'il est publié ou notifié, c'est-à-dire qu'il s'achève dès que la volonté de la partie de l'administration est légalement exprimée. La jurisprudence va constamment dans ce sens (59).

Ainsi l'acte de nomination n'est ni un acte unilatéral pur puisque le refus de la personne nommée peut le faire tomber, ni un acte plurilatéral puisqu'il est déclaration de volonté d'une seule partie de l'administration.

Pour concilier ces contradictions, certains auteurs ont interprété l'acte de nomination comme un acte unilatéral conditionné.

M. Jèze voit dans l'acte de nomination un « acte unilatéral provoqué et accepté ». « Unilatéral », parce que « la nomination ou élection est une investiture de la fonction publique; cette investiture est l'œuvre de la seule volonté de l'autorité qui nomme ou des électeurs. « Provoqué ou accepté », parce que « l'acceptation du fonctionnaire — presque toujours sous-entendue — n'a d'autre signification que le non-refus de l'investiture. Elle joue un rôle secondaire. On ne la mentionne pas dans l'acte » (60). C'est pour cela qu'on l'exprime par une épithète ajoutée aux mots « acte unilatéral » qui montrent la nature essentielle de l'acte de nomination.

De son côté, M. Bonnard a donné une semblable explication. Il considère l'acte de nomination comme « un acte unilaétral affecté d'une condition résolutoire qui se réalise par la volonté du fonctionnaire et consiste dans la non-acceptation de la fonction par le fonctionnaire » (61).

Cette explication s'accorde très bien avec les faits. Elle

(59) C. E., Richet : 13 janvier 1911, *R.* 13 ; C. E., Martini : 10 août 1919, *R.* 585 ; C. E., Renucci, 23 janvier 1920, *R.* 93 ; C. E., Vidal: 26 mars 1920, *R.* 528 ; C. E., Castelli : 22 décembre 1924, *R.* 1064.

(60) Jèze : Les principes généraux du droit administratif, 1930, II, p. 425.

(61) Bonnard : Précis du droit administratif, 1940. p. 454.

se conforme à la fois au fait que le refus de la personne nommée peut faire tomber l'acte de nomination et au fait que l'acte de nomination produit des effets juridiques avant l'acceptation du fonctionnaire. Elle se conforme encore au caractère volontaire de la fonction publique et au caractère unilatéral de l'acte de nomination. En effet, un acte affecté d'une condition résolutoire produit pleinement tous ses effets tant que la condition n'est pas encore réalisée. C'est seulement si la condition vient à se réaliser que l'acte tombe. Or ici c'est la manifestation de volonté du fonctionnaire quant à l'acceptation qui constitue la condition résolutoire. Tant que cette manifestation n'a pas eu lieu la nomination étant un acte unilatéral produit tous ses effets quoique affectée de cette condition. Ainsi le fonctionnaire est investi immédiatement de sa fonction et la nomination ne peut pas être retirée. Si le fonctionnaire exerce sa volonté pour accepter la nomination, il en résulte que la condition résolutoire ne se réalisera pas et l'acte est libéré de cette condition. Si au contraire le fonctionnaire intervient pour refuser la nomination, alors il y a réalisation de la condition résolutoire et l'acte de nomination tombe [62].

Ainsi, à la suite des observations sur la nature juridique de l'acte de nomination, il nous est permis de dire que le caractère légal de la situation du fonctionnaire se constate aussi dans la nature juridique de l'acte de nomination.

Ainsi il est incontestable que la situation juridique du fonctionnaire est légale puisque sur tous les points, elle s'accorde avec la notion de la situation légale.

Section Troisième

LES EXCEPTIONS A LA SITUATION LEGALE DU FONCTIONNAIRE

Si la situation juridique du fonctionnaire est, en principe, légale ou réglementaire comme nous l'avons constaté, en nous appuyant sur les textes législatifs et la jurispru-

(62) Bonnard : Précis du droit administratif, 1940, p. 455.

dence, il est à noter cependant qu'il existe des exceptions : certains fonctionnaires sont dans une situation contractuelle.

Certains auteurs ont nié ces exceptions. Ils ont soutenu qu'il n'y aurait pas matière à contrat entre le fonctionnaire et l'administration [63] et que, par conséquent, « pour tous les fonctionnaires publics proprement dit, le lien qui les unit à l'administration n'est pas contractuel » [64]. Cette attitude absolue nous semble devoir être écartée. Car si « les foncionnaires sont en principe dans une situation légale ou réglementaire parce qu'il a paru opportun pour le bon fonctionnement du service public qu'il en fût ainsi et non comme conséquence forcée de leur qualité de fonctionnaire, il n'y a rien d'illogique et de contraire à une bonne techique de reconnaître exceptionnellement à quelques fonctionnaires une situation individuelle contractuelle » [65]. En effet, pour faciliter le recrutement de certains fonctionnaires (tels que certains fonctionnaires des colonies et certains fonctionnaires techniciens), l'administration a bien employé le système contractuel. Car les fonctionnaires recrutés par un contrat sont protégés à la fois par le contrat particulier et les garanties générales propres à l'exercice d'une fonction publique [66].

En fait, la jurisprudence a bien reconnu, d'une façon nette, que certains fonctionnaires proprement dits, quoique dans des cas exceptionnels, sont dans une situation contractuelle. Par exemple, dans l'arrêt Eric de Mare, le Tribunal des conflits a déclaré que « le requérant était un fonctionnaire » « nonobstant la circonstance que l'Office l'avait engagé par un contrat de louage de travail » [67].

(63) ROLLAND : Précis de droit administratif, 7e éd., p. 67.
(64) JÈZE : Les principes généraux du droit administratif, 3e éd., III, p. 423. Cf. op. cit. p. 437 et HAURIOU : Précis élémentaire de droit administratif, 1938, p. 72.
(65) BONNARD : Précis de droit administratif, édition 1941, p. 449.
(66) L'arrêt Dulos : C. E. 9 février 1934, *Lebon*, p. 196 : « Considérant en droit, que les fonctionnaires recrutés par un contrat conclu pour un temps déterminé bénéficient, tant que ce laps de temps n'est pas expiré, des garanties générales propres à l'exercice d'une fonction publique et peuvent notamment se prévaloir des dispositions de l'article 65 de la loi du 22 avril 1905... ». Les arrêts Mandrin (C. E. 19 juin 1936, *Lebon*, p. 666), Lagareffe (C. E. 9 mars 1938, *Lebon*, p. 244) sont pareils.
(67) Tribunal des Conflits. Eric de Mare, 15 janvier 1938. *S.* 1938-3-28.

La Cour de Cassation déclare aussi, dans l'arrêt Chambre de commerce de Quimper contre Cossec, que le secrétaire « était un fonctionnaire public » « nonobstant le fait que des engagements contractuels s'étaient noués entre elle (la Chambre de Commerce de Quinyer) et le sieur Cossec (secrétaire) » (68).

Le Conseil d'Etat a reconnu dans plusieurs arrêts que certains fonctionnaires proprement dits sont liés à l'administration par un contrat (69).

D'ailleurs, l'existence des fonctionnaires contractuels est aussi confirmée par certaines lois récemment publiées. L'article 2 de la loi du 14 septembre 1941 reconnaît bien la qualité de fonctionnaire à « celui qui dans les cas exceptionnels où l'administration est amenée à assurer un service non industriel ni commercial par le moyen d'un engagement contractuel de droit public, est lié par un tel contrat à la personne publique dont il dépend » (70). Cette idée se trouve également dans la loi relative à l'organisation des cadres de service public dont l'article 5 est ainsi conçu : « Dans le cas exceptionnel où l'administration est amenée à assurer un service public au moyen d'un engagement contractuel de droit public, les conditions générales du contrat et notamment le traitement sont fixées par arrêté con-

(68) Cour de Cassation. Chambre de Commerce de Quimper contre Cossec, 13 mars 1939. *S.* 1939-1-211.

(69) C. E., Mandrin, 19 juin 1936 : « Considérant que le sieur Mandrin, *engagé par contrat* passé avec la ville de Nice, pour remplir pendant 5 ans, dans le service public de la musique, aux conditions fixées par délibération du Conseil municipal du 26 juin 1926, l'emploi de trompette solo, *avait la qualité de fonctionnaire communal...* » — C. E., Dulos, 9 février 1934 : « Considérant qu'en admettant même que la formation dont faisait partie le sieur Dulos, agent *recruté par contrat,* ne constituât pas à l'origine un service public, la dite mission... en suite des arrêtés du Commissaire... constituait un organe administratif... que sieur *Dulos était* donc, en tout cas à la date de son licenciement, *un fonctionnaire public* » (*Lebon,* 1934, p. 196). — C. E., Cousin, 25 juillet 1934 : « Considérant qu'il résulte de l'instruction que le maire de Saint-Yorre a engagé en 1927 le sieur Cousin en la double qualité de directeur de l'Harmonie municipale et de professeur de solfège dans les écoles municipales ; qu'étant donné la nature et l'objet des *conventions passées* entre la municipalité et le requérant, ce dernier doit être regardé comme ayant été investi de *fonctions communales,* que ses requêtes, tendant à obtenir une indemnité à raison de licenciement dont il a été l'objet, sont dès lors de la compétence de la juridiction administrative » (*Lebon,* 1934, p. 894). — C. E., Volger, 9 février 1934 : « Considérant, en droit, que les *fonctionnaires recrutés par un contrat* conclu pour un temps déterminé, bénéficient, tant que le laps de temps n'est pas expiré, des garanties générales propres à l'exercice d'une fonction publique. »

(70) *Journal officiel,* 1er octobre 1941, p. 4211.

certé du secrétaire d'Etat intéressé et du secrétaire d'Etat aux finances. Le contrat est publié au *Journal officiel* » (71).

Ainsi, selon la jurisprudence et les dispositions législatives récentes, nous devons reconnaître des cas exceptionnels où le fonctionnaire peut être lié, non par un lien légal, mais par un lien contractuel.

S'agit-il de la nature de ces contrats, elle est toujours du contrat administratif ou du contrat de droit public. Car le conrat de la fonction publique a pour but « de faire attribuer une fonction publique proprement dite qui est incontestablement soumise au régime du droit public; le lien indissoluble qui existe, dans ce cas, entre le contrat et la fonction publique a pour conséquence nécessaire la soumission du contrat au régime du droit public » (72). En effet, c'est en vertu du régime du droit public que les fonctionnaires contractuels bénéficient de l'article 65 de la loi du 22 avril 1905 (73); que les autorités compétentes peuvent légalement révoquer un fonctionnaire contractuel avant l'expiration du contrat (74); et que les autorités compétentes peuvent réorganiser à tous les instants le service même en dépit du foncionnaire contractuel (75).

Et le caractère administratif du contrat de la fonction publique se révèle également dans le fait que les litiges concernant le contrat de fonction publique sont toujours, d'après notre connaissance, de la compétence du tribunal administratif. Car « lorsqu'un contrat est fait en vue du service public, son contentieux (en l'état actuel de la jurisprudence), relève de la juridiction administrative toutes les fois que l'on est en présence d'un contrat administratif... Il ressortit, au contraire, des tribunaux judiciaires lorsque le contrat dont l'administration s'est servie pour remplir son rôle appartient à un des types de contrat connus et classés dans une des branches du droit privé » (76).

(71) *Journal officiel*, 1er octobre 1941, p. 4218.
(72) Jèze : Les principes généraux du droit administratif, *III*, p. 430.
(73) C. E., Sagareffe : 9 mars 1938. *Lebon*, p. 244 ; C. E., Mandrin : 19 juin 1936, *Lebon*, p. 666.
(74) C. E., Carteron : 29 juin 1906, *Recueil*, p. 589.
(75) C. E., Lafregeyre : 26 janvier 1923, *R. D. P.*, 1923, p. 248.
(76) Appleton : Contentieux administratif. p. 197. Cf. Bonnard : Précis du droit administratif, 1940, p. 449. L'arrêt Dame Lembeye-Boy ;

Ainsi les contrats de fonction publique sont des contrats administratifs puisque les contentieux concernant ces contrats sont toujours de la compétence du tribunal administratif.

Certains auteurs ont enseigné que le contrat de fonction publique peut être aussi un contrat de droit privé (77). Cette interprétation nous semble critiquable, car les trois arrêts qu'ils invoquaient comme arguments sont discutables. Il est vrai, dans l'arrêt Marthaux, que le Conseil d'Etat a reconnu que le contrat passé entre le requérant et l'ingénieur en chef est un contrat de droit privé; mais ce n'est pas un contrat de fonction publique. Car l'arrêt a déclaré nettement qu' « il (le requérant) ne peut être regardé comme ayant, pendant la durée de son engagement, la qualité de fonctionnaire ou d'employé d'une administration publique et que la circonstance que la rémunération qui a fait l'objet de l'accord intervenu lui a été payée sur des fonds d'emprunt figurant au budget départemental pour l'étude et la construction du réseau n'a pu suffire à lui conférer la qualité sus-mentionnée » (78). L'argument tiré de l'arrêt Verchère est également fragile. Car la dame Verchère n'occupe qu'une fonction non-dirigeante dans le service des Chemins de fer Congo-Océan exploité dans les conditions du droit commun. D'après la définition du fonctionnaire, elle n'a pas la qualité de fonctionnaire.

Quant à l'arrêt Eric de Mare, il s'agit bien de contrat de fonction publique puisque le Tribunal des Conflits reconnaît nettement la qualité de fonctionnaire au requérant. Mais ce n'est pas un contrat de droit privé comme on le croyait. D'après les termes employés par l'arrêt, c'est un « contrat de louage de travail », on pensait peut-être, par là, que le contrat était contrat de droit privé. Or il nous

« Considérant qu'il résulte de l'instruction que la dame Lembeye-Boy... avait été embauchée dans les conditions du droit commun ; que le contrat par lequel la requérante se trouve liée à l'Etat n'avait aucun caractère administratif et constituait un simple contrat de travail de droit privé ; que dans ces conditions la demande d'indemnité présentée par la requérante, en raison de l'accident dans l'exercice de l'emploi par elle occupé, ne relève pas de la juridiction administrative... » (*Lebon*, 1933, p. 1160). L'arrêt Dallemagne (C. E., 8 décembre 1933) et l'arrêt Rousseau (C. E., 8 décembre 1933) sont pareils.

(77) Bonnarn : Précis du droit administratif, 1940, p. 449.

(78) C. E., Marthoud : 20 janvier 1928, *Lebon*, p. 99.

semble que le contrat de louage du travail peut bien être contrat administratif lorsque ce contrat remplit les conditions spéciales d'un contrat administratif. M. Jèze a bien parlé de « contrat administratif de louage de service » (79). D'ailleurs le caractère administratif du contrat passé entre l'administration et Eric de Mare peut être constaté par l'incompétence du tribunal judiciaire pour en connaître (80).

Ainsi les arguments tirés de ces trois arrêts pour constater l'existence du contrat privé de fonction publique sont tous inexacts.

En outre, l'inexistence du contrat privé de fonction publique peut être aussi constaté par l'article 2 de la loi du 14 septembre 1941, dans cet article le législateur ne mentionne que « celui qui, dans les cas exceptionnels... est lié par un tel contrat (contrat de droit public) ».

(79) JÈZE : Les principes généraux du droit administratif, III. p. 439.
(80) L'arrêt Eric de Mare, 15 janvier 1938, S. 1938-3-28 : « ...Que le Tribunal de première instance de Dakar s'est reconnu à tort compétent pour statuer sur la demande d'indemnité ».

CONCLUSION GENERALE

Après avoir étudié longuement les théories importantes et fait une enquête minutieuse des faits juridiques, il semblerait que nous soyons autorisé à répondre aux deux questions concernant le fonctionnaire que nous nous sommes proposé au début de notre travail.

En ce qui concerne la définition du fonctionnaire, nous avons répondu que celui qui occupe volontairement et à titre définitif dans un service public non industriel, un emploi permanent correspondant à l'objet propre du service et sans analogie avec un emploi privé est fonctionnaire. Quant à la nature juridique de la situation du fonctionnaire envers l'Etat, nous nous rallions volontiers à la théorie légale.

Notre conception concernant la définition et la situation juridique du fonctionnaire repose non seulement sur les données doctrinales et jurisprudentielles, mais elle a encore été confirmée récemment par la nouvelle charte des fonctionnaires publiée le 14 septembre 1941 qui résout les problèmes des fonctionnaires d'une façon claire et systématique.

Mais si nous avons répondu, d'une façon sommaire, aux questions touchant la définition et la situation juridique du fonctionnaire, nous devons reconnaître qu'il reste encore des points obscurs à étudier.

Par exemple, en ce qui concerne la définition du fonctionnaire, si nous avons constaté que *l'emploi correspondant à l'objet propre du service et sans analogie avec un emploi privé* est une condition indispensable à la qualité de fonctionnaire, l'interprétation de cette condition ne reste pas moins délicate : il est difficile de dire, pour certains emplois, s'ils correspondent à l'objet propre du service ou s'ils sont analogues à un emploi privé. Si nous avons constaté que les dirigeants du service public industriel sont des fonctionnaires alors que les autres agents de ce même service ne le sont pas, la ligne de démarcation entre ces deux catégories d'agents n'est pas facile à trancher : « Dira-t-on que le chef de la gare Saint-Jean à Bordeaux exerce des fonctions de direction ? Oui ? Mais on ne saurait alors refuser ce caractère au modeste chef de station du canton voisin. Non ? Mais on devrait, dans ces conditions, répondre également par la négative pour le chef de la gare du Nord à Paris » (1).

En ce qui concerne la situation légale du fonctionnaire, il reste aussi des questions à étudier. Par exemple, si la situation juridique du fonctionnaire est toujours déterminée par les lois et les règlements, quel principe doit être suivi quand les autorités législatives et réglementaires rédigent ces textes ? Si les intérêts personnels du fonctionnaire ont toujours à s'incliner devant l'intérêt du service, dans quelle mesure le législateur doit-il aussi tenir compte des intérêts de ces fonctionnaires ? Si l'Etat peut exceptionnellement recruter le fonctionnaire par voie contractuelle, dans quel cas peut-il le faire ? Toutes ces questions ne sont pas moins difficiles à résoudre que celles qui concernent la nature juridique de la situation du fonctionnaire.

Nous devons faire remarquer enfin que la qualité et la situation juridique du personnel des « Sections de l'Office central de répartition des produits industriels » sont très spéciales (2). Car ces organisations dites des « Etablissements publics à caractère corporatif ou professionnel » sont elles-mêmes, une sorte de service public d'un nouveau type. Malgré leurs ressemblances sur certains points avec le service public administratif et avec le service public industriel, elles ne sont, par nature, ni l'un ni l'autre. En ce qui concerne le répartiteur, il mérite sans aucun doute le titre de fonctionnaire puisqu'il est nommé par le Minis-

(1) CHAVANON : Essai sur la notion et la nature juridique du service public industriel, p. 717.
(2) Cf. *Juris classeurs*, 11 mai 1941 : Commentaires des lois des 10 septembre 1940 et 9 mars 1941.

tre Secrétaire d'Etat à la Production et que son statut est fixé par ce dernier. Ce qui est difficile à préciser, c'est la qualité et la situation juridique du personnel de ces sections. Doit-il être classé parmi les fonctionnaires comme le personnel du service public administratif ou bien être exclu du rang de fonctionnaires comme le personnel du service public industriel ? Pour répondre à cette question, il faudrait attendre un certain temps pour que nous ayons assez de données législatives et jurisprudentielles sur ce point.

BIBLIOGRAPHIE

A. — Ouvrages

Appleton. — Contentieux administratif.

Auteur anonyme. — Commentaire des lois du 10 septembre 1940 et 9 mars 1941 (*Jurisclasseur,* 11 mai 1941).

Barthélemy. — Traité de droit constitutionnel. 1933.

Bercher (André). — La nature juridique de la fonction publique. 1935.

Berthélemy. — Traité élémentaire de droit administratif. 1933.

Bichoffe. — Qu'est-ce qu'un fonctionnaire ? 1927.

Bienvenue. — Note sur l'arrêt Mounier (*D.*, 1930-3-41).

Bluntschli. — Théorie générale de l'Etat (traduit par Reidmatter).

Bonnard. — Précis de droit administratif. 1935.

— Précis de droit administratif. 1941.

— Précis élémentaire de droit public. 1932.

Bonnin. — Principes d'administration publique. 2e éd.

Bourguin. — De l'application des lois ouvrières aux ouvriers et employés d'Etat.

Cazalens. — Conclusions dans l'affaire Guidet (*S.*, 1881, p. 87).

Chardon (Henri). — L'administration de la France.

Chavanon (Christian). — Essai sur la notion et le régime juridique du service public industriel et commercial. 1937.

Colin et Capitant. — Cours élémentaire de droit civil français. 1924, tome II.

Duguit. — Traité de droit constitutionnel. 3e éd., tomes I, II, III.

— L'Etat, les gouvernants et les agents.

Damartiel. — La condition juridique du fonctionnaire. 1907.

Faure (Fernand). — Notion du service public (*Revue politique et parlementaire,* mai 1910).

François PERROUX. — Les traitements des fonctionnaires en France.

GEORGIN (Charles). — L'avancement dans les fonctions publiques.

HAURIOU. — Précis élémentaire de droit administratif. 1938.

— Droit administratif. 1921.

— Note concernant la notion du fonctionnaire (*Sirey*, 1894-3-33).

JÈZE. — Les principes généraux du droit administratif. 3e éd., tomes II, III.

— Note sur l'arrêt Concy-les-Eppes (*Revue du Droit public*, 1916).

— Nature légale et réglementaire de la fonction publique (*Revue du Droit public*, 1910).

KAMMERER. — La fonction publique d'après la législation allemande.

LAFERRIÈRE. — Traité de juridiction administrative. 2e éd., tome I.

LATOURNERIE. — Conclusions dans l'affaire Jacque et Winker

LORETAN (Rod). — Droit public et droit privé dans service public.

MAZERET. — Conclusions dans l'affaire Gheusi (*Revue du Droit public*, 1923).

Michel CHEVALIER. — Dixième discours d'ouverture.

NÉZARD. — Théorie juridique de la fonction publique. 1901.

NICOLAS. — Cours de droit administratif. 1940 à 1941.

P. de la PRADELLE. — La notion du service public (*Revue critique de Législation et de Jurisprudence*, 1934).

RENARD. — Cours élémentaire de droit public.

RIVET. — Conclusions dans l'affaire Lafregeyre (*Revue du Droit public*, 1923).

ROLLAND. — Précis du droit administratif. 1937.

ROUVIÈRE. — A quels signes reconnaître les contrats administratifs ?

SIBERT. — Situation juridique des fonctionnaires anglais (*Revue du Droit public*, 1911).

TARDIEU. — Conclusion dans l'affaire Winkel (*Lebon*, 1909, p. 1302).

TEISSIER. — Conclusions dans l'affaire Feutry (*Tribunal des Conflits*, 29 février 1908).

— Répertoire de droit administratif : V° responsabilité.

— Conclusions dans l'affaire Bigot (*Sirey*, 1909-3-125).

VAUTHROPS (Paul.. — Etude sur l'état du fonctionnaire.

Waline. — Manuel élémentaire de droit administratif. 1938.
— Note sous l'arrêt Verbauck (*Dalloz*, 1934-3-11).
White (Dupont). — L'individu et l'Etat.

B. — Recueils et Revues

Dalloz. — *Bulletin législatif.*
— *Recueil hebdomadaire de Jurisprudence.*
— *Recueil périodique et critique de Législation, de Jurisprudence et de Doctrine.*
Duvergier. — *Collection des Lois et Décrets.*
Journal officiel de l'Etat français.
Lebon. — *Recueil des Arrêts du Conseil d'Etat.*
(*Revue du Droit public*, 1938).
Revue du Droit public et de la Science politique en France et à l'Etranger.
Revue critique de Législation et de Jurisprudence.
Revue politique et parlementaire.
Jurisclasseurs.
Sirey. — *Recueil général des Lois et des Arrêts.*

TABLE DES MATIERES

Imprimerie BOSC Frères, & L. RIOU, 42, quai Gailleton, LYON.

附　　录

赵崇汉在云南大学

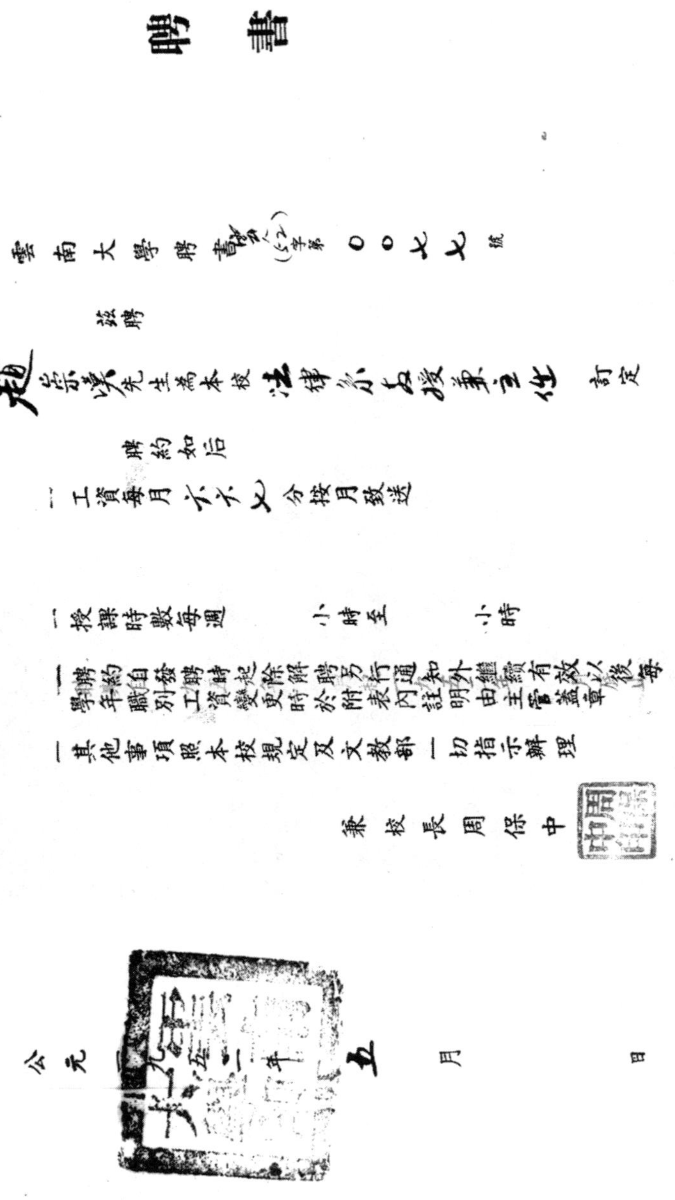
聘書

雲南大學聘書字第〇〇七七號

茲聘

趙崇漢先生為本校法律系教授兼主任 訂定

聘約如后

一 工資每月六六七分按月致送

一 授課時數每週 小時至 小時

一 聘約自發聘時起除解聘時另行通知外繼續有效以後每學年職別工資變更時於附表內註明由主管蓋章

一 其他事項照本校規定及文教部一切指示辦理

兼校長周保中

公元 [illegible] 五月 日

云南大学校长周保中将军给赵崇汉的聘书

越权之诉
(Recours Pour Exces de Pouvoir)
——法国监督行政、保护人民最有成效之诉讼

赵崇汉

留意法国行政制度的，大概都知道越权之诉对于监督行政、保护人民的贡献如此伟大，它不惟是法国行政法中最光辉之部分，而且常为外国公法学者所称道，我觉得值得借《中法文化》的篇幅略微介绍。

法国越权之诉的特色是在以简便的手续，低廉的费用，容易受理的条件，去严格地监督行政的越权，保证人民的权利及利益。在今日行政腐败，官吏贪污，行政司法不健全，人民有冤无法诉之中国，介绍法国越权之诉的制度，尤觉有必要。

一　越权之诉之观念、形成及发展

越权之诉，就是受害的国民请求行政法院撤销非法单方行政行为的诉讼。这种诉讼的目的只在撤销非法行政行为，而不是处罚行政机关或行政人员，所以又名撤销之诉。

这种诉讼的对象只是单方行政行为，如章程、规则、禁止、允准、任免、罢免等行为，而不及协议行为（如行政契约），所以越权之诉争议的标的是客观的权利，而非主观的权利，所以越权之诉的性质是客观的诉讼（Recours Objectif），而非主观的诉讼（Recours Subjectif）。

但所有的单方行政行为，只要损害了国民的权利或利益，受害者都可以起诉，所以这种诉讼实为行政法院监督行政最好的工具。它不惟可

以纠正行政的错误，使行政日臻完善，而且同时尤其可以保护国民，以防行政当局滥用权力。

越权之诉是由现在已失其重要性的请愿权引申出来的。请愿权是基于议会制度的理论，在十七八世纪，曾有过光辉的历史。那时在欧洲，请愿权不只有宪法上的作用，而且在行政上，亦有作用。人民因不法行政行为受害而向君主请愿，就是越权之诉的起源。越权之诉就是这种请愿权演进、司法化的结果。所以这种诉讼，在最开始时，由平政院（Conseild'etat，行政法院之最高者）以君主的名义裁决，后来君主废除，司法独立，平政院才以自己的名义裁决。

在帝制时代，平政院以君主名义裁决越权之诉，不需要法律条文的根据，因为臣子有了越权行为，君主去裁判，是当然的事。直到 1830 年七月革命，法治空气弥漫法国，一切行为都要找法律根据的时候，平政院才从大革命时代的旧文献里，找出一条可以引用的条文，这就是 1790 年 10 月 7 日所颁布的，早已被人忘掉了的一条法律。假如该法律的创造者（宪法会议）知道在许多年后，平政院的每个关于越权之诉的判决书中都引证这条法律，他们一定会惊异万分。这个法律的判定是由于一个行省与一个县的权限争议而起。它的原文是："凡越权之诉，应是请行政首长之皇帝裁判。"这就是越权之诉在 1830 年所能找到的唯一法律依据。法国第三共和以后，1872 年才有法律规定："对于控告各行政机构越权之诉，平政院有最高裁判权。"现行法是 1940 年 12 月 8 日所颁布的关于平政院组织、职权法律的第 28 条。内容和 1872 年的无任何差异，仍是简短的一条。所不同者，现行法的条文是以原则的形式写在平政院的职权里，而过去则否。

越权之诉虽然在开始时并无庄严郑重的条文，虽然它的形式是积渐的，但因为法国公法学者及平政院的努力，它一直不断地在发展，进步。

就被诉的行政行为说，在最初只是无权行为（Incompetence），例如县长只有权将田野警察停职，无权将其免职。如果县长竟将其免职，被免职的警察可提起越权之诉，请求平政院将免职的命令撤销。但后来职权行为的解释日益扩张，认为形式欠缺（Vice De Form，例如省长未咨询省议会，而擅自作某种决定）、违反法令（Violation De La Loi，如中央明令保护言论自由，地方当局竟封锁敌党之报纸）、无因行为（Absence De Gausse，如学术演讲并未扰乱公安而公安当局以维持公安为由，而加以禁止）、滥用权力（Detournement De Pouvoir，如长官因私利将其属员免职）也都算是越权行为，可以成为越权之诉的客体。不仅越权行为的解释如此扩大，后来对以上所说的这四种越权行为本身的解释也渐渐扩大，关于此点，在后面还要细讲。

就受理的条件说，现行制度受理条件之容易，也是渐渐演进的。在最初，只有在主观的权利（例如所有权）因行政行为受到损害时，受害人才能提起越权之诉，从1906年以后，平政院的判例将“主观权利”这个条件扩大为“一定利益”（Interet Defini）。只要一定利益受了损害，无论这利益是不是主观权利，受害人都可提起诉讼。例如在县预算有一定越权的支出，县的纳税人，虽然在主观权利上并无损害，但他可以纳税人的利益受到损害为理由提起越权之诉，请求行政法院撤销这笔预算。

此外在越权之诉形成的初期，行政诉愿及明示的行政行为都是越权之诉的先行条件，但从1881年起，行政诉愿这个先行条件就取消了。从1900年起法律规定，不惟明示的越权行为可以提起越权之诉，行政机关对人民请求之不批，如果经过了四个月的时限，也视为暗示的批驳，可以成为越权之诉的对象。

总之，越权之诉，是由人民对君主的请求权引申而来的，后来由于公法学者的理论及平政院的判例，渐渐严密化、司法化，经过一个多世纪的发展，终于成为今日法国行政司法中最光辉之部分。

简略地看过了越权之诉的形成之历史，我们现在要从三个观点来介绍越权之诉：（1）越权之诉的受理条件，即起诉人需具备何种条件才能受理；（2）越权之诉的原因，即何种行为才是越权行为，才能构成越权之诉的原因；（3）判决的效力，即法院对越权之诉的判决对起诉人、撤销行为、第三者产生如何的效力。

二 越权之诉的受理条件

法国越权之诉，因时代不同，在理论上有两种说法。在拿破仑时代，学者认为越权之诉的作用在于使人民随时都可以指出行政的错误弊端，以期行政日益完善，故起诉人地位近于司法中的检察官，这是旧时代的理论。就现在公法学者看，越权之诉的主要作用是确保人民利益，以防行政人员滥用权力。无论根据上述的哪一种理论，越权之诉的受理条件都应当容易。所以现在平政院的判例对于越权之诉的受理条件非常简单，比普通诉讼的受理条件容易得多。现在分述越权之诉的四个受理条件，并附带指出这四个受理条件的解释如何越变越对起诉人有利。

（一）关于被诉行为性质的条件

这个受理条件，依照平政院的判例应做如下之解释。

1. 被诉的越权行为必须是行政机关做的，才能受理，否则就不属于越权之诉的领域，所以（1）立法机关所作的越权行为，不能起诉。即使含有行政的性质，也不能用越权之诉去监督。例如关于国家预算的法令，它的作用是预计国家的收支，性质是行政的。但因为它是由议会决定，便不能作为越权之诉的标的。例如关于不动产之征收，在法国，依其目的不同，有时由议会下令，有时由行政机关下令，后者如越权，便可提起越权之诉，前者就因为是发自立法机关，平政院无权受理。（2）司法机关的越权行为，不能受理。司法机关委托行政人员所做之行为也是一样。例如，县长是县行政机关的首长，但同时监管司法警察的职务，所以他一般的行政行为自然受越权之诉的监督，但关于司法警察这一方面的行为，便是司法行为，不能构成越权之诉的客体。（3）公益机关（Etablisemeut d’atilite’Publique）的越权行为不能受理。公益机关的作用常和行政机关相似。例如公法机关的私立贮储银行与行政机关的行政局贮金局都是提供储蓄，但前者因为不是行政机关，它的越权行为归普通法院受理，不能提起越权之诉。（4）政府行为（Acte de gouvernement）不能受理。所谓政府行为，依照旧的学说，就是由政治动机而发生的行政行为。这种学说太含混、太危险了。如果承认了这学说，很多行政行为都可以此借口逃脱平政院的监督了。所以从 1875 年 Prince Uapoleon Joseph Bonaparte 案件起，平政院就放弃了这个学说，而采取列举说。只有解散下议院，大赦、戒严、外交等政治色彩十分浓厚的行为才算政府行为，不受行政司法的监督。

2. 被诉的越权行为必须是单方的行政行为才能受理。例如对于行政契约行为，受害人只能提赔偿之诉（Recours de pleine juridiciou），不能提起越权之诉，因为行政契约是缔约双方的协意行为，并非行政机关单方的行政行为。

3. 被诉行为须是实施的行政行为。实施的行为，就是直接对人民发生作用的行为，因为只有这种行为才能影响到人民的利益，其他非实施的行为，如行政机关或公务员的建议、请愿、调查、提议，只是预备行为，并不能影响人民，自然不能成为越权之诉的原因。根据此原则，行政院认为行政的对内命令——训令、通令也不能构成诉的原因。

（二）关于起诉人资格的条件

这个条件的内涵有两个要素。

1. 起诉人要有相当的行为能力，我们前面说过越权之诉是由人民的请愿引申出来的。关于请愿人行为能力的条件素来是宽的，所以越权之诉对于起诉人资格之规定，也比普通诉讼为宽。不惟法人同自然人都可起诉，无法人身份的社团同行政机关也有权作越权之诉的原告。例如未登记之会社（Association non declare'e）、县议会都无法人资格，在普通诉讼上它们都无诉讼能力，但平政院受理它们的越权之诉。平政院之所以如此放宽诉讼的尺度，其目的无非在于充分地保护人民，充分地监督行政的越权。

2. 起诉人要是一定利益（interet defini）的受害人。越权之诉并不是具有相当行为能力的人都可提起的，否则一有越权行为，任何人均可起诉，行政院将不胜其烦了。在越权之诉形成的初期，对于越权行为，只有既得权（Droit acqui）受损害的人才能起诉。例如所有权、选择权、身份权受了损害。到了 19 世纪之末（1899 年）才将既得权受害这个条件扩大为一定利益（interit defini）受害。从此，行政机关有了越权行为，有资格起诉的人便增多了。关于此点，最有名的判例是 Casanova 案件，这是因为一个县议会议决时请一个医师给居民免费诊病而将这医师的薪俸列入县预算中，（Casanova）以县中纳税人的资格控预算权越。如果按照旧的判例，县议会决定聘请医师既然无关纳税人的既得权，平政院就不能受理这个控诉。但平政院因为改采一定利益说，便受理了 Casanova 的控诉，理由是，县议会以居民的赋税强为居民聘请医师是越权行为，并且损害了纳税人 Casanova 的利益。纳税人的利益就是一定的利益。从 19 世纪末起，这类放宽起诉人资格的判例很多。例如电车道旁的居民可因市政府改划电车路线而起诉，选举人可因重划选举区起诉，工程学校毕业生可因任命无此资格的人为某种技师起诉。这些人对于电车的路线、选举区的划分和技师的职位显然并无既得权，但他们的诉讼是被受理的，因为他们一定的利益——选举人的利益、某街居民的利益、某校毕业生的利益——受了损害。

（三）关于平行诉讼（Recours Parallele）的条件

平行诉讼，就是对于同一越权行为，与越权之诉平行的其他诉讼。例如纳税人甲觉得他纳税的数目太高，有越权之嫌，按照法国法律，他可以向管理直接税争讼的法院——地方行政法院——去起诉。这种诉讼对于越权之诉就是平行诉讼。在这种场合，纳税人甲的利益虽然因越权行为而受到损害，他却不能向平政院提起越权之诉。换言之，无平行诉讼是越权之诉的一个受理条件。为什么这样呢？从前公法学者认为越权之诉本是辅助诉讼（Recour Subsidiaire），在有正式诉讼时，辅助诉讼自然不能应用。但这种学说已因 La Fariere 等公法学者的攻击不复被人引用了。现在平政院之所以仍然保持这个受理条件的理由是避免越权之诉过分扩张，侵犯了其他法院的职权，扰乱了原有的司法秩序。

无平行诉讼之所以成为受理条件的理由既如上述，于是便生出以下的两个结果。

1. 平政院管辖的平行诉讼不构成不受理的条件。前面说过平政院拒绝受理平行诉讼的原因在于避免侵犯其他法院的职权，如果它属于平政院自身，自无此种危险所以便不能构成不受理的原因。例如公务员甲因上级长官拒绝了他应得的某种利益（如医疗补助餐），他可以提起赔偿之诉，要求赔偿，也可以提起越权之诉，要求撤销那个拒给辅助金的行为。如果赔偿之诉不属平政院，起诉人因平行诉讼的关系，不能提起越权之诉。但因赔偿之诉亦属平政院，起诉人可以提起越权之诉。

2. 无同样效果的平行诉讼不构成不受理的条件。越权之诉的目的是切实保障人民的利益，解除人民因越权行为所受之痛苦，所以如果平行诉讼不能取得越权之诉同样的效果，便不构成不受理的条件。例如甲的田地与公田相邻，行政机关误将甲田一部分划入公田。田地所有人甲按法国制度可以向普通法院起诉，请求赔偿地价，也可以向平政院请求撤销原来的划界行为，重新划界，收回自己的田地。在此情形下，如果甲欲收回土地，便可提起越权之诉，平政院不能因平行诉讼的理由，拒不受理，因为普通法院只能使政府赔偿地价，不能使他收回被占的田地，这两种诉讼的效果不同。

（四）关于形式及时限的条件

1. 形式：越权之诉的形式，是特别简单方便的。诉状并无严格的形式，只要在诉状内述明被诉的行政行为（即视为越权之行为），并将该行为的文书随状附呈，指明该行为如何越权（即指明与某条法令不合），表示请求撤销该行为的愿望，并写在有印花的公文纸上就够了。呈递时，诉讼费是暂免的，只有在败诉时才需要补缴，而且诉讼费非常低。对于律师之聘否，也听当事人自由决定。如果诉状内附带要求赔偿，平政院只理撤销的请求，但并不因此将诉状驳回。由此种种规定，可以看出越权之诉的形式是再简单没有的了。

2. 时限：越权之诉的时限是两个月。但这两个月从何时算起，遇见何种情形可以中止不算，过了时限还有什么补救方法？我们应当说明如下。

（1）时限的起点因越权行为是否明示而异。如越权行为是明示的，例如省政府无理由地批驳某报社之出版登记，时限的起点便是收到批驳公文之日。从此日算起，要在两个月内提起越权之诉。但有时越权之诉是暗示的。例如请求出版日报的登记，当局虽未明文批驳，但迟延不批。这种迟延的时间，如果达到四个月，就视为批驳。在此场合，时限的起算日就是起诉人原请求呈递后第四个月之末日。由此日起，在两个月内可起诉。在1940年前，对于暗示行政行为的控诉，并无时限，理由在于想借此减少行政机关的不理，但后来因为这样讲诉讼的时间拖得太长，颇多不便，遂改为现制。

（2）时限的延长，如果对于越权行为，在提起越权之诉以前提起诉愿（即向该行政机关本身或其直接上级或其监督机关所作之行政的控告行为），则诉愿进行中之时间并不计算在两个月时限之内。例如，1月1日提起诉愿，3月15日得到诉愿的裁定，这三个半月并不计算，诉讼的时限应从3月16日算起，5月16日才时限期满，如果受诉愿的机关一直不理，过了四个月，就视为批驳，越权之诉的时限则应以诉讼后第五个月之首日为起点，如用上例，即为5月1日。但此延长时效的办法有一前提，诉愿须在被诉行为发生两个月内提起。

（3）越权时限的补救方法。假如受害人错过了两个月的时限，它有时还有其他申诉的办法。

①可在赔偿之诉附带请求撤销越权行为，赔偿之诉的时限很长，不易错过。该补救办法唯一的缺点是手续和诉讼费都不如越权之诉简单、经济。

②如果请求法院撤销的行为是行政规章（如省政府限制集会的规章）已经越过起诉时限，无法请求直接撤销此规章，但可以等到该规章应用时（例如集会被禁止时），以禁止行为作为诉讼的标的，间接地请求撤销限制集会的规章。

③如果原来构成这种行政规章的事实条件已经削减，虽然越过诉讼时限，仍然可以起诉。例如在法国有一时期，反宗教的运动很盛，当时有些地方当局曾颁布禁止宗教仪式在街上经过的规章，以免发生不幸的冲突。后来这种运动渐渐衰退了，宗教仪式在街上游行也不会发生骚乱。在此场合，虽然早已越过时限，教会仍可请求撤销过去的禁止行为。

三　越权之诉之原因

具备了上述的受理条件，越权之诉只是有了被审判的资格，为了达到诉讼的目的，即撤销被诉行为，起诉人还需要证明被诉人的越权。怎样的行为才算越权？依照法国公法学者的一般意见，下列的四类行为都是越权行为。

关于行政之对象之越权有两种：一为无权行为（Incom-petence），一为违法行为（Violation Delaioi）。

1. 无权行为——每个公务员的职权都具有一定的性质、一定的管辖区和一定的时间。他的职权只应该在这些范围内行使，否则他的行政行为就是无权行为，构成越权之诉的原因，可以由行政法院宣布撤销。无权行为可分为下列几种。

（1）关于行为性质的无权行为。例如一个法国官吏命令一个英国官吏，一个咨询机关颁布一个行政法规，一个行政机关创立一种刑罚，或受理一件诉讼，因为这些行为的性质根本与行为人的职权不合，都构成无权行为。

（2）关于管辖区无权行为。例如在法国，火车站的治安是归省长负责的。如果县长制定火车站内的警察规章，就是无权行为。例如甲村中有一块乙村的地，这宗地的所有权虽属乙村，但在一般行政上，它同其他的私田一样，应由甲村村长管理，如果乙村村长在这公田上行使他的行政权，就是无权行为。

（3）关于时间的无权行为。公务员和公署的职权，在时间上都是有限制的，比如县长、省议会的议员，任期都是一定的，一般公务员到了一定的年龄也要退休。如果过了任期或退休以后还使用他们的职权，便是关于时间的无权行为。

2. 违法行为——此处所指之法，范围很大，与普通狭义的法不同，不只违反宪法、民法、刑法等等由立法机关制定的法算是违法，违反章程、规则等由行政机关制定的法也算违法。不只违反成文法的条文算是违法，违反公法上的重要原则或习惯也算违法。不只违反立法行政机关所制定的法规算是违法，违反法院判决也算是违法。对违法行为这种扩张的解释，其实并无成文法的规定，乃是平政院为了切实保护人民，由它的判例积渐造成的。

（1）关于行为前提条件之越权名无因行为（Absence de cause）

法律常常规定在某种环境之下，行政机关可作或应作某种措置，这些措置便以某种环境为前提条件。如果没有前提条件，而行政机关竟为某种措置，便是越权。例如一个省长并未辞职，而政府命令：某省长呈请辞职，着即照准。这命令便是无因行为。再如有一时期，法国反宗教运动很盛，当时公安当局为了避免骚乱，常不允许宗教仪式在街上游行。这种措施是对的。后来反宗教的运动过去了，宗教仪式在街上举行，不会发生骚动，如果公安局仍然禁止，这种禁止的命令也算越权。

(2) 关于行为目的之越权名变用权力 (detournement de pouvior)

一个行政机关有一个行政机关的目的，行政当局的每个措置都应与他的行政机关的目的相合。假如他利用他的职权做了与这个目的不合的行为，便是越权。例如县长对于地保本有惩戒权，如果后者服务不力，县长自然可以将其停职。但如果地保因为认真地执行职务得罪了县长的朋友，县长将其停职，这惩戒的行为因为与法定的目的不合，便是变用权力。再例如，某县有两个乐队，一属甲党，一属乙党，县长自己是甲党，对于甲党的公开演奏给予种种方便，而对于乙党乐队的公开演奏，故意阻碍限制，这种以袒护本党，排斥异党为目的的行为，也是越权。

(3) 关于行为形式之越权名形式欠缺 (Vce de forme)

为了表示郑重，行政行为皆具有一定的形式，例如行政行为多需要用文件表示，需要有行政机关的印章，需要写明日期。有的是需要在公报上刊载或在公告的地方公布，如果这些形式有了欠缺，利害关系人便可提起越权之诉，请求行政法院宣布无效。但就行政效率而言，如果过于注重形式，稍有瑕疵，平政院便宣布无效，也很不便。所以法国平政院现在的判例将行政行为的形式分为主要形式与次要形式两类，只有主要形式缺欠，才构成行为的无效。比如某些行政行为，在决定前必须向某机关咨询（如有些关于县的重要决定应当咨询县议会）。这种咨询的形式就是主要形式，如果欠缺，就是越权。

四　越权之诉的裁效力

越权之诉不独在受理条件上及起诉理由上有它的特色，就裁判的效力看，它亦与普通诉讼不同。

（1）越权之诉的目的是对越权行为宣布无效，所以起诉人所能获得的最圆满的判决，也只是对不法或不当的行政行为宣布无效。行政法院不能更进一步而代行政机关作任何新的行政处分。例如公务员某甲被非法免职，提起越权之诉，行政法院只能宣布这免除令无效，却不能更进一步直接命令某甲复职。因为如果这样，就侵入了行政的范围，就有悖三权分立的大原则了。

行政法院虽然格于三权分立的原则，无法做进一步的、积极的决定，但在事实上，行政机关总是按着它的判决的暗示做应作的决定。如仍用上例，行政机关总是将某甲复职的。一则因为如果不将他复职，某甲可以违法（违反判决）再向法院提起越权之诉，而且可以提起赔偿之诉，请求行政机关赔偿他因此所受的经济损失；二则因为法国行政法院（尤其平政院）的判决，以种种历史的关系，有一种不可抗的威望，行政机关不敢背反；三则因为下级行政机关不遵守裁判的意思，上级行政机关常命令它去遵守。

（2）被诉的行政行为一经行政法院宣布无效，它便有绝对的效行。换言之，裁判的效力是对世的。我们知道，越权之诉的对象是单方行政行为，单方行政行为永远是对世的。规则、章程等单方行政行为，一目了然是对世的。就从表面上来看只是关系一定个人的单方行政行为也是对世的。例如任命某甲为省长的行为，好像只关系某甲个人，其实不然，因为某甲将因此任命而获得省长的职权，这职权的行使与人民和国家均有关系，所以这任命的行为也是对世的。越权之诉的对象既然都是单方行政行为，而单方行政行为的效力又都是对世的，所以它一旦被行政法院宣布无效，这无效的宣布也是对世的。

（3）但如果越权之诉被行政院批驳，这批驳的行为却并非对世的，而只对起诉人有效。例如县政府公布了一个章程，某乙向行政法院提起越权之诉，请求宣布其无效而被法院批驳。这批驳只对某乙有效，其他的人仍可对此章程提起越权之诉，因为他们可能提出其他的理由及证据，比某乙所提的更充分、有理。

也许有人不解，同为越权之诉的判决，有时它所生的效力是对世的，而有时是对人的，觉得未免矛盾。其实，这是因为裁判所宣布无效的是单方行政行为，自应对世，而裁判所批驳的是起诉人的诉状，自应对人，并无矛盾。

原载《中法文化》第十一、十二期合刊
（1946 年 7 月 31 日出版）
《中法文化》一九四五年八月创刊
发行：熊庆来
主编：陈仓亚　林文铮　朱锡侯
编辑：叶汝琏

自传稿*

赵崇汉

在辛亥革命的前两年我出生在河南一个县丞的家里。我是第四个孩子。当时家里有些田产，只有大哥在外读书。父亲母亲都非常勤俭，所以丰衣足食，是一个中等的、吃穿不愁的家庭。

父亲在辛亥革命之后就离开了官场。他脾气急躁，说话的声音又大，全家人都怕他，不喜欢同他接近。相反，母亲温和宽大，她不但对我们子女如此，而且经常周济贫苦的亲友，庇护受了委屈的仆人，有时因此反而受父亲的责难。母亲的这种生活态度给我的影响很大。

在私塾里读《四书》《五经》，囫囵吞枣毫无用处。给我影响较大的只有《陈情表》《陋室铭》《五柳先生传》《归去来辞》几篇古文。自己的孝顺、清高大概都是发源于此。另外还有一个刘宽的故事对我起了很大的教育作用。这故事的主要内容是这样的：刘宽的仆人在给刘宽进汤的时候，失手将盛汤的碗打破，弄脏了刘宽的袍子，非常恐惧，刘宽不仅没有责斥他，反而问他是不是烫坏了手。

十二岁父亲去世。因为父亲的殡事与人涉讼，家庭渐渐衰败下来。母亲常常哭泣。我因为要安慰她，常常伴随着她，因此就很少和旁的儿童去玩耍。进了中学，因为是通宿生，仍然很少和同学在一起。我的孤僻、不活泼的性格大概就是坐因如此。

进了中学之后，认识的世界究竟比在家里扩大了些，因之也就有了以下的思想。

---

* 根据赵崇汉手写稿转录。

第一是崇拜外国的思想。学校的西式建筑、教员的西装革履、留声机、自来水笔、洋鼓洋号、外国画片画报等新鲜物件，再加上许多教员对外国文明的宣传赞扬，于是就在我幼稚的意识形态里形成了一个概念：外国的什么都比中国的好。

与这思想几乎同时发生的是仇恨英国和仇恨日本的思想，尤其是仇恨日本的思想。这是由于“五卅运动”和抵制日货运动在我们学校都起了很大的作用。我记得当时我们曾毁坏了无数的“东洋造”的脸盆、茶壶、洋伞，并且还有人主张停止英文课程。这些办法虽然不免幼稚，但都可说明我们当时仇恨英、日的情绪如何高涨。

在中学里影响我最大的有两个教员。一个是叫作“王神仙”的国文教员。这是一个很洒脱的老者。他教育我们反对旧礼教，他介绍给我们新思想，同时还教育我们博爱。日本大地震时，他曾出过一个作文题“哀日本”。我们当时都是仇恨日本的，很不理解。他告诉我们说：“我们要反对的是日本军阀，并不是日本的老百姓。他们都是人，现在受了灾难。我们应该同情。”这一段话给我的印象很深。

英文教员李之龙（就是中山舰事件中的中山舰舰长）对我们的影响也很大。他教授得法，并且和学生一起玩耍。当时我们并不知道他是共产党员，但他经常用粗浅的话教育我们社会主义，使我知道贫富悬殊是不对的。

在我中学毕业的前一年，“鲁老九”突然攻进县城。他们的口号是“杀富济贫”。他们当时将细软带走，将不易携带的东西散在街上，任人去拿，布匹、铜圆、衣裳、被褥、点心，花花绿绿满街都是。穷人都欢天喜地，我自己也高兴得不得了。“杀富济贫”这几个字从此就印在脑子里。觉得“土匪”也“蛮有道理”，为什么一定要枪毙呢?

父亲死后经济情形已经不好，后来二哥、三哥结婚再加上“匪患”家境越发坏了。母亲看着家庭这样衰败下来，非常痛心，常常哭泣。她要我们好好读书，为这个衰败的家庭“争气”。我原来是肯读书的，受了这个刺激更加努力。在中学毕业时考得很好，很受师长的奖励。所以在毕业以后，亲友们都一致主张我升大学。那时二哥在外面做事，给我寄了一部分钱，同时县里也答应给我一部分津贴，使我到北京升学。

我入北京中法大学的时候，正是张作霖逮捕进步分子、李大钊被绞杀的时候。当时除了意志坚决的青年之外，大部分学生都是烦闷颓废。我当时也受了这空气的影响，吃酒、抽烟、做颓废的白话诗，后来有几首白话诗被发表了，自己就更加颓废，故意将自己的生活搞乱，糟蹋自己的身体，以为这样才像个诗人。我原来体质就不好，这样一搞就吐血、拉血、面黄肌瘦，几乎患了肺病。后来经过亲友的劝告，母亲来信的责斥，我才决心戒酒戒烟，同时转入孔德学院。孔德学院在北京西郊，校址宽敞清幽，对于我的健康比在沙滩公寓要好得多。

搬到郊外，身体很快好了起来，于是便拼命读书，争取留法的公费。当时觉得只要能到法国去留学，好好地努力将来就可以做法律专家，过清高安适的教授生活。到那时候要爱国也有“本钱”了。

这种纯粹的个人主义的梦想被“九一八”的炮声惊醒了。后来的“一·二八”之战和“喜峰口”之战却鼓舞了我和打击了我。这两次战争的失败，使我由怀疑南京政府转变为痛恨政府。在“喜峰口”战争时我们曾以非常兴奋的情绪组织慰劳队（就是在这个组织里我看到了妻的忘我精神和她的许多优点，建立了十余年后我和她恋爱的基础）。在慰劳伤兵时我们知道，这次军事的失败都是由蒋介石有意消灭杂牌军队所致，这更增强了我对政府的憎恨。

在学经济思想史时，我粗枝大叶地知道了各种社会主义的学说。我觉得空想社会主义很合自己的胃口。对于马克思主义的学说觉得比较高深不易领会。当时我们所用的课本是法国基特的政治经济学。这本书文字非常生动活泼，对我的影响很大。他的书的大意是社会主义的目的可以用合作的方法渐渐达到，用不着阶级斗争。同时教合作论的曾同春教授正是基特的学生，也是鼓吹合作社运动的，这越发使我相信了这种骗人的鬼话。

1933 年大学毕业，因为成绩优良，我取得了公费留法的资格。在我离国的时候，因为母亲已于前一年辞世，而我到外国去又要一笔钱置装，家里的经济情景已经入不敷出，于是就分了家，各奔前程。

我们留法的年限，原来只有五年。但是后来因为抗日战争、德法战争相继爆发，交通阻塞，竟然在法国住了十二年。在留法时期，除了从书本上学了些资本主义的经济学理论、法学理论之外，还得到了以下的几点体会。

在出国前由于日本的压迫，已经感受到弱国的痛苦。到了法国更无时不感受到欧洲人对中国人的歧视，这就更感到了祖国衰弱的苦痛，因此爱国的思想较在国内是更强。

由于法国《人道报》及左派书报的影响。我对马列主义有了较大学时期更深一步的认识。这种认识通过法国的经济恐慌和罢工更获得了证明。但当时的另一种经济学说（也是法国导师盛行的学说）阻碍我信奉马列主义。按照这种学说，社会的推动力是人类的自私心。如果将私产废掉，大家便都不肯努力。社会不仅不能继续进步，而且会退步。后来在报纸上虽然也看到苏联经济建设成就的报道，但又因“苏联的统计数字都是宣传，并不可靠”和“新经济政策就是社会主义走不通转回资本主义的表示”等谣言而发生怀疑。“资本主义显然有毛病，但苏联的社会主义恐怕也有问题”这是我当时的想法。

贝当政府对德投降之后，法国的物资被德国夺取很多，因此生活必需品十分缺乏，一般人都生活很苦。我曾为此在一个表带小作坊里做过几个月手工工人。我曾为此饱尝了饥寒的滋味（我们每天只能配给拳头大的一块面包，又是饿得不能起床。在冬天没有煤，房间里的水管常常结冰。头冻得像什么东西箍着般得难过，整夜不能入睡）。但同时富人们仍是灯红酒绿、大吃大喝，房间里升着熊熊的火，像春天一般。这对我是一个非常深刻的教育。

在“七七事变”以后，由于爱国工作（如宣传募款、组织华工华商、办识字班、组织展览会、演讲会）的需要和我们当时食宿的条件（我们当时都必须住在中法学院宿舍，吃饭也由学院供给），我们六七十个中国学生不得不过集体生活。在这种生活里我们获得了一种非常宝贵的经验：许多个人绝难做到的事情，有组织的群众都可以做到（我们曾以一夜的功夫迁移了我们一个规模相当大的图书馆，曾以一天的工夫迁移了几百件行李，有许多是非常笨重的）。后来中法学院公费缩减，生活困难，更加强了我们的团结，更使我们学会了互助。在这个环境中互助互爱，真不亚于亲兄弟姐妹——这对我也是很好的教育。

在抗战的第二年秋天，姗姗（我的很好的女友）从新四军（她在军中做宣传工作）写信给我，希望我返国和她一同做抗日工作。当时我非常矛盾，与师友商量了很久，决定论文完毕后立刻回国。但我论文完毕时姗姗已经牺牲，欧亚的交通已因欧洲战争阻塞，回国亦变得不可能了。她是我最真挚的朋友，纯洁而勇敢。她的牺牲给我的刺激很深。我每次想到这事就万分难过，后悔当时没有立即回来。

1945 年返国受云南大学之聘，次年在昆明结婚。妻就是之前说过的在慰劳队工作中认识的潘家凤。

在回国之初对国内的情况很不了解，还希望国共两党能精诚团结将胜利了的中国搞好，完全是中立的态度。认识了同事姜振中、尚见庵、卢钦墀（他们有的是共产党员，有的是民主同盟盟员）才知道蒋介石对和谈是毫无诚意的。这种说法很快地就被昆明当地发生的“一二·一”事件证实了。后来反动政府解聘云大民主教授，逮捕进步学生，解散云大附中，暗杀李公朴、闻一多，公然撕毁停战协定，发动内战，围攻云大会泽院大楼（即“七一二”），解散云南大学（即“九一三”）等说不完、写不尽的反动卑鄙行为一次又一次提高了我的觉悟程度。

就是因此，我不顾同事的劝告去参加四烈士（即“一二·一”被害者）的大出殡（当时云大教师参加的不满十人），去签名民主人士反对内战、反对压迫青年、反对美帝帮助的反动政府的各种宣言。就是因此，我用各种方法庇护被压迫的学生，帮助被压迫的民主同事。但这时我还只是一个革命的同情者，并不是一个革命者。我的精神是非常烦闷的。

1949 年冬天，云南解放，我由黑暗转入光明。从束缚与烦闷中解放出来，非常兴奋。

解放以后就自己的工作说，比解放前是更加重了。我除了教学之外还担任了许多团体（如教授会、五联会、工会、拥护世界和平会）的工作和行政的工作（如代理系务、负责新民主主义论政治课的教研组）。因之生活比解放前紧张了许多。去年冬天我几乎因为过度疲劳病倒下来。

在思想上，解放以后由于民盟的教育（我在解放后即加入了新民主主义同盟)，由于对马列主义书籍的阅读，由于一年多的各种集体学习，尤其是由于今春一个月减租退押的实际工作，我的世界观、国家观、人生观都起了很大的变化，现在还继续地在变化着。

在精神方面而言，过去从来没有像解放后这样畅快过。初小是常常为家庭的衰败不快，中学是常常为了中国的前途与人类的前途不快。解放之后不同了，觉得无论中国、无论人类都在党的领导、马列主义的昭示之下向前进了，一天比一天接近于理想的社会。

这就是我 43 年的简单历史。

1951 年夏在新法学研究院

昆明二十教授致马歇尔将军书

马歇尔先生勋右：

正如你所预料，在你离开中国的三十八天内，你所确指的“顽固分子”果然竭尽全力破坏，撕毁了停战协定五项协议和整军方案。

“顽固分子”顽固到全盘否认了屡次给予的承诺，并企图在宪法中建立法西斯式的总统独裁制，和绝对违反中山先生遗教的中央集权制，同时他们还把”中统“、“军统“的特务人员在伪装的形式下分布到警察和交通机构中，使万恶的特务制度更强固化合法化了，以使震慑中国人民，从而保持其为人民所深恶痛绝的一人独裁一党独裁的所谓”法统”和既得利益。

他们在二中全会中制造了”党意”，在参政会中制造了“民意”之后，随即便展开了大规模的内战。想来这四十几天来的真实情形，你一定比被封锁被窒塞的我们知道得更清楚。

对于代表美国人民来帮助我们解决问题的你，正如拉法耶将军之于美国人民一样，我们的感激之情是非语言文字所能形容。正因为如此，为了不使你过去的努力被顽固分子的勾当所抵消，你现在的好意不致被顽固分子的阴谋所玷辱，我们愿以中国人民的立场，提出解决当前违纪的几个要点，来供你参考。

第一，中国人民绝对反对内战，东北问题是政治问题。唯一符合东北人民利益方案，是遵从他们自己的愿望，彻底实行政协五项决议，承认东北民主联军和人民自治政府，实现这方案的必要的先行步骤是：（一）美军立刻停止为国民党运输军队，（二）美国停止供给国民党军武器配备，（三）在执行小组监视之下，东北立刻停战。

第二，国民党政府必需做到以下几件事：（一）立即释放政治犯和惩办一二一、二二零以来各地暴行的凶手；（二）对国民党政府中的著名顽固分子予以彻底清除；（三）公布依据政协协议而修改的国府组织法，确定国府委员的名额．民主党派应保有三分之一以上的否决权；（四）行政院和国府同时改组；（五）确定国民大会为制宪会议．制宪唯一的依据是根据修宪原则而起草的新宪法。

第三，在前两项未能完全办到之前，更具体地说，在各党派合作的新政府成立之前，我们希望并要求美国政府不以任何形式的借款贷予国民党政府，因为这样只有帮助国民党政府屠杀更多的中国人民，并延缓中国民主政治的实现。

最后，我们不能不指出最重要的一点，那便是：国民党军用以进攻和屠杀中国人民一切武器装备和运输工具，都是贵国以援华的名义所供给它的。恕我们坦白地向你表示：只有有效的促进中国的和平民主团结，才是今天巩固中美友谊的最好机会。

我们确信你和你代表的美国是绝不会错过这机会的。

潘光旦、闻一多、楚国南、费孝通、吴晗、潘大逵、费青 朱驭欧、向达、闻家驷、冯素陶、尚钺、吴富恒、陈定民 许杰、陆钦墀、许维、余冠英、姜震中、赵崇汉

（原载《昆明民主周刊》三卷八期（1946 年 5 月 2 日）

昆明民主週刊三卷八期（民國三十五年五月二日）

昆明二十教授

致馬歇爾將軍書

馬歇爾先生勛右：

正如你所預料，在你離開中國的三十八天內，你所確指的「頑固份子」果然竭盡全力破壞，撕毀了停戰協定五項協議和整軍方案。

「頑固份子」頑固到全盤否認了屢次給予的諾言，並企圖在憲法中建立法西斯式的總統獨裁制，和絕對違反中山先生遺教的中央集權制，同時他們還把『中統』，『軍統』的特務人員在僞裝的形式下分佈到警察和交通機構中，使萬惡的特務制度更強固化合法化了，以使鎮懾中國人民，從而保持其爲人民所深惡痛絕的一人獨裁一黨獨裁的所謂「法統」和既得利益。

他們在二中全會中製造了「黨意」，在參政會中製造了「民意」之後，隨即便展開了大規模的內戰。想來這四十幾天來的眞實情形，你一定比被封鎖被窒塞的我們知道得更淸楚。

對於代表美國人民來幫助我們解決問題的你，正如拉法耶將軍之於美國人民一樣，我們的感激之情是非語言文字所能形容。正因爲如此，爲了不使你過去的努力被頑固份子的勾當所抵消，你現在的好意不致被頑固份子的陰謀所玷辱，我們願以中國人民的立場，提出解決當前危機的幾個要點，來供你參考。

第一：中國人民絕對反對內戰，東北問題是政治問題。唯一符合東北人民利益方案，是遵從他們自已的願望，澈底實行政協五項決議，承認東北民主聯軍和人民自治政府，實現這方案的必要的先行步驟是（一）美軍立刻停止爲國民黨運輸軍隊，（二）美國停止供給國民黨軍武器配備。（三）在執行小組監視之下，東北立刻停戰。

第二：國民黨政府必需做到以下幾件事：

A. 立刻釋放政治犯和懲辦一二一，二二〇以來各地暴行的兇手。

B. 對國民黨政府中的著名頑固份子予以澈底淸除。

C. 公佈依據政協協議而修改的國府組織法，確定國府委員的名額，民主黨派應保有三分之一以上的否決權。

D. 行政院和國府同時改組。

E. 確定國民大會爲制憲會議，制憲唯一的依據是根據政協的修憲原則而起草的新憲法。

第三：在前兩項未能完全辦到之前，更具體地說，在各黨派合作的新政府成立之前，我們希望並要求美國政府不以任何形式的借款貸予國民黨政府，因爲這樣只有幫助國民黨政府屠殺更多的中國人民，並延緩中國民主政治的實現。

最後，我們不能不指出最重要的一點，那便是：國民黨軍用以進攻和屠殺中國人民一切武器裝備和運輸工具，都是貴國以援華的名義所供給它的。恕我們坦白地向你表示：只有有效的促進中國的和平民主團結，才是今天鞏固中美友誼的最好機會。

我們確信你和你所代表的美國是決不肯錯過這機會的。

潘光旦　聞一多　楚圖南
費孝通　吳　晗　潘大逵
費　青　朱馭歐　向　達
聞家駟　馮素陶　尚　鉞
吳富恆　陳定民　許　傑
陸欽墀　許維遹　余冠英
姜震中　趙崇漢

昆明二十教授致致马歇尔将军书图片

时代缩影与历史传承：行政法治的一个备忘录

——西政行政法学科60余年

王学辉　王留一*

引言：法学学科史研究的价值与方法

对于一个学科，我们总是喜欢规划未来，但当我们放眼于未来时，也须不忘回眸其源头，唯有熟知起源，我们才能清晰应当去往的方向以及将要抵达的地方。追溯源头有时甚至比追逐浪潮更为重要，在追本溯源中我们不仅能感触这个学科的厚度，同时也能收获可贵的信心并达至一个对本学科愈加清晰的认识。

（一）法学学科史研究的价值

我们是这样来定义法学学科史的，它是指一个高校法学一级学科或者其二级学科发展的历史。准确界定法学学科史的概念，首先需要对学科史的概念有一个清楚的把握。我理解，学科史有广义和狭义两种，广义的学科史是指一定地域范围内（一般以国家为界）某一学科发展的历史；狭义的学科史仅指一个高校或科研机构某学科的发展历史。法学学科史专指法学这一学科的发展历史。因本文要研究的对象是西南政法

* 王学辉，男，四川仪陇人，西南政法大学二级教授，宪法与行政法专业博士研究生导师，中国行政法学研究会常务理事，重庆市行政法学研究会副会长，中国地方法律研究中心主任。

王留一，男，湖南人，中国人民大学法学院宪法与行政法专业博士研究生。

大学行政法学科的发展史，所以这里采用狭义的学科史概念。笔者认为，从学科划分的角度来讲，法学学科史的研究属于交叉学科的研究。据其高校教学属性来讲，可将其归入教育学的研究范畴，而据其法学性质来讲，又可以将其划入法制史中的法学教育史范畴。

研究法学学科发展史的意义不仅仅在于该学科本身，更在于其对相关研究的价值。正如英国哲学家休谟所言："历史不仅是知识的宝贵组成部分，而且是通向其他很多学问的大门，而且能为大多数科学提供材料。"法学学科史的研究不仅能为本学科的发展提供历史经验和启示，而且还能为法学、教育学等相关学科的研究提供素材。遗憾的是，我国的法学研究长期忽略这一领域，这导致许多高校对自己学科发展的历史都不太了解，更何谈整个国家的学科建设，要知道我国法学学科的建设终究还是要从高校法学学科的建设历程中吸取经验。

经过总结，我们认为法学学科发展史研究的价值有三点。其一是从该高校法学学科自身建设来讲，可以总结经验教训从而更好地规划未来。其二是从该学科在全国的建设来讲，可以通过对某个高校的考察为该学科的建设提供个案素材。其三是从宏观上来讲，法学学科史可以从一定程度上反映出我国法治发展中的某些问题，从而为法治建设提供一些启示。

（二）法学学科史研究的方法

鉴于法学学科史与我国法治建设进程相伴相生的关系，笔者总结出法学学科史研究的方法应当是"两条线索、三个参数"。所谓"两条线索"是指既要考察学科对国家法治建设的影响和贡献，同时又要分析国家法治建设对学科发展的影响，也就是说要做双向考察。"三个参数"是指一个学科的教学、科研和社会实践三个方面。"两条线索"是学科史研究的基本思路，是"虚"的方面，"三个参数"是学科史研究的基本内容，是"实"的方面。"两条线索、三个参数"虚实结合，共同构成了一个比较完整的学科史研究方法。依据这一方法，基本能从整体上把握一个学科发展的历程。以下我们将根据这一方法对西南政法大学（简称"西政"）行政法学科的发展历史进行考察。

一　赵崇汉先生等为西政行政法学科奠基

一般来说，一个学科发展的内在原因有两个方面：一是国家意识形态的制约，二是学科本身的学术传统。西政行政法学科发展史同样体现了这两个方面的作用。在我国法治建设的不同时期，法学的发展表现出不同的特征，因此可以将我国行政法学的发展划分为几个阶段。西政行政法学科是全国行政法学科发展的一个缩影，其发展历程也基本可以在这一阶段划分的框架下进行考察。

（一）赵崇汉教授与西政行政法学科

1953 年，一位老师，一本讲义，一个学科就这样开始了，谁也不会想到 60 多年后的今天他所拥有的高度与厚度。历史不应忘记也不会忘记这个名字——赵崇汉，中国第一位留学法国的行政法博士，比王名扬先生还早了 10 年，也是新中国成立后唯一留在大陆的行政法博士。我们不知道当年这个刚出校门踏上回国路程的青年带着怎样的意气风发，我们更不知道他在岁月的浮沉中经历了怎样的心理挣扎，但是我们应当记住他的理想与抒发：为行政法治而求索！

图 1　赵崇汉在西南政法学院

1. 赵崇汉教授生平

赵崇汉教授为河南省淮阳县人，1933 年从北平中法大学社会科学系毕业后公费留学法国，先后在里昂大学、巴黎大学学习，主攻行政法，获得经济法、公法两个证书，并获里昂大学法学博士学位。1945 年回国后开始任云南大学法律系教授，云南解放后任云南大学法律系教授兼系主任。1953 年院系调整来西南政法学院担任教授，并任国家与法教研室主任，随后到中国人民大学进修苏联行政法。他既是西政法理学科的创建人，也是行政法学科的创建人。1958 年国家取消行政法学科后，其先后又担任语文教研室、外语教研室主任。1972 年因车祸致严重脑外伤，经长期医治无效，于1982年逝世。他于1946年和闻一多、费孝通等共同发表了著名的《昆明二十教授致马歇尔将军书》。

2. 赵崇汉先生学术贡献

（1）关于行政法学的研究

①对法国公务员制度进行过系统深入的研究。赵先生在法国里昂大学的博士论文为《法国行政法中公务员的定义及法律地位》，在该文中，赵先生对法国行政法中的公务员制度进行了系统的总结和深入的研究，为我国公务员制度的研究提供了宝贵的资料。

②在中国最早提出参照法国建立行政诉讼制度。赵先生尤为注重监督行政制度的研究，重视监督行政对于保障人民权利的价值，最早提出了通过行政诉讼来监督行政、保护人民的主张。认为越权之诉是监督行政、保护人民最有成效的诉讼，并专门撰文介绍了法国的越权之诉。

赵先生在1946年的一篇文章《越权之诉——法国监督行政、保护人民最有成效之诉讼》中指出："法国越权之诉的特色在于以简便的手续，低廉的费用，容易受理的条件，去严格地监督行政的越权，保护人民的权利及利益。在今日行政腐败，官吏贪污，行政司法不健全，人民有冤无法诉之中国，介绍法国越权之诉的制度，尤觉有必要。"

（2）关于宪法学的研究

①关于宪法的基本原则——人民主权原则的论述。提出一切权力属于人民是我国宪法（1954年宪法草案）最为重要的原则，并以人民代表大会制度为基石论证了为什么国家的一切权力属于人民。

②提出了新中国宪法的价值在于保障人民权利和实现人民利益的思想。赵先生认为人民的利益是国家一切措施的根据，人民的自由和权利国家都要保护。

③关于人民代表大会制度的研究。对全国人民代表大会、地方人民代表大会、国家主席、国务院总理、地方各级人民委员会各自的职权和相互之间的关系有比较详细的探讨。

（3）关于法学教育的研究

①提出过提高教学质量的思想和具体措施。赵先生多次撰文认为提高教学质量是高等院校实现培养优秀人才目标的主要措施，并具体提出

了六点建议。其中保障教师充分自由的时间、教师应当加强理论学习、重视社会调查、加强合作、努力研究教学法、合理安排课程等思想对于当下高校的教学改革仍有重要的启示意义。

②关于社会主义国家政法教育的认识。认识到了社会主义国家开展政法教育事业的特殊性，应当注意我国社会主义国家政法教育与西方国家的区别，提出了在以苏联法为蓝本的政法教育中还应当注意与我国的具体情况相结合的思想。

3. 西南政法大学行政法学科初创

1953 年院系调整后赵教授调入西南政法学院担任国家与法教研室主任。随即开启了行政法教学，创建了西政的行政法学科。赵崇汉先生对西南政法大学行政法学科的贡献主要体现在三个方面。第一，开设了行政法课程。1953 年，西南政法大学开设了“资本主义行政法”和“苏联行政法”，主讲教师即赵崇汉教授。第二，编写了行政法讲义。应教学之需要，赵先生自己编写了《资本主义行政法》和《苏联行政法》两本讲义。第三，培养了一批老师和学生。在赵教授担任国家与法教研室主任期间，一些老师和学生受其影响，开始接触并投入到了行政法的研究和学习之中，我国当代著名法学家王连昌、黎国智、董鑫都是赵崇汉先生的学生。虽然 1958 年国家取消了行政法学科，但以上这些方面为 1978 年之后西政行政法学科的恢复奠定了基础。1953 ~ 1957 年西政在行政法教学上的这些探索虽然并没有形成很大的规模和影响，但是这些探索可以说不仅是西政行政法学科的晨光初现，也是中国行政法学的晨光初现，给中国行政法学的发展带来了希望。

（二）王连昌教授与西政行政法学科

王连昌（见图 2），男，1933 年生，西南政法大学 1954 级本科，师从赵崇汉先生学习行政法。1979 年调入西南政法学院工作并在同年开始行政法的教学与研究，1982 年在国家与法的理论教研室下面成立行政法研究小组并担任小组负责人，1985 年担任行政法教研室首届主任。1981 年发表在《法学季刊》（现在改名《现代法学》）的论文《建议重建国家监察机关》是我国恢复法学教育后最早的行政法学研究成果之一。1982 年作为主要编写人员组织编写了《中国行政法概论》，这是法学复办后最早的行政法教材。1983 年开始讲授行政法课程。1992 年担任西政行政法学第一任硕士研究生导师。1993 年主编司法部高等政法院校规划教材《行政法学》。1983 年王连昌教授参加中国社会科学院举办的西方文官制度研究班，会议期间，王连昌和与会代表酝酿、发起建立全国行政法学学术团体。1985 年王连昌教授当选为中国行政法学研究会第一届副总干事（副会长），并在此后连续担任了四届副会长和两届学术顾问。鉴于王连昌教授对中国行政法学的贡献，在其 2006 年退休时中国行政法学研究会向其致电："值此中国法学会行政法学研究会成立 20 周年之际，我们深深地感念您和您的同辈们在行政法学筚路蓝缕的开创历程中的辛劳和奉献。我们特别地向您，中国行政法学的拓荒者和奠基者，致以诚挚的谢意和崇高的敬意！"

图 2　王连昌教授青年时期

二　开中国当代行政法学教育之先河

在对法学教育史进行历史考察之前，首先需要明确一个学科教育的构成要素。这些要素应当能够反映该学科教学的全貌，因此应当力求全面，凡是与该学科教学有关的要素都应当纳入考察范围。这些要素包括人、物，甚至意识上的存在，具体为教员、学生、教研室、课程设置、培养方案、教材、教学方法等。下文的考察主要是围绕这些要素展开。

（一）晨光初现：新中国成立后较早开始行政法教学

西政的行政法教学开始于 1953 年，这在全国属于最早开始这一课程的高校之一。新中国成立后法学师资紧张，行政法的师资更是奇缺。西政能够在新中国成立后短短的 4 年时间内就开始行政法教学，这主要得益于赵崇汉教授。1953 年院系调整后赵教授调入西南政法学院担任国家与法教研室主任，随即开启了行政法教学，开设了“资本主义行政法”和“苏联行政法”两门课程。

（二）破旧立新：1982 年开启中国行政法学的新篇章

“1950 年代的中国，是苏联法学一统天下的时代。”行政法也不例外，新中国成立初期行政法的教学内容主要是苏联行政法，还有少部分内容介绍资本主义行政法，唯独没有中国行政法，更没有中国行政法学的学科体系。真正以讲授中国行政法为内容的教学开始于 1978 年十一届三中全会之后。

十一届三中全会后，法学教育开始恢复。部分高校开始恢复行政法教学，西政于 1982 年春季由贺善征教授给当时的 1979 级本科四年级学生开设行政法课程，是十一届三中全会后最早恢复行政法教学的高校之一。有的高校虽然也恢复了行政法的教学，比如北京大学，但是其讲授的内容仍然是外国行政法，没有讲中国自己的行政法。从当时的时代背景来看，中国的法治建设迫切需要了解中国自己的行政法制包括哪些内容，是个什么样的体系。这就需要更新教学内容与学科体系。西政行政法学科率先进行了探索，1982 年开设的行政法课程即以中国行政法命名，并且以讲授中国行政法为主要内容。这是新中国成立以来最早的中国行政法课程，讲授中国行政法的第一位教师是西政的贺善征教授，贺善征教授的手写稿目前存放在西南政法大学校史馆，我曾经给浙江大学法学院的章剑生教授复制了一份贺教授的手写稿。

由于当时中国还没有行政法教材，所以当时上课使用的是贺老师自己手写的讲稿《中华人民共和国行政法学概论》。教材的缺乏给行政法的教学带来了极大的不便，为了解决这一问题，西政行政法学科进行了教材的编写工作。以国家与法的理论教研室为依托，王明三、王连昌、贺善征、钮传诚等五位同志为教学之需求，不辞辛苦，加紧编写《中华人民共和国行政法概论》，终于在 1982 年 4 月完成并在校内印刷。这是中国第一本自己的行政法教材。尽管不是对外公开出版，但毕竟是以印刷的方式公开呈现的第一本中国行政法教材。在当时那个资料奇缺、行政法理论研究极其薄弱的状况下，能够以印刷品的方式出现并在高校使用，已是一个莫大的贡献。编者的辛苦也可以想见。这本著作也为后来 1983 年编写司法部统编教材《行政法概要》提供了重要参考。综上所述，西政行政法学科不仅是十一届三中全会后最早恢复行政法教学的学科，开复办行政法之先河，同时也是新中国成立以来最早开始中国行政法教学的学科，具有破旧立新的意义，体现了西政行政法人敢于开拓的勇气。西政行政法学科在这一阶段的贡献不仅体现为直接推动中国行政法教育的进步，并且还为中国行政法学的发展培养了一大批骨干学术人才。

（三）继往开来：21 世纪以来学科教育日臻完善

2003 年，西政成立了行政法学院，首任院长是郑传坤教授，首任学科负责人是汪太贤教授，这是国内首个以行政法命名的学院，足以体现学校对于行政法这个年轻学科的重视。行政法学院的成立，为行政法学科的发展带来了新的契机。首先是教学规模的扩大。在教员方面，由原来的 5 人逐渐壮大至 27 名专职教师，形成了以王学辉教授为负责人的重庆市优秀教学团队，并将行政法课程建成了省部级优秀教学课程和重庆市“十一五”重点学科。行政法学教学表现优秀，曾获得一次国家级优秀教学成果二等奖，并且还两次获得重庆市人民政府优秀教学成果一等奖。在研究生招生方面，行政法方向研究生从 1990 届的 2 人扩展到 2019 届的 73 人，并且从 2005 年开始招收博士研究生，是我国第二批获得宪法学与行政法学博士研究生招生资格的高校之一。目前该学科共有 8 位博士研究生导师，他们是汪太贤、王学辉、曾哲、谭宗泽、刘艺、喻少如、张震、温泽彬。其次是培养方案的完善。在课程设置方面，已经形成了包括中国行政法、行政诉讼法、外国行政法、部门行政法、比较行政法等课程的完整的行政法学课程体系。最后是教学方法的提升。由王学辉教授在全国首创的“双师互动式教学法”获得2005年重庆市第三届优秀教学成果一等奖。此方法首先在西政行政法学教学中推广，取得了很好的效果，此后全国多家媒体进行报道，在全国产生了广泛影响。另外王学辉教授团队建立的“公法之声”公众号已经成为学生从互联网上进行学习的主要平台，也成为国内重要的公法学科公众号。教育的价值主要在于对国民性的塑造而不在于个人的成才。正如梁启超所言“教育之意义，在养成一种特色之国民，使结团体，以自立竞存于列国之间，不徒为一人之才与智也”。西政行政法学科教育60年的主要贡献不在于培养了一大批行政法人才，而在于使依法治国、依法行政的思想得以传承和宣扬，并使其逐渐浸润社会、深入人心。

三　艰难求索：成西南行政法学之流派

成熟是种明亮而不刺眼的光辉，一种圆润而不腻耳的音响。流派的形成正是一个学科成熟的标志，这意味着她不再理会喧嚣与哄闹，有了自己坚定的主张与皈依，郁郁的豪情经过了发酵，光彩熠熠的文字在歌乐山下汇成了河。

流派化是法学研究繁荣的标志，正如谢晖教授在西南政法大学所做的一场主题为“关注中国法学的流派化发展问题”的演讲中曾指出的“法学的流派化对于中国法学的发展具有推动作用”。虽然对于中国法学当前有没有形成学术流派的问题尚未形成统一认识，但各个高校因知识背景、学术渊源的区别形成了不同的学术风格是一个公认的事实。如果不那么严格地考究学术流派形成的标准，而仅将其视为具有一定风格的学术团体，那么我国法学研究中形成了一些不同流派则应当能够得到认同，并且也已有一些高校开始对自己的学术流派之特色进行了研究。西政行政法学科就是一个具有特殊学术风格的学术流派——西南学派。

西政行政法学流派是西政行政法学者在对如何实现行政法治的艰难求索中形成的。影响一个学科学术风格形成的因素有许多，包括该学科教师个人的知识背景、学术渊源、学术风格，也包括该学科所依托的学校的地位、历史以及学术传承等。以下笔者就结合西政行政法学科的学术贡献对西政行政法学科的学术风格进行考察。

（一）以理论创新为动力

学术研究只有不断创新才能保持其生命力。西政行政法学科的一大特色即敢于创新。当然，这种创新不是毫无根据地胡思乱语，而是以问题为导向，以理性思考为基础，以充分论证为前提的。西政行政法学科的这种品质不仅为本学科学术研究提供了动力，也为中国行政法学理论做出了突出贡献。

第一，在行政诉讼方面，较早提出了借鉴法国的越权之诉建立中国的行政诉讼制度的观点。早在1946年赵崇汉教授就在熊庆来主编的《中法文化》第一卷、第11期发表论文《越权之诉——法国监督行政、保护人民最有成效之诉讼》。在1953年调入西政之后，赵教授继续对行政诉讼进行研究，在“外国行政法”课程中介绍法国行政诉讼法。

第二，在监督行政方面，最早提出了重建国家监察机关的建议。本学科王连昌教授1981年就撰文提出“建议重建国家监察机关”，后来这一建议被国家立法采纳。该文也在2004年被编入人民日报出版社的《盛世中华理论动态篇》，并被评价为“立意新颖独到，具有较高的指导和参考价值”。在当时，提出重建国家监察机关无疑是一个很大的理论创新，这也是十一届三中全会后，中国最早的行政法学研究成果之一。此后西政行政法学科一直将“监督行政”作为一个研究重点，做出了较大贡献。

第三，在行政执法方面，1998年王连昌教授和王学辉教授提出“执法就是服务”“柔性执法”的观点，在学界和实务界产生了广泛影响。

第四，在行政法的基础理论方面，西政行政法学科共提出了三个理论。其一是王连昌教授提出的“兼顾论”，即行政法应兼顾公益与私益，公权与私权。该理论对我国的行政法产生了重要影响。其二是曾任西政宪法与行政法学硕士研究生导师的文正邦教授提出的“职责本位论”。其三是现西政行政法学教学团队负责人王学辉教授提出的“控权－服务论”“合作论”。

第五，在行政法教学方面。西政行政法学科一直比较重视教学方法的研究。早在1957年赵崇汉教授即发表论文《我们怎样提高教学质量》，从撰写讲义、补习理论、社会调研、研究教学法等多个方面探讨了如何提高行政法的教学质量问题。而此后由王学辉教授在全国首创的“双师互动式教学法”更是将行政法教学方面的研究推向高潮。

（二）以中国问题为导向

法学研究应该以中国问题为导向，西政行政法学者一直以此为座右铭。

这一学术特色自赵崇汉教授起传承了几代学者，直至今天，西政行政法教师仍然以关注中国问题为学术研究的主旨和皈依。以中国问题为导向是指西政行政法学科一直对中国行政法自己的问题比较关注，而且理论研究的目的是使理论能够服务于中国的实际，能够解决中国的实际问题，使中国的行政法具有自主性。邓正来教授曾说“这一探寻中国主体性的努力，可以说是中国当下思想的最为重要的使命之一”。西政行政法学科探寻中国行政法自主性的努力的首次集中体现就是1982年第一本中国行政法教材的编纂。当时的编写组没有介绍外国的行政法理论与制度，而是对中国行政法律制度进行了考察，建构了中国的行政法学体系。此后王连昌教授提出的我国监察机关与纪委应当合署办公的观点更是使理论具有自主性的生动表现。而目前王学辉教授正在努力建构的“合作行政法”则是对“中国到底需要什么样的行政法，以及需要一个什么样的行政法”这一使中国行政法具有自主性的元命题的继续追问。

（三）以基础理论的研究为重心

西政行政法学的研究始终以基础理论的研究为重心，这个特点不仅加深了西政行政法学的深度，同时也提升了其学术品格，使得西政行政法学科能够站在一个更高的层面上思考当前行政法的问题，对如何实现法治政府作出回答。这个特点也使西政行政法学科表现出一种宏观性的特色。所谓宏观性即指学术研究关注的对象为较为宏观的命题，比较侧重于研究行政法基础理论问题。根据笔者统计，西政行政法学科从

1981年至今，共公开发表了论文约600篇，而这其中属于基本原理类的论文就有200多篇，占了所有论文的三分之一。从这一数据可以看出，该学科对行政法的基本原理的研究倾向。

（四）以清末民初公法制度研究为特色

清末民初宪法与行政法制度的研究是当前西政行政法学科的一个重要特色，并且在当前的公法研究中形成了一定的影响力。在清末民初宪法的研究方面，已经公开出版了多部专著和十多篇论文。此外以汪太贤教授为核心的研究团队一直致力于清末民初宪政资料的搜集，目前应当是国内掌握清末民初宪政资料最多、最权威的学者之一。在清末民初行政法制度方面，王学辉教授的研究团队一直关注清末民初平政院制度，已形成了一定数量的专著和论文成果。

四　践履理想：为行政法治而奔走呼号

也许是历史的传承，也许是时代的激励，每个加入这个学科的人都似乎背上了一份责任与希冀，走下讲台，走出课堂，投入了广阔的社会服务的天空。立法论证会、行政执法指导、司法案例研讨、行政法治讲座，他们利用每个平台为法治而奔走呼号，用行动彰显了一个行政法学人应有的使命与担当，推开了中国行政法治的画卷。

如前所述，我国的法学研究是与法治实践相伴相随的，国家推行法治的政治需求是法学得以发展的重要动因，因此，法学研究表现出很强的实践性。在法学研究与法治建设的双向互动中，高校无疑承担了极其重要的角色。尤其是在行政法方面，法治政府是法治中国的重要维度，其不仅需要法学理论的支持，更需要行政法学者的躬身践履。西政行政法学科在进行法学研究的同时积极参与到法治实践中去，践履自己的法治理想，承担起了自己的历史使命。西政行政法学科对行政法治事业的贡献表现在推动创建学术组织、建言立法以及指导法治实践三个层面。

（一）中国行政法学的“五月花号公约”——推动创建学术组织

行政法学在我国是一个比较年轻的学科。自1982年开始，部分高校进行了行政法教材编写工作，也开始行政法的研究。但当时在全国仍是各地高校各自为政，研究力量分散。因此建立一个全国性的学术组织来团结全国的行政法学者，统一与协调全国行政法学研究和教学相关事务就成了当时的一个重要任务。

1983 年 5 ~6 月，中国社会科学院政治学所举办西方文官制度研究班，王连昌教授代表西南政法学院参加了会议。在会议期间，王连昌和与会代表方彦、应松年、朱维究、张焕光、姜明安、胡建淼等十三位同仁聚会酝酿、发起建立全国行政法学学术团体。学者们在会上达成一致协议，南方学者与北方学者精诚团结、相互合作、资源共享，凝聚全国的行政法学力量，扩大行政法学的影响，争取早日建成全国统一的行政法学研究机构。这一协议虽然只是口头的，但是其产生了很大的影响，在当时的行政法学骨干力量之间达成了共识和约定，为后来行政法学研究会的建立奠定了基础。可以说这是一次具有里程碑意义的会议，是行政法学的“五月花号公约”，将永远铭刻在中国行政法学发展的历史上。此后经过学者们的共同努力，1985 年秋天，中国法学会行政法学研究会在常州成立，王连昌教授被选举为该学会的第一届副总干事（副会长）。此后，王连昌教授连续担任了四届行政法学研究会的副会长和两届学术顾问，不仅为研究会的创建做出了突出贡献，也对研究会的发展起到了重要作用。

（二）建言行政法制

行政法是中国特色社会主义法律体系的重要组成部分，依法行政的前提就是有法可依。所以在国家实施依法治国的战略过程中，行政立法的任务就显得极为紧迫。从我国《行政诉讼法》的制定开始，几乎每一部比较重要的行政法律法规，西政行政法学科都参与了其制定过程。

第一，孕育《行政诉讼法》，起草了我国第一部系统规范行政诉讼的地方性法规——《重庆市行政诉讼暂行规定》。《中华人民共和国行政诉讼法》的颁布是中国行政法发展的一个标志性事件，它开启了中国行政法发展的一个新历程。尽管这部重要的法律是在北京制定的，其酝酿却是在重庆完成的，西政行政法学科承担了大量工作。1986 年在重庆召开的第二届中国法学会行政法研究会年会的主要议题就是讨论我国《行政诉讼法》的草案，此次会议的承办单位就是西南政法大学。西政行政法教研室承担了大量的具体工作，参与了草案的提出和讨论，提供了许多富有建设性的意见。1988 年，由西政行政法学科起草的中国首部规定“民告官”制度的地方性法规《重庆市行政诉讼暂行规定》颁布施行，1989 年的《行政诉讼法》吸收了其中的许多内容。典型的条文如我国《行政诉讼法》第 1 条所确立的行政诉讼的双重目的，既要监督又要维护行政机关依法行使行政职权就是由王连昌教授基于“兼顾论”的思想提出来的。这个观点自 1989 年写入《中华人民共和国行政诉讼法》以来，一直影响了中国行政诉讼法 20 多年。

第二，起草了我国第一部系统规范国家赔偿的地方性法规——《重庆市实施中华人民共和国国家赔偿法办法》，该办法得到了全国人大的高度肯定。

第三，起草了我国第一部系统规范行政程序的地方性法规——《重庆市行政程序条例》(草案)。

第四，参与其他重要行政法律法规的制定。西政行政法学科不仅为《行政诉讼法》草案的形成做出了重大贡献，而且也参与了其他许多重要行政法律法规的制定。如《教育法》《教师法》《行政复议条例》《国家赔偿法》《行政处罚法》。在进入 21 世纪之后，西政行政法教研室更多地转向服务地方法制，承担了重庆市许多地方性法规和规章的立法起草、论证工作。例如《重庆市行政程序条例（草案)》《重庆市法治政府建设五年规划》《重庆市行政执法基本规范》《重庆市国家教育考试条例》等规范性文件的起草工作。

第五，提出了许多立法建议。除了直接参与行政法律法规的起草和论证工作，西政行政法学科的老师以书面形式回复了国家多部行政法律法规制定的立法意见征询，提出了许多具有建设性的意见。

（三）为依法行政布道

除了立法工作，法律宣传和教育也是依法治国战略实施的重要方面。尤其是对党政领导干部，增强其法律意识和运用法律思维、法律方式化解矛盾冲突的能力有助于推动法治的进步。西政行政法教研室的老师在进行教学科研的同时积极走出校园，为我国西南地区尤其是重庆市各级党政机关干部开展了大量的法律培训课程和讲座，受到了社会各界的广泛好评，对于促进国家工作人员依法行政起到了积极作用。

代结语：迈向回应型学科发展模式

研究历史的意义不在于过去，而在于未来，学科史的研究也是如此。梳理西南政法大学行政法学科 60 多年的历史，可以发现这个学科的发展始终与国家法治的命运息息相关。从新中国成立后，国家建设社会主义法律体系，西政行政法学科开始萌芽。1958 年又随着国家政策的变化而停止，1978 年之后恢复，再到 21 世纪随着依法治国方略的实施而不断壮大。在这个过程中，教材的内容、教师的质量、课程设置、培养方案、科研选题以及教师所参与的法治实践无不受到国家政策的影响。可以说西政行政法学科发展 60 多年就是中国行政法发展的 60 多年，西政行政法学科发展史在一定程度上反映了中国行政法发展。

从西政行政法学科的发展历程来看，一个学科要得到很好的发展，关键就是要找准自己的定位，把握历史机遇，确定适合自己的发展路线，回应国家现代化发展和社会变迁的需求。根据教育部学位与研究生教育发展中心 2012 年发布的学科评估指标体系，评估一个高校学科的一级指标包含四项内容：师资队伍与资源、科学研究水平、人才培养质量、学科声誉。尽管这个指标体系难以全面地反映一个学科的整体状况，但是对于衡量一个学科的发展水平确实有一定的参考意义，尤其是第四项学科声誉的设置更是扩大了学科软实力的评估比重。参照这个指标，结合前文提到的学科史研究的三个参数，笔者认为要提升一个学科的整体实力，要做到“三个回应”。

第一，学科教育应当回应职业市场的需求。高校的一个重要任务是培养国家需要的高等法学人才，而检验高校教育质量的最终标准就是市场，人才培养质量也是前文提到的学科评估的重要指标。

第二，学术研究应当回应中国的实际问题。我国的法治建设需要法学理论的指导，这种理论不是简单地引进西方的理论，而是能够思考中国问题、解决中国问题。

第三，实践活动应当回应社会实际的需要。高校法学学者参与国家或者地方立法、执法、司法、普法宣传要能够回应社会发展，提供的理论指导要能够解决实际问题，只有这样才能提高一个学科的声誉，进而提升学科的整体实力。

回忆父亲

赵　亮*

感谢西南政法大学的资助，父亲赵崇汉在1942年用法语出版的里昂大学博士论文《法国行政法中公务员的定义及法律地位》终于得以汉语出版。回顾往事，感触良多，写一短文纪念我的父亲。

一　父亲生平简介

父亲1910年出生在河南一个县丞（候补知县）的家里，排行老四，是家里最小的一个孩子。私塾教育中所学的《陈情表》《陋室铭》《五柳先生传》《归去来辞》几篇古文成为他日后孝顺、清高的基础。在淮阳四中学习阶段，一位叫"王神仙"的中文教员传播的反对旧礼教和博爱的思想，英文教员李之龙（中山舰舰长、中共党员）用浅显语言介绍的社会主义理论对他产生了较大的影响。他勤奋学习以优异的成绩中学毕业。他在获得了淮阳县的部分津贴后于1926年考入北平中法大学预科，之后进入该校孔德学院，并于1933年以优异的成绩毕业于社会科学系，同时取得公费留法资格。

1933年父亲被公派到法国里昂大学留学，先后于1936年和1937年取得该校法学院经济学高级证书和公法高级证书，1942年完成并出版了博士论文《法国行政法中公务员的定义及法律地位》，取得了博士学位。但由于二战阻隔，他无法按期回国。1943～1945年在巴黎大学法

* 赵亮，男，河南淮阳人，西南政法大学外语学院教授，外国语言学及应用语言学硕士研究生导师。

科博士班继续研究行政法。因战争期间国民党政府减缩留学生经费，生活所迫，他于 1942～1943 年曾经在里昂一家表带作坊当工人。

1945 年抗战胜利，父亲即回国任云南大学法律系教授，讲授行政法和宪法等课程，发表了《越权之诉》等论著，并于 1946 年与 13 年前在抗日慰劳会结识的母亲结婚。

1949 年昆明解放后他继续在云南大学法律系任教授并兼任系主任，同时还兼任了许多团体（如教授会、五联会、工会、拥护世界和平会）的工作。

在 1953 年全国院系调整中，父亲被调到重庆西南政法学院任教授，为学生开设资本主义行政法、苏联行政法、国家与法等课程。他在 1954 年至 1958 年任国家与法教研组/教研室主任（其中 1954 年 9 月至 1955 年 7 月到中国人民大学进修苏联行政法并以优秀成绩结业）。1958 年因我国取消行政法学科，他先后被调任担任语文教研室主任、外语教研室兼汉语教研室主任等职。他从 1959 年起兼任中国法学会理事和四川省政协委员。

在 1966 年开始的“文化大革命”期间他作为旧知识分子被批判。1972 年在西南政法大学门口处横遭车祸，经大力抢救后成为植物人。在病榻上度过 10 年后于 1982 年 12 月 19 日去世。

父亲的前半生艰难求学，从 1945 年学成归国到 1958 年我国取消行政法只有短短的 13 年，又恰逢新旧社会交替的动荡，再加上 1972 年的飞来横祸，他的知识和才华未能得到充分的发挥。但这不幸抹不去他崇高的人格和他为我国法制建设的贡献。他在各个时期热爱祖国、不畏强权、追求正义的行为感染和激励了许多人。作为助教和他一起从云南大学来到西南政法大学的黎国智、董鑫成了法理学和刑法学的大师，他的学生王连昌成了我国行政法学科的著名学者。他是云南大学行政法学科，西南政法大学行政法学科、国家与法学科的奠基人。

二　父亲的人品及其对我的影响

我 17 岁那年父亲惨遭车祸，经抢救后成了植物人，卧床 10 年后因并发症去世，至今已有 40 多年了，但父亲的往事仍历历在目，他的人品对我的影响尤其深远，惠及了我的一生。

父亲留给我最深的印象是他在个人利益问题上的软弱，和在大是大非、民族大义方面的大义凛然、勇敢而坚强。

父亲作为一个老知识分子，在革命老干部云集的西南政法大学，总觉得自己思想觉悟不高，水平不高，小心翼翼。他凡事都要向领导请示汇报，落下了胆小的名声。

父亲有胃溃疡，需要订牛奶，学校有自己的奶牛场。但“文化大革命”期间，一次父亲去订牛奶却被拒绝了，理由是我们家有钱，可以买营养品，还订什么牛奶。对这样的歧视父亲非常难过，我和母亲非常生气，要去争辩，却被他制止了，默默地忍受了。

与之形成鲜明对比的是：父亲在大是大非面前却表现出一个老知识分子的纯粹、坚毅和风骨。

父亲在中法大学读书期间发生了日本侵华的“九一八”事件和中国军队抗击日本侵略的“一·二八”淞沪抗战和“喜峰口”之战。他积极地参加慰问抗日将士的“慰劳会”活动，并在那里结识了忘我工作的潘家凤，这奠定了他们十余年后恋爱婚姻的基础。

父亲在1945年给潘家凤的求爱信中这样写道：“我对你的钦慕始于‘慰劳会’时期。……我信任你，是因为你淡泊，你不自私，你不妥协，你不因环境与年龄而腐化和颓废，在我认识的朋友中，这样的人缈若星辰。我爱你因为你不矜持，不矫揉造作，对事正义感强，对人诚实爽快，和你在一起便感到爽朗与畅快……我坚信我们对黑暗的斗争。必因此更奋发，对光明的信念必因此更坚强。我们下半页的人生必因此而变得健全幸福!”

在留法期间他加入了里昂中法大学学生会、里昂中国学生会、里昂华侨救国会，担任三会之委员及里昂华侨救国会负责人。他积极参加和组织了下述抗日救亡活动：①印发宣传册；②请吴玉章等知名人士做抗日演讲；③组织“七七事变”及国庆纪念会；④通过《救国时报》发表的消息和照片，向华侨、向法国人民宣传中国的抗日战争；⑤向华侨募集捐款，托人带回国内支援抗战。记得父亲讲过一个小故事，一次募捐后发现账目和实际收到的捐款数不对，少了一笔钱，几经核对也找不出问题，父亲毅然决定由自己来赔这笔钱。当时在法的公派生生活非常困难，不知要经过多长时间的紧衣节食才可能补上这笔钱！好在不久后有一位华侨来救国会说明：他当时受群情激奋的影响报了捐款的数字，但身边未带有现款，此次专门来补交捐款。通过这件事，父亲更加受到大家的尊重。

1945 年父亲来到云南大学不久，即发生了当局镇压反内战、反民主运动的“一二·一”惨案。面对“白色恐怖”，他勇敢地参加了纪念“一二·一”惨案四烈士的大出殡游行，并与费孝通、闻一多、吴晗等人共同发表了《昆明二十教授致马歇尔将军书》，呼吁和平、反对内战。1946 年在闻一多、李公朴被暗杀之后他继续用各种方法庇护被压迫学生，帮助民主同事。

父亲是一位对党和革命事业无比忠诚的人。

从他填写的简历中可以看出，他 1945 年从法国回国后就同情革命师生，保护进步学生和中共地下党员。从 1950 年起先后担任云南大学法律系代主任、主任，1952 年加入民盟。1953 年秋院系调整来西南政法学院担任国家与法教研室主任，1956 年加入了中国共产党。1958 年我国取消了行政法学科，父亲又先后担任了汉语教研室和外语教研室主任并兼文化课支部书记。1959 年起兼任中国政治法律学会委员、理事，四川省政协委员。虽岗位多次变化，虽 1958 年后由于取消了行政法学科，他无法继续从事他心爱的法学，但他仍兢兢业业认真完成党交给的各项任务。

“文化大革命”期间，父亲被打倒、批斗，逼他一次又一次地写检查，还说他认识不够，胁迫他退党，否则就要开除他的党籍。父亲内心极度委屈和痛苦，把这件事告诉了他在里昂华侨救国会的朋友，北京航空学院的副院长王绍曾，也告诉了母亲和我，在家人和王伯伯的鼓励下，他坚守住底线，坚决不退党，闯过了这一关。

父亲总觉得自己的贡献少，工资高，从 1964 年“四清运动”起每个月缴纳 30 元党费直到 1966 年被打倒停发工资。1967 年学校发还所扣工资时他又主动一次性缴纳党费 1000 元。之后每个月缴纳 50 元党费（那时他的工资是 194 元），他是学校缴纳党费最多的人。

父亲是一位古道热肠、乐于帮助朋友的人。

父亲给我的印象是他总是在帮助别人。从他“文化大革命”时期的检查中可以看到他检查的主要错误之一就是立场不坚定，帮助有问题的人。他曾经帮助法国时期的同学黄庸，帮助里昂大学同学、云南大学曾经是同事后被打成右派去世的于振鹏的妻子和四个子女（1967 年父亲带我去北京看病时已被打倒，但还是悄悄在离开时塞给于家 200 元）。从“文化大革命”时期他的多次检查中可以看出，对于他和母亲两家的所有亲戚他也都是不遗余力地给予经济上的帮助。

父亲一直在指引我成长的方向。

我还小的时候，父亲会给我讲一些故事。我记忆深刻的是一个瓷器的故事，故事的梗概是这样的：一个人牵着一匹马在大街上走着，马背上驼着两大袋瓷器，突然哗啦一声，原来是绳子松了，瓷器都摔到了地上。许多人立刻围上来等着看热闹，那人却头也不回，牵着马继续朝前走，人们问他为什么不回头，他说瓷器已然摔碎了，回头和烦恼又有何意义？不如趁早赶路，下次细心一些就行了。故事虽短，却教会我一种朝前看的人生态度。

在小学期间我的成绩很一般，也有些缺乏自信。父亲多次对我说：“你顶多是个中材，但不要灰心，只要你持之以恒，是能够有所成就的。”他还说他自己也不聪明，但努力、踏实，才取得了一些成就。

“文化大革命”开始时，所有学校都停课，我刚刚小学毕业。父亲受他北京朋友的影响，鼓励和支持我到学院农场无偿参加劳动。父亲说我从小没有吃过苦，应该体会劳动的艰辛。当时在农场劳动的除了农场的工人就是所谓的“牛鬼蛇神”。农场的工人们教我挖土、挑粪，到几里之外的磁器口挑牛饲料（玉米），还要到牛奶场去赶牛。多年后我才体会到父亲这样做的良苦用心，一年多的农场劳动为我后来的人生奠定了基础。

1969 年中学恢复上课，在红岩二中（杨公桥中学）我因较好的成绩和人品得到同学的喜欢。在学校吸收第一批红卫兵时，我虽在班上以全票当选，班主任老师却告诉同学“赵亮的父亲是教授”，剥夺了我首批加入红卫兵的权利。父亲给了我一篇伞与帆的短文。要我学习伞的精神，能收能放，不要像帆，有风时趾高气扬，无风时垂头丧气。我则以“伞与帆”为题写了一篇短文，刊登在班的墙报上。

1972 年初中毕业，父母亲支持我申请支边，并积极为我置办所需的衣物，我却因为家庭有海外关系未得到批准。上山下乡运动时，我作为独子本应该留城，但当时的西南政法学院却没执行这一政策，父亲也同意我下乡到艰苦的巫山插队落户。下乡前他与我做了一次长谈，在笔记本上给我抄了许多名言警句。给我印象最深的是鲁迅的一段话：“愿中国青年都摆脱冷气……有一分热，发一分光，就如萤火一般，也可以在黑暗里发一点光，不必等候炬火。……倘若有了炬火，出了太阳，我们自然心悦诚服地消失，不但毫无不平，而且还要随喜赞美这炬火或太阳；因为它照了人类，连我都在内。”父亲引用的这段话也是他对自己的一个评价和激励。在当时的社会环境下他的内心是自卑的，但还在同时激励自己：有一分热，发一分光！父亲这段话给我的影响是深远的。一方面它随时提醒我自己的微不足道，低调做人；另一方面它又告诫我位卑未敢忘忧国，无论在什么情况下都尽全力去做好自己，将问心无愧作为自己追求的目标！

2017 年 10 月 20 日

参考文献：1. 《昆明二十教授致马歇尔将军书》
2. 赵崇汉给潘家凤的第一封情书
3. 父亲 1951 年自传（根据手写件转录）

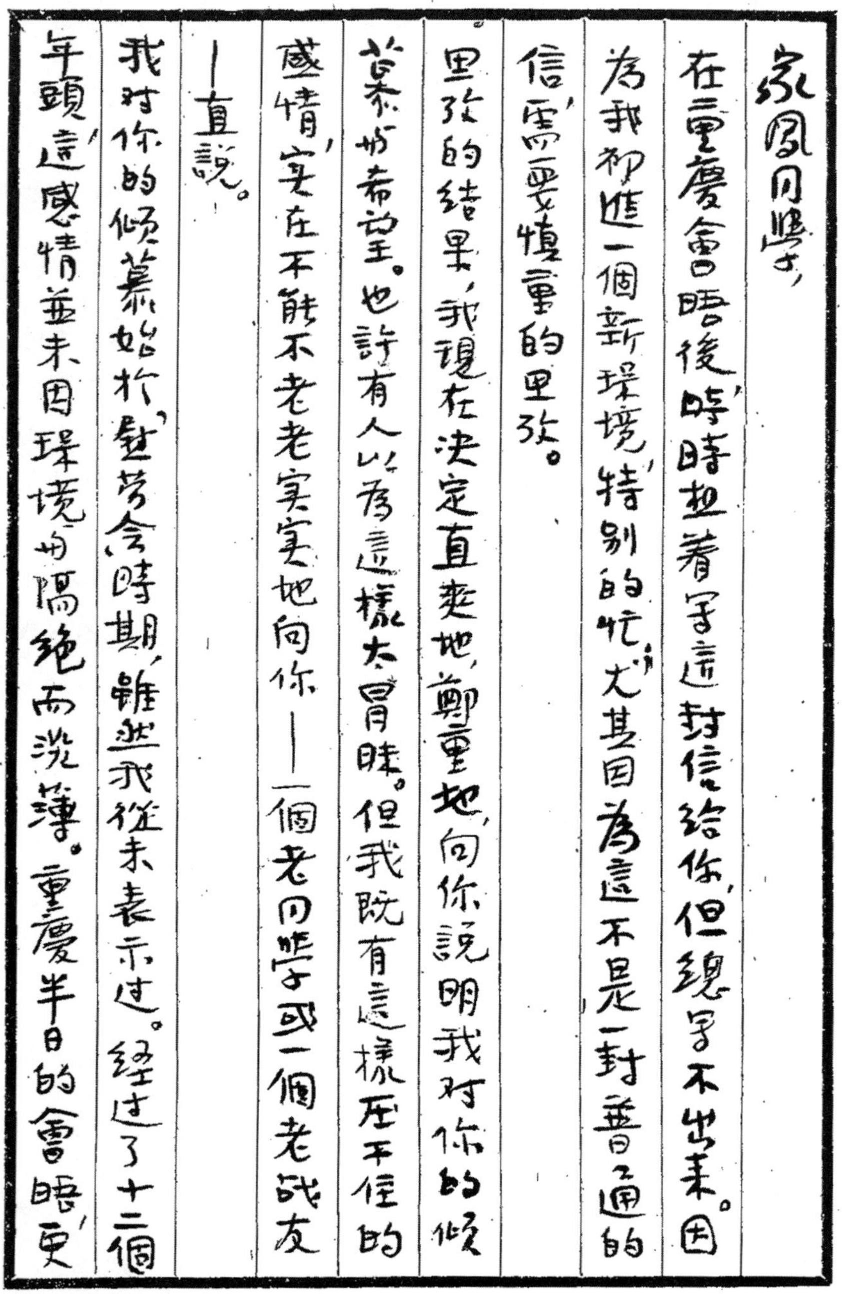

家鳳同學：

在重慶會晤後，時時想着寫這封信給你，但總寫不出來。因為我初進一個新環境，特别的忙，尤其因為這不是一封普通的信，需要慎重的思考。

思考的結果，我現在决定直爽地，鄭重地，向你說明我对你的傾慕和希望。也許有人以為這樣太冒昧。但我既有這樣压不住的感情，实在不能不老老实实地向你——一個老同學或一個老戰友——直說。

我对你的傾慕始於，鼓劳会時期，雖然我從未表示过。经过了十二個年頭，這感情並未因環境的隔絕而淡薄。重慶半日的會晤更

赵崇汉给潘家凤的第一封情书①

增強了我对你的愛和信任。我信任你，因為你淡泊，你不自私，你不
妥協，你不因環境和年齡而腐化頹靡。在我認識的朋友中，這樣
的人寥寥若晨星。我愛你，因為你不矜持，不矯揉造作，对事正
義感強，对人誠实爽快，和你在一齊便感到爽朗和坦然。——我应該
承認归国後处处都感到氣悶，只有香園寺旁邊的那個下午是爽
快自然的。
因為如此，我熱烈地希望能和你常在一齊，共同生活。我堅信這生
活將是爽朗的，光明的。我堅信我們对黑暗的鬥爭，必因此而更
奮發；对光明的信念，必因此而更堅強；我們下半輩的人生必因
此而变得健全，幸福。

赵崇汉给潘家凤的第一封情书②

這是我的感覺，我的看法，我的願望。這願望不能變為可喜的事實，也不能化為永恆的遺憾，那要看你的感覺，你的看法，是否和我的相似，你是否肯滿足我這個願望了。

我盼望你能在最近給我一個直爽的答復。——無論怎樣的答復。肯定的答復自然是我所盼望的。但即如是否定的或不定的，我对你的友情也決不因此而受影响。假如有甚么問題或疑难，也請只管率直坦白的問我，我必很快的答復你。

謹祝安好。

崇漢 十二月廿日下午

近曾見前情代致意，他要的中法大學之畢業証書早已用双掛航空信寄去，想已收到了吧？

赵崇汉给潘家凤的第一封情书③

赵崇汉、潘家凤夫妇 **1948** 年在昆明草海

图书在版编目（CIP）数据

法国行政法中公务员的定义及法律地位 / 赵崇汉著；李立宏译. -- 北京：社会科学文献出版社，2022. 3
ISBN 978-7-5201-9670-3

Ⅰ. ①法… Ⅱ. ①赵… ②李… Ⅲ. ①公务员制度-研究-法国 Ⅳ. ①D756. 531

中国版本图书馆 CIP 数据核字(2022)第 018766 号

法国行政法中公务员的定义及法律地位

著　　者 / 赵崇汉
译　　者 / 李立宏
审　　校 / 王学辉
策　　划 / 赵　亮

出 版 人 / 王利民
责任编辑 / 芮素平　王玉敏
文稿编辑 / 张　娇
责任印制 / 王京美

出　　版 / 社会科学文献出版社 · 联合出版中心（010）59367281
地址：北京市北三环中路甲 29 号院华龙大厦　邮编：100029
网址：www. ssap. com. cn
发　　行 / 社会科学文献出版社（010）59367028
印　　装 / 三河市尚艺印装有限公司

规　　格 / 开　本：787mm × 1092mm　1/16
印　张：21. 25　字　数：323 千字
版　　次 / 2022 年 3 月第 1 版　2022 年 3 月第 1 次印刷
书　　号 / ISBN 978-7-5201-9670-3
定　　价 / 128. 00 元

读者服务电话：4008918866